作者介绍

麦小舟，广东高明县人，1968 年毕业于中山大学哲学系，曾任广东省斗门县县委书记，现为世界老子学会会长。他有工、农、兵、学、商以及为官从文的传奇经历，还有“官场才子”和“文坛奇人”之美誉。

麦小舟的主要著作有《诗词三部曲》——《名篇今读》《诗法今说》《古诗今写》以及“释老”五部书——《再生的老子》《老子的再生》《〈道德经〉麦氏译本》《〈道德经〉的中国精神》和《讲故事学老子》。他被誉为“我国古典诗词现代化的先行者和奠基人”，“古今中外读懂老子的第一人”。2011 年，他以作家和原县委书记的身份入选“南粤英杰——新中国影响广东 100 位贡献人物”。

再生的老子

麦小舟 编著

广东高等教育出版社
Guangdong Higher Education Press
·广州·

图书在版编目（CIP）数据

再生的老子/麦小舟编著．—2版．—广州：广东高等教育出版社，2012.2（2017.7重印）

ISBN 978-7-5361-4235-0

Ⅰ．①再…　Ⅱ．①麦…　Ⅲ．①老子-哲学思想-通俗读物　Ⅳ．①B223.15-49

中国版本图书馆CIP数据核字（2012）第011497号

出版发行	广东高等教育出版社 社址：广州市天河区林和西横路 邮编：510500　营销电话：（020）87554153 http://www.gdgjs.com.cn
印　　刷	佛山市浩文彩色印刷有限公司
开　　本	890毫米×1240毫米　1/32
印　　张	10.25
字　　数	280千字
版　　次	2009年3月第1版 2012年2月第2版
印　　次	2017年7月第6次印刷
印　　数	27 001—30 000册
定　　价	30.00元

目 录

老子思想讲坛

《道德经》今译

反响与评说

再版前言

《再生的老子》于2009年3月面世之后，得到了方方面面的欢迎与好评。

2009年3月11日，是老子诞辰2 580周年的纪念日，这天下午，老子故里河南省鹿邑县政府在该县政府礼堂，为《再生的老子》举行了隆重的首发仪式。该县县长刘政在致辞中指出："《再生的老子》让老子思想获得了重生。"他又说："《再生的老子》的诞生，无论对鹿邑，还是老子文化都具有里程碑意义。"

原广东省人大副主任、中国作家协会会员张汉青指出："时代在呼唤老子，中国从大国走向强国需要老子，和谐世界的构建需要老子，麦小舟为一种崇高使命感所驱使而写出《再生的老子》，为弘扬中华文化和古代东方文明，做了一件实实在在的大好事。"

中共广东省委办公厅受中共中央政治局委员、广东省委书记汪洋之嘱写信说："当今时代，文化越来越成为一个民族凝聚力和创造力的源泉，越来越成为一个国家综合国力的重要组成部分。中华民族有着深厚的文化根基和悠久的文化传统，在日益全球化的世界里，重新挖掘中华传统经典著作中的时代内涵和普世价值，对于增强中国文化的软实力和世界影响力都有重要意义。麦小舟同志写成《再生的老子》一书，是在这方面作出了自己的一份贡献。"（引自《羊城晚

报》2009年8月5日广东新闻版)

一些企业家和基层公务员对老子文化的热爱表现尤令我感动。他们通过不同的渠道与我联系、与我见面，以表达他们对我写成《再生的老子》的感谢之情。他们百本、千本地购书以作礼物送亲赠友。他们有的主动加入斗门老子学会，其中出任该会副会长的就有新疆、四川、湖南、深圳以及港、澳、台地区和美国等地的企业家，并出钱出力支持学会的运作。他们希望通过推动老子文化的传播，使政府更加廉能、社会更加和谐、人民更加幸福。

为不负广大读者的厚爱和期望，我应该努力提高这本书的质量。现再版的《再生的老子》就是我在广泛听取读者意见的基础上，历时一年修订出来的。

广大读者所以如此喜爱《再生的老子》，不是我从中作出了什么了不起的贡献，而是因为老子文化本是人类文化史上最优秀的文化，它对中国、对人类实在是太重要了。最近，某省省委党校有位教授说他要写文章：论《再生的老子》对老子思想的发展。我认为《再生的老子》所揭示和再现的都是老子的思想和精神，我并没有去发展它。

我写成《再生的老子》，有人说我很伟大，有人说我是楷模，都过奖了。对领导和读者的鼓励我十分感谢，但我觉得我只是为国家、为民族、为人类做了一件自己应该做的事情，而且是一件很平常的事情。

2012年2月于珠海

麦小舟先生　南国之奇人也

——《再生的老子》之序言

胡孚琛

麦小舟先生，南国之奇人也。他毕业于中山大学哲学系，而后当过兵，从过政，经过商，并在古典诗词上颇有造诣，大概他在自己65年的人生中，工、农、兵、学、商都尝试了一遍。其实人生就是一种尝试，独特的人生经历本身也是一种财富，宏伟的人生目标体现着生命的价值，人之非凡的精神和智慧体现着人格的品位。麦小舟先生的人生目标是，“留下一点业绩给社会，留下一点文字给人间，留下一点精神给子孙”。麦小舟在任中共广东省斗门县县委书记期间颇有业绩，至今为人称道，是立功也。而后他钻研古典诗词，著成《诗词三部曲》，轰动文坛，是立言也。今又倾心研究老子《道德经》，将老子的精神再现出来，德被世人、德被子孙，是立德也。麦小舟先生尊道贵德，愿老子再生于当世，修之以身，修之以家，修之以乡，修之以国，抱一而为天下式，可谓功德无量也。

中华民族之文化，本有先后两种传统。一为母系氏族公社时期的原始宗教文化，以图腾崇拜、自然崇拜、生殖崇拜、女性崇拜、祖先崇拜为特征；二为殷周之际原始宗教革命后形成的父权家族制宗法礼教文化，以祖先崇拜、天帝崇拜、圣人崇拜、君权崇拜、父权崇拜为特征。前一种古老的母系氏族公社的共产社会原始宗教，经新石器时代三皇五帝不断提升为帝王之学，为后世道学文明之滥觞。道学文明飞腾变化，不拘不执，海纳百川，有容乃大，将各部落之图腾综合为一个龙图腾，成为“龙的文明”。道学文明讲道法自然、质朴纯真，与天地并生，与万物为一，具有高尚的生态智慧，即源自先民的自然崇拜。道学文明生生不已、化化长存、新新不停、穷通变久，而崇尚变易、简易、不易之道，显然为先民生殖崇拜之遗意。道学文明能守中致和、以柔克刚、知荣守辱、用弱胜强，曰慈、曰俭、曰不敢为天下先，为女性崇拜之特征。道学文明继承先民尊巫史、重祭祀、好礼乐的传统，天人合德、悠久无疆，“子孙以祭祀不绝”，即为先民祖先崇拜之精神。道学文化是究天人之际、通古今之变、穷性命之源的大学问，以《老子》、《庄子》、《列子》、《文子》集其大成。孔、孟、程、朱的儒学文明，则源于殷周之际以祖先崇拜、天帝崇拜、圣人崇拜、君权崇拜、父权崇拜为特征的礼教，并辅以孔孟的仁学，在君权专制的封建社会成为占统治地位的意识形态。在中国儒、释、道三教分立而又互补的传统文化中，历代帝王皆以儒守成、以道达变、以佛治心，盛世尊儒，乱世用道。汉唐盛世，道学文化略占上风，而汉文帝则为深明老子之帝王。明清之际，儒学之统治牢不可破，清康熙帝玄烨可谓帝王中之纯儒，明太祖朱元璋则尊儒加以霸王道，然彼二帝皆曾御注《道德经》，足见《道德经》为帝王不可不学者也。

在中华民族传统文化的宝库中，有三本书凝聚了人类的最高智慧，西方现代科学和哲学至今没有超出这三本书的水平，这就是《道德经》、《黄帝内经》、《周易参同契》。老子的《道德经》，注本繁多，大多为儒生之曲解，其中的精华还远远没有发掘出来。是故朱熹有言：“庄、老二书，注解者甚多，竟无一人说得他本意出，只据他臆说。”（《朱子语类》卷七）儒者多以老庄道学为消极避世的隐士哲学、忍辱不争的弱者保身之术视之，此皆不学无术的浅薄之见而已！老子之术以“无为”为体，以“无不为”为用；以“不争”为因，以“天下莫能与之争”为果；以“柔弱”、“退让”示人，以“自胜”、“胜人”成事。《文子》云“功可强成，名可强立”，《老子》云“强行者有志”，是以“能自强者，天不能弱；能自立者，天不能败；能自尊者，天不能辱；能自达者，天不能穷”，此即道学所谓“我命在我不在天”也。道学是参天地、赞化育、贯中西、通古今的大智慧，道学不是隐士哲学，不是庸人哲学，不是无所作为的哲学，不是与世无争的哲学。道学不是消极的哲学，而是积极的哲学；不是弱者的哲学，而是真正强者的哲学。道学以“无”为体，以“因”为用；以“生”为本，以“化”为术；以“中”为纲要，以“和”调万机；以“忍”应世务，以“逆”修丹道；无成势，无常形，立俗施事，开物成务，拨乱反正，救亡图存，指要易操，事少功多，其精华可以究天人物理，其尘垢秕糠犹可以陶铸尧舜。老子以“道”垂统而教天下，人得其一隅则可以治国，可以用兵；可以经商，可以治学；可以建功立业，可以推往知来；可以治身炼性，可以养生益寿；

可以叱咤风云，可以退藏于密；可以无往而不胜，可以随遇而能安。道学文化是双赢的文化，是和平的文化，是革新的文化，是超前的文化，是通向未来的文化，是世界大同的文化。人能用一字而走遍天下行之万世者，其唯“道”乎！

晋代科学家葛洪曾云：“今苟知推崇儒术，而不知成之者由道。”“夫道者，其为也，善自修以成务；其居也，善取人所不争；其治也，善绝祸于未起；其施也，善济物而不得；其动也，善观民以用心；其静也，善居慎而无闷。此所以为百家之君长，仁义之祖宗也。”“儒者汲汲于名利，而道家抱一而独善。”“道者，儒之本也；儒者，道之末也。”（《抱朴子内篇·明本》）“道者，万殊之源也；儒者，大淳之流也。三皇以往，道治也；帝王以来，儒教也。谈者咸知高世之敦朴，而薄季俗之浇散，何独重仲尼而轻老氏乎！”（《抱朴子内篇·塞难》）葛洪关于儒道关系的剖析，是两千多年来最经典最具科学性的论断。今天历史又出现惊人的重复，国人只知有孔子，不知有老子，将儒学文化当成中华文明的品牌。然而欧美等西方的政治家对老子《道德经》、《孙子兵法》皆耳熟能详，君权崇拜、父权崇拜、三纲五常、忠孝节义的儒学伦理却难以在民主宪政国家推行，盖因君权专制主义的等级制度和忠臣、孝子、烈女、节妇的伦理观念有悖于当今之世界潮流也。是以严复说：“夫黄老之道，民主之国之所用也。故能‘长而不宰’，‘无为而无不为’。君主之国，未有能用黄老者也。汉之黄老，貌袭而取之耳。君主之利器，其惟儒术乎！”（《老子道德经评点》）这就一语道破了天机，老子的道学文化发轫于原始的共产社会，这就是马克思在《摩尔根〈古代社会〉一书摘要》中所考察的那种没有阶级、没有压迫、没有政党、没有国界的民族区域自治的“小邦寡民”的共产社会。这种社会是全人类社会发展共同的起点，老子的道学文化也是全人类文明共同的起始点，更是未来中西文明的交汇点。老子《道德经》中“是以圣人常善救人，故无弃人；常善救物，故无弃物”，“天地相合，以降甘露，民莫之令而自均”，“天之道，其犹张弓欤？高者抑之，下者举之；有余者损之，不足者补之。天之道，损有余而补不足”，“孰能损有余以奉天下，唯有道者”。这些话句句体现了人尽其才，物尽其用，救助弱势群体，共同富裕的社会主义原则。《汉书·艺文志》称道学文化为“君人南面之术”，其中老子侧重君学，庄子侧重人学。相比之下，儒学文化则为“臣民北面之术”，其中孔子偏于臣学，孟子偏于民学，为儒生循吏的“登龙术”。在2008年河南鹿邑老子文化节的学术研讨会上，有人问我“为什么孔子又叫孔老二？”我没有讲孔父因子皮残疾野合而生孔子的话，而是径直回答：“因为老子天下第一，当然孔子只能叫孔老二了！”老子的道是中华民族传统文化的核心，天下事有道则昌，无道则亡。老子是中国的哲学之父，也是世界的哲学之父，是人类辩证思维的鼻祖，是世界自由、民主、社会主义和共产主义政治哲学之权舆。1850年1月31日，马克思和恩格斯在伦敦写给《新莱茵报》的《国际述评（一）》中，预见到中国正处在政治变革和文化转型的前夜，说“如果我们欧洲的反动分子不久的将来会逃奔亚洲，最后到达万里长城，到达最反动最保守的堡垒的大门，那末他们说不定会看见这样的字样：中华共和国。自由，平等，博爱”。(《马克思恩格斯全集》第10卷，第278页）历史证明，真正实现了马克思的这一政治预见将“自由、平等、博爱”写到城门上的人，正是中国革命的先行者孙中山先生。孙中山先生是近代最无“帝王思想”的政治领袖，他的《建国大纲》、五权宪法、三民主义有着不可取代的历史价值。孙中山先生将历代帝王奉行的爱民、为民的“民本”思想超越到“民主”政治的水平，为中国人展现了由君主专制的“臣民社会”向“公民社会”转化，由君主的“世袭制”或自选接班人的“禅让制”向现代民主宪政体制转变的蓝图。孙中山先生是倡导“以道治国”的政治领袖，他断言“世界潮流，浩浩荡荡，顺之者昌，逆之者亡”。老子讲“往而不害，安、平、太”，孙中山先生将“安、平、太”诠释为“自由、平等、博爱”，他还将老子誉为“中国的自由神”，将《击壤歌》“日出而作，日入而息，凿井而饮，耕田而食，帝力与我何有哉”誉为先民的“自由歌”。中国之“善、美、义、祥”等繁体字皆从羊，西周时官职名为“牧”，施政称“牧民”，儒学文明就是一种忠君孝亲、爱好和平的“羊文明”。近世以来我国的儒学羊文明在西方列强征服、掠夺的“狼文明”面前吃了败仗，几至亡国灭种。今日中华民族复兴，必须重新振兴中华道学的“龙文明”。当前学术界的历史使命，一是改造旧儒学，创立新儒学，从儒学心性论的“内圣”中开出自由、民主、宪政的“新外王”，这项学术任务已有几代新儒家学者在做了。二是集古今中外思想之精华创立有时代精神的新道学，这项学术任务还刚刚开始。新道学是21世纪全世界可行的文化战略，这是毋庸置疑的！

中华民族传统文化的兴衰关乎我们民族的命运和国运，一个真正强大的国家必有能在价值观上引领世界潮流的文化力量。历史悠久的传统文化是我们综合国力的基本要素，是我们国家的软实力，是中国人自立于世界民族之林的命根子。中国要在世界的东方和平崛起，就首先要有中华文化的崛起。近代中国的崛起和转型，是首先在广东这块土地上发起的，从中国第一代留学生到洪秀全、康有为、梁启超、孙中山等改变中国历史的伟人，都是首先在广东举起义旗的。30年前，我来到广州这块民主革命兴起的故土和改革开放的前沿阵地，在这里度过了三年半时光，深以母校中山大学的民主传统而自豪。麦小舟先生生于斯长于斯，年长我一岁，是中山大学哲学系的校友，他撰写的《再生的老子》是我所见到的国内同类著作中最为确切、最为平实、也是最为通俗易懂的一本书。可以预见，21世纪老子必然会再生，必然会成为全世界家喻户晓的哲学家，《道德经》也必然会像《圣经》一样成为人人手不释卷的经典。2008年3月28日全国老子道学文化研究会在北京人民大会堂宣告成立，我们将向全国有胆有识的道商、企业家募集足够的善款，把老子道学文化研究会启动起来，进而在海内外创建老子学院，把老子的道学文化推向全世界。今天，我们特别需要一本能不离老子原意，向全国民众和海外道学文化爱好者通俗讲解老子《道德经》的书，麦小舟先生《再生的老子》被我认可，希望这本书成为我国各级党校的教材，成为全国干部群众学习老子道学文化的普及读物。麦小舟先生《再生的老子》一书出版适逢其会，谨以30年前的一首小诗贺此书之问世：

何来异鸟临羊城，三年不飞又不鸣。
觅得寥廓须奋羽，敢邀众生出樊笼。

2008年12月15日于中国社会科学院

（本文作者是全国老子道学文化研究会会长，中国社会科学院哲学研究所研究员、博士后合作导师，研究生院教授、博士生导师）

老子思想讲坛

第一讲　伟人生平

美国《纽约时报》把老子列为世界古今十大作家之首。前苏联学者里谢维奇认为：“老子是国际的，是属于全人类的。”

美国学者蒲克明预言：“《道德经》是未来世界家喻户晓的一部书。”还有的西方学者称，《道德经》是万经之王。

西方对老子、对他的《道德经》的评价为何如此之高？老子究竟是怎样的一个人？《道德经》又是怎样的一部书呢？

这一讲，我们就来讨论老子的生平，认识老子的人生，并对《道德经》作简要的介绍。

老子生活的年代，距离今天已有 2 500 多年。由于年代久远，有关老子的史料能留到今天的已经不多。如此一来，我们今天为老子说生平就不得不借助传说，甚至需采用推理和推算的方法。

汉朝的司马迁是最早为老子作传的史官。他说：“老子，姓李，名耳，字聃。”那么，老子这个与众不同的名字，究竟蕴涵着怎样的故事和说法呢？

传说，老子生下来的时候，相貌就不同于常人。他的耳朵长得很长、很大，耳垂也很厚；而且是异乎常人的长，异乎常人的大，也异乎常人的厚。老子的家乡当时有一种说法，说这是有福有寿的象征。于是，老子的父亲便给儿子起名为耳，起字为聃。这个“聃”字是什么意思呢？“聃”者，耳朵长大之意也。也就是说，老子的名和字，都与他的大耳有关。

老子所处的年代，人们对当时的一些大学问家均尊称为“子”，如孔丘，叫孔子；孟轲，叫孟子；庄周，叫庄子。那么，李耳为何不叫李子而叫老子呢？这是很多读者都会提出的问题。关于这个问题，历来有多种说法。第一种说法，是与老子的生命状态有关。老子的生命状态有些什么特征呢？其一，说他命很长，有说他活了160多岁的，也有说他活了200多岁的。其二，说他生下来时，头发是全白的，真可谓白发童颜，皓首童身。因为这两种生命特征都沾着一个“老”字，所以世人便称他为老子。第二种说法，是与世人对老子情感的表达有关。说称李耳为老子，是表示世人对这位大学问家的敬仰，是对他的一种尊称。第三种说法，是与对老子姓名的认定有关。有人认为，老子根本不姓李而姓老，聃是他的名。老子就叫老聃。

究竟哪种说法对，哪种说法不对？现在已无法考证。因此，我们只好相信汉朝史官司马迁的说法：老子，姓李，名耳，字聃。

那么，老子生于何年？又死于何时呢？

对老子的出生时间，以往多是这样表述的：“老子生于我国春秋时代的末期。”

春秋时代，指的是我国哪一段历史呢？春秋这个名称又是如何得来的呢？原来，我国有一部史书叫《春秋》。它记载了我国从公元前720年到公元前476年这一时期的历史。后来，史学家便把我国这200多年的历史称之为春秋时代。200多年中的后10年，甚至50年都可称为它的末期，因此，有关老子出生时间的这一表述，实在过于笼统。

不过，对老子的出生时间，近百年出现了新的说法。说老子生于公元前571年。

老子这一出生时间是怎样得来的呢？是推算出来的。那么，是怎样推算的呢？

据有关史书记载，孔子一生曾多次拜见老子，就不同的问题向老子请教。

孔子第一次拜见老子是在公元前534年，当时他只有17岁，拜见地点在周，即周王朝的都城，也就是今天的河南省洛阳市。

有关学者认为，以上的记载起码表明：（1）老子与孔子生活在同一个时代。（2）老子应年长于孔子，因为 17 岁的孔子，不可能千里迢迢去向一个年纪比他小的人请教。（3）当时的老子已经是一位声名远播的名人。于是梁启超认为，老子比孔子约年长 20 岁到 30 岁。而更多的学者，则倾向认定老子比孔子大 20 岁。因为孔子出生于公元前 551 年，所以老子约出生于公元前 571 年。

老子生于何月何日呢？因为老子的出生地河南省鹿邑县以及中国道教，都是在每年的农历二月十五日为老子庆祝诞辰的，所以说，老子生于农历二月十五日。

那么，老子究竟活了多少岁呢？据陕西省周至县的地方志记载：老子死于公元前 412 年。也就是说，老子享年 159 岁。

那么，老子生于何处呢？

司马迁说："老子者，楚苦县厉乡曲仁里人也。"楚，指的是我国春秋战国时期的楚国；苦县，就是今天的河南省鹿邑县。还有一种说法，说老子是陈国人。其实，这两种说法是一致的。苦县原属陈国，公元前 479 年，陈国被楚国所灭，苦县便归属楚国。

老子死于何处呢？郦道元的《水经注》中有答案。郦道元是我国两晋南北朝时期最著名的地理学家和散文家。他在《水经注》卷十九中记载："今陕西周至县东南有一'大陵'，世称之老子陵。"当时，周至县属秦国，所以说，老子是死于当时的秦国。

接下来我们该来说说老子的家庭出身了。老子究竟出身于一个怎样的家庭呢？

遗憾的是，司马迁也没有告诉我们。不过，我们可以从当时周王朝对史官的任用制度进行推定。周王朝对史官实行的是一种叫"师官合一，世传其学"的制度。所谓"师官合一"，是说只有史学专家才能担任史官；也就是说，史官是专家型、学者型的官。所谓"世传其学"，是指这些史官的专业知识是从他们的父辈或祖辈那里学来的，是祖传的。老子曾出任周王朝的史官，由此，我们可以推定，老子应是出身于一个有深厚文化修养和史学修养的史官世家。

老子这样的家庭背景，为他日后出任史官提供了条件和机会。不过，老子能否子承父业，还要看他个人的努力。

李耳自小就很聪明，很爱动脑筋。有一次，他的小同伴为一棵树的名字发生争吵。有的看见树的一面写着一个“槐”字，就说它是槐树；有的看见树的另一面写着一个“楝”字，就认定它是楝树。大家争得脸红耳赤，互不服输。这时候，李耳登场了，只见他看了看树两面的字，又细看了这棵树的结构，然后说，这是一棵合欢树，是槐树与楝树共生的合欢树。

李耳十分好学。随着年岁的增长，他如饥似渴地读书，吸收各种各样的知识。到了 20 多岁，他已成为一位精通周礼的学者，并当上了周王室的史官。

司马迁在《史记》里写道：“老子者，周守藏室之史也。”守藏室之史是一个怎样的官职呢？周王朝的守藏室之史相当于今天的国家图书档案馆的馆长，负有保存、维护、管理国家的图书、文献、档案的职责；又相当于国家历史编纂委员会的主任，负有记述编写国家历史的责任。至于守藏室之史在周王朝中的地位，苏东天说：“名列九卿。”九卿相当于今天的省部级。

那么，老子在为官的道路上，走得是否顺畅呢？老子曾有二度被罢官的经历。

公元前 535 年，老子 37 岁。这一年，他被周甘简公免了职，并被流放到鲁国。免职的原因，史书没有记载，有学者认为，这可能是与老子这个大隐者的政治态度和行事风格有关。

司马迁说：“老子是个隐君子。”这个隐君子指的是隐士。最近，我看到一部书，书的作者说，老子是个隐士，是出世的。这位作家把隐士与出世画上了等号。其实，老子虽为隐士，却不是出世的。为什么这样说呢？

什么是隐士，隐士的政治态度和行事风格是怎样的呢？

隐士，是我国春秋时期出现的一个特殊的社会群体，大多数来自当时新兴的知识分子阶层。隐士群体具有如下一些特征：(1) 他们有知识、有智能、有才干。(2) 他们志操高洁，是甘受清贫、洁身自爱的典范。(3) 他们主张返璞归真，反对玩弄心计和投机取巧。(4) 他们对世俗和统治阶级的价值观持批评态度。(5) 他们不愿意与统治者同流合污，多数不愿意做官。隐士中有大隐、中隐、小隐之分。大隐隐于朝，中隐隐于市，小隐隐于林。隐于朝者，指的是有一官半职，居于庙堂之上的隐士。他们虽然做官，但不为统治者歌功颂德，甚至批评朝政。隐于市者，指的是居住于市镇之内，生活在人群之中，而坚持不出仕做官的隐士。他们以批判的态度，冷眼观察时政、社会和历史。隐于林者，指的是流连于河川山岭之间的隐士。他们独往独来，不问世事。

隐士们的隐士身份，不是他们自我宣称得来的，也不是社会强加给他们的，而是由他们自己的政治态度和行事风格决定的。

那么，被称之为出世的人，他们的思想行为有哪些与众不同的地方呢？出世者，指的是不问政治、不关心社会，甚至远离人群的隐士。通过以上的描述，我们可以看到，在隐士群体中，只有小隐者才是出世的。而老子，不仅是一个忧国忧民的政治家，还是一个极度关注人类未来命运的大格局的政治家。也就是说老子不但不是出世的，而是一个入世很深的人。

所以我们说，老子这一次被免职，可能是与他这个大隐者，不为统治者歌功颂德，甚至抨击朝政的态度和作为有关。

公元前 530 年，周甘简公死了，周甘平公继位做了周天王。一朝天子一朝臣，老子被召回官复原职。这年，老子 42 岁。

那么，老子第二次被免职，又是什么原因呢？

公元前 516 年，周王室发生了一场内乱。这是一场怎样的内乱呢？当时周王室有一王子叫姬朝，他由于没有被立为太子，心有不甘，于是策划了一次武力行动，以图夺取太子的位置，但他失败了。正是这场内乱使老子失去了史官的职位。难道老子支持了王子姬朝的夺位活动吗？要不，他怎会因这场内乱而被免职呢？原来，王子姬朝失败逃跑的时候，把周王室的一些重要文献卷走了。为此，老子被追究失职之责。这对老子来说，无疑是一场无妄之灾。因为在那君权、王权至上的年代，作为臣子的老子，根本就没有能力阻止王室成员的行为。

老子几十年的史官生涯就这样结束了。这年他 55 岁。老子着着实实地离开了官场，又着着实实地回到了家乡陈国。

老子回乡之后都做了些什么呢？讲学以传道，酿酒以自娱，这就是老子回乡后的生活。

老子执教讲学的地方叫明道宫。明道宫的遗址，因一代又一代的鹿邑人的维护而得以保存下来，从而成为国家重点保护文物。老子讲学的内容是什么呢？我认为是“道”。有学者说，当时《道德经》尚未问世，哪有道可讲。我觉得《道德经》虽未诞生，但道已在老子心中。

老子讲学之余，则以酿酒为乐。他汲取九龙井之水酿酒，取名本原。本原是溯宗追源的意思。也就是说，这时的老子已在探索宇宙的最高奥秘：即宇宙的起源，或者说宇宙的本原这个哲学的根本问题。这也印证了我上面所说的，《道德经》问世之前，道已在老子心中这一观点。本原酒是老子家酒，非常醇香，有健身益智之功用。老子酿出的酒，一是用于自饮；二是作为礼物回赠相访的客人。本原酒的配方和制作方法，因其后人世代相承而得以传至今日。现在鹿邑本原酒的经营者正是老子的后人。

那么，老子是否就这样终老于家乡呢？其实，老子一生的重头戏至今还没有上演。

老子这一次在家乡住了多长时间呢？孔子 57 岁时拜见老子，地点就在陈国，也就是说，老子 77 岁的时候还住在家乡。

这段日子，对老子的一生来说，是一个非常重要的时期，因为老子的思想在这一时期发生了重大变化。在此之前，老子学的是周礼，崇尚的是周礼，维护的是周礼，践行的自然是周礼。周礼是什么？从狭义上说，它指的是周王朝实行的关于礼仪、礼节方面的规矩、规定或者程式。如诸侯王见周天王行的是什么礼？周王室的臣子见诸侯王行的是什么礼？周天王与诸侯王的车驾分别用多少匹马？不同等级的臣子在家里开歌舞会，出场演员数量上有什么规定？结婚拜堂时，先拜什么，后拜什么？白头人能否给黑头人送葬？等等。从广义上说，周礼则包括周王朝统治国家、管治人民的一切规章制度。老子在家乡闲居期间，对周礼进行了认真的反思。在宫廷，他看到了周王室的骄奢和腐败，看清了侯王贵族的虚伪与贪婪。在民间，他看到了连绵不断的并吞战争给自然、给社会、给人民带来的严重损害，也看到了统治阶级的残酷盘剥给人民带来的贫穷和苦难。他开始对自己过去维护的周礼产生怀疑，进而与之决裂。他还以一种天道精神去探索宇宙、探索人生、探索合理的治国之道，从而形成了完整的老子思想。

应该说，老子思想的形成，与他作为周王朝的史官的那份经历是密不可分的。史官的特殊职位，使老子可以也必须博览历代珍藏的重要文献典籍。因此，老子对天文、地理、历史、文教、礼法、风土民情、政治经济、生产技术、征伐刑狱无不有所了解。长期作为史官的特殊生活背景，使他对政治极为关注；而历记成败存亡祸福的古今之变的职业，也使他积累了极为丰富的政治经验，对政治有着深刻而独特的见解。

老子在家乡居住的这一时期，诸侯国之间的战争进一步加剧。陈国是一个小国，地处中原，又夹在几个大国之间，可谓兵家之争，战火不断。为了逃避战火，老子决定到社会相对安定、民风相对淳朴的秦国，找一个偏僻之地住下来，讲学传道，安度晚年。

某年，某月，某日，老子终于动身上路了。他骑着一头青牛，从家乡出发，向西缓缓而行。

这一年，老子多大年岁了呢？有两种说法，一说他这年 93 岁，另一说他这年 113 岁。

老子此次西行，除讲学传道还会做些什么，还能做些什么？是的，一个如此高龄的人还能做什么呢？

行行复行行，有一天，老子终于走到了函谷关。他没有想到的是，有一个人正在关前守候着他。那么，这个人是谁？他怎么知道老子就在路上呢？

故事是这样的：函谷关的关令尹喜，头天晚上做了一个梦，梦见一股浓重的紫气自东向西飘荡而来，降落于函谷关上。第二天早上，尹喜对这一紫气东来的现象占了一卦，知道有一位老者很快就要到达函谷关，于是便亲自在关前守候。

尹喜询问之下，得知眼前这位老人，就是大名鼎鼎的大学问家老子。尹喜于是强留老子在关上住下，并热情予以款待。尹喜与老子一见如故，谈得十分投机。

尹喜对老子的思想十分感兴趣，建议老子把它写下来，传给后世。老子本来没有写书的愿望和计划，在尹喜的再三动员和恳求下，终于答应下来。一部叫《道德经》的奇书就这样诞生了。

不过，以上只是其中一种说法。那么，另一种说法是怎样的呢？

据传，尽管尹喜再三请求，再三动员，老子还是不愿意写，但他答应讲。尹喜于是在函谷关上设立讲经堂，把住在附近的名流、学者请来听老子讲经。尹喜从头到尾、自始至终认真听讲，认真做记录，并把它整理成书，这就是传至今天的《道德经》。

不管以上哪一种说法更符合历史真实，《道德经》之所以能够诞生，能够传之后世，尹喜都功不可没。

老子在函谷关住了半年，然后再启程西进，最后在周至县的楼观台隐居并讲学。后来尹喜辞去了官职来到老子身边，与老子一样终老在周至县。

《道德经》只有 5 000 多字，以今天的眼光看，它不过是一篇小文章。但古今中外，从来没有人说《道德经》是一篇文章，而说它是一部书、一部大书。

那么，《道德经》究竟是怎样的一部书呢？

老子通过他的《道德经》，创立了他的哲学学说、伦理学说和政治学说。老子也因此而成为哲学的巨人、道德的高峰、政治的先知。

为什么说，老子是哲学的巨人呢？

早在 2 500 年前，老子就为中华民族，也是为人类创立了一个独特的哲学思想体系。老子哲学，既有对宇宙起源和宇宙本体的探讨，又有对社会、对人生的探索；既有系统的认识论原理，又有丰富的辩证法思想。老子哲学，不仅在中国哲学史上居于主导地位，而且是古代世界哲学群山中的巅峰。更为难能可贵的是，直到今天，老子哲学中的基本原理和精神，仍被证明是科学的、正确的。

为什么说，老子是道德的高峰呢？

第一，老子的伦理学说体系完整。

老子从善、爱、和几个方面构建起他的伦理精神体系。

善，是老子的伦理学说中的核心内容。它包括无私奉献、舍生取义、知足寡欲、淡泊名利、节俭素朴、公平公正、诚实守信、谦虚卑下、礼让不争等道德理念。

爱，是老子的伦理学说中的重要思想。老子主张真爱、博爱，主张无私、无欲、无己之爱。他认为，爱是道所抱持的第一法宝。他主张，对人的培养应把培养他们的爱心放在第一位。

和，是老子的伦理学说中的基本理念。老子崇尚和生万物、和兴万事的精神。他希望世间没有纷争，人人友爱相处。他反对以强凌弱。他还提倡报怨以德的道德境界。

第二，老子的伦理学说多精华而少糟粕。

在老子伦理意念的宝库中，没有与现代的道德精神相抵触、相冲突的东西，没有君权神授的媚上意识，没有上智下愚的鄙民思想，而有的是劝君、教民为善的金玉良言。老子的伦理意念，就像婴儿那样纯粹，像青松那样高洁。

第三，老子的伦理学说境界高远。

老子的伦理学说，植根于无私与慈爱的大德境界之上。无私与慈爱则是人类最真、最善、最美，也是最珍贵的情感和道德精神。正如列夫·托尔斯泰说的："老子的学说，是不同寻常的道德高峰。"

可见，老子的伦理学说，不仅体系完整，而且境界高远。

为什么说，老子是政治的先知呢？

在民本思想的课题方面，老子在 2 500 年前就提出了民权至上的民本思想，提出了孤家寡人的公仆意识，提出了自由、民主、平等、博爱、人权、人道的民主文化理念。

在世袭与民选的课题方面，老子在 2 500 年前就主张民选官，而反对世袭的家天下。他主张贤者为王而反对胜者为王。为了让人民行使好选举权，他提出了对竞选者"四个看"的知人准则：看他们是否遵守公平竞争的选举规则；看他们是否做到执政为民；看他们是否做到固守清廉；看他们是否做到以诚信为本。

在国际关系课题方面，老子在 2 500 年前就提出了互相尊重、平等相待、互相扶持、和谐共处的国际关系准则。

在战争与和平的课题方面，老子在 2 500 年前就高举起反战的大旗，提出了"不以兵强于天下"和不打第一枪的反战名言。他还作出了侵略者、称霸者最后必定失败的预言。

在人与自然关系的课题上，老子在 2 500 年前就提出了友好大自然的环保思想。他主张爱惜天下万物，并发出了破坏自然、浪费自然资源是人类自寻死路的严重警告。

老子的这些思想，对于今天的人类显得是那样亲切、那样重要、那样有用。但在老子所处的时代，他的这些思想如同异端邪说，根本不可能被认同、被接受，更不可能被践行。我们今天重温老子的这些政治见解，就不能不由衷地敬佩老子的远见卓识、先知先觉。

其实，老子不仅在社会科学方面对人类作出了重大的贡献，在自然科学方面他也是有贡献的。他提出了友好大自然的环保生态观。他是人类科学史上提出空间理论的第一人。20 世纪 30 年代，我国建筑学家梁思成到美国，向美国著名现代建筑学大师赖特请教建筑学的空间理论。赖特对梁思成说：“请教这个问题，你到美国来干什么？这个问题老子那里就有答案。”赖特认为老子的空间理论是最好的建筑理论。最近，我看到一部书，书的作者说，老子是反文化的，不仅反对一切科学发明，也反对利用一切科技成果。我认为，这种通过轻薄、作践古人来完成自己的学术立论的做法是不可取的。

通过以上的介绍，我们可以知道，老子的确是个了不起的人；他的思想具有普世价值，带给人类的只会是福祉，而不会是伤害。老子文化不仅造福于中华民族，对欧洲的复兴也产生了深刻的影响。下一讲：西游欧洲。

第二讲　西游欧洲

老子思想研究专家熊春锦先生说：中国有两部《西游记》，第一部讲的是唐僧到印度取经的故事。第二部记述的是老子欧洲传经的历程。这第二部《西游记》是谁写的呢？它的作者不是中国人，而是欧洲人。今天，我们就来讲讲这部《西游记》。

据不完全统计，《道德经》在世界上的译本有近500种，其中有英文、德文、法文、荷兰文、意大利文、日文、俄文、瑞典文、波兰文、芬兰文、捷克文、葡萄牙文、冰岛文等。除《圣经》之外，《道德经》是当今世界上被翻译最多的一部书。可见，欧洲是《道德经》读者最多的地区。

《圣经》，欧洲人曾用舰船、枪炮把它推向世界。那么，中国是否也曾用武力把《道德经》推向世界呢？没有，中国从来没有这样做。欧洲、西方接受它、学习它、吸纳它，完全是出于他们的自觉、自愿。

那么，欧洲是如何发现老子、认识老子，又为何如此看重老子的《道德经》的呢？

欧洲对老子、对他的《道德经》着实经历了一番寻觅的过程。这个过程是从他们对古代中国的探索和研究开始的。

在这里，我们得先说一说古代中国这个概念。欧洲的近代学者，把公元16世纪以前的中国称之为古代中国。他们为什么以这个世纪作为分界线呢？这是因为，16世纪无论是对中国还是欧洲，都是一道历史的分水岭。在这之前，是先进的中国、落后的欧洲；在此之后，是先进的欧洲、落后的中国。

那么，欧洲人为何会对古代中国发生兴趣呢？

《马可波罗游记》的发行，打开了欧洲人的东方视野。

1275年，21岁的意大利商人马可波罗来到中国。由于他长得英俊，又精明能干，于是深得元朝皇帝忽必烈的赏识。他被授予官职，并有机会跑遍了大半个中国。马可波罗在中国生活了 17 年后回国。然后由他口述，由作家鲁斯蒂恰诺笔录而成《马可波罗游记》一书。此书盛赞当时中国的文明与强大。1299 年，该书发行，很快被人们争相购读，继而轰动了整个欧洲。

四大发明的西传，进一步扩大了欧洲人窥视古代中国的窗户。

13 世纪前后，中国的四大发明传入了欧洲，对欧洲的社会发展和科学技术的进步，产生了巨大的推动作用。英国学者赫乔·韦尔斯在他所写的《世界史纲》一书中说："纸起源于中国，说纸使欧洲的复兴成为可能，并非过分。"英国哲学家弗兰西斯·培根，早在 1620 年就指出："火药、指南针、印刷术这三大发明改变了整个世界事物的面貌和状态。没有一个帝国，没有一个教派，没有一个人物对人类事务的影响能像这三大发明那样巨大和深远。"马克思指出："火药、指南针、印刷术，这是预告资产阶级社会到来的三大发明。"

《马可波罗游记》和中国的四大发明，使欧洲人对古代中国产生了极大的兴趣。他们经过一番探索和研究之后，终于看到了一个强大而先进的古代中国。

那么，古代中国强大吗？先进吗？

只要我们回头审视一下古代中国的科技、经济和国际地位，就能领略到强大而先进的古代中国的迷人风采。

第一，古代中国科学技术先进。

古代中国科学技术的先进体现在哪些方面呢？

1．古代中国的科技发明成果来得特别早。

河姆渡遗址出土物的研究表明，早在 7 000 多年前，当时的中国人已懂得种植水稻，懂得饲养禽畜。迄今为止，这是世界所发现的最早的农耕文明。早在 3 500 年前，我们的祖先就领先于世界，掌握了青铜的冶炼技术。公元前 4 世纪，我们的祖先又领先于世界掌握了炼铁和炼钢的技术。公元8世纪，唐朝和尚一行，发现了恒星移动的现象，这是世界的首次。英国天文学家哈雷直到1712年才提出恒星自行移动的观点，比一行正好晚了1 000年。

2. 古代中国的科技发明成果特别重大。

现在，全世界都采用十进位值制记数法。什么是十进位值制呢？它包括十进制和位值制。所谓十进制，是指逢十进一；所谓位值制，是指数字的位置不同，其所表示的数值就不同，如“5”，在十位上是50，在百位上是500。这个记数法，是哪一个国家发明的呢？是我们中国。早在公元前4世纪，我们的祖先已发明并采用了这个记数法。这可是一项非常重大的发明。英国科学家李约瑟指出：“如果没有中国的十进位值制，就几乎不可能出现我们现在这个统一化的世界。”还有，我国汉朝的造纸、唐代的火药、宋代的指南针和印刷术，对人类文明的进步而言，都是具有划时代意义的重大发明。英国科学家尤塞尔·博格指出：中国在16世纪之前，领先于世界的重大发明有26种之多。

3. 古代中国的科技长期领先于世界的领域广。

我国在数学、物理学、化学、天文学、地理地质学、医学方面，在16世纪以前，一直处于世界的领先地位。我国在炼铜、炼铁、炼钢、漆器、陶瓷、建筑、建桥、纺织、造船以至园艺等领域的科学技术，在16世纪以前，也一直领先于世界。以造船为例，郑和下西洋时使用的船，排水量已有超过1 000吨的。而在87年后哥伦布横渡大西洋发现新大陆时使用的船，排水量最大的还不足250吨。

4. 古代中国的科技发明成果数量多。

西方学者指出，16世纪以前，世界上的发明有60%以上来自中国。李约瑟指出：“中国在研究大自然，并用以造福人类方面，很早就跻身于全世界的先进民族之林。中国是长期领先于世界的技术输出国。”尤塞尔·博格则指出：“古代中国是世界发明的摇篮。”

第二，古代中国经济繁荣。

古代中国经济的繁荣，主要体现在哪些方面呢？一是在世界经济的总量中所占的比重大。明成祖时期中国的国内生产总值（GDP）占当时世界的1/3强，而汉唐的鼎盛时期，其国内生产总值在世界中的比重比明成祖时期还要高。二是生产水平高，人民生活富裕。香港学者丁学良指出：“在2 000多年前的公元1年，当时中国的人均收入按1990年物价指标计算已达到450美元。”2 000年后的今天，有的国家还达不到这个水平。宋代，虽然没有汉唐那样强盛，但它的第一、第二、第三产业都是当时世界的第一。对宋人的生活，司马光在《训简示康》一文中说：“走卒类士服，农夫蹑丝履。”它的意思是，小贩穿的是士大夫的衣服，农民着的是高级的鞋子。也就是说，宋代百姓的生活水准是相当高的。

第三，古代中国有崇高的国际地位。

我国唐代，是当时世界名副其实的超级大国。唐的都城长安，也是名副其实的国际大都市。在长安挤满了相貌奇异、着装古怪的外国人。他们来自哪里呢？除了中国周边的国家外，还有来自中亚、西亚、非洲和欧洲的国家。例如：波斯（伊朗）、大食（阿拉伯半岛），这是属于西亚的国家；拜占庭（东罗马）、拂霖，这是属于欧洲的国家。他们来中国干什么呢？一是建立友好关系，就是今天说的外交关系。与唐建立友好关系的有50多个国家，这在当时是没有任何一个国家可以相比的。二是通商。在长安居住的，仅是西域的商人，最高时达到数千人。三是留学。留学作为一种制度，是哪一个国家创立的呢？是古代中国。它萌芽于隋而发展于唐。可以说，是唐代中国开了世界留学的先河，成为世界留学的第一个目的地国。古代中国为什么会成为世界留学的创始国呢？是因为当时的中国强大、先进，有东西让别人学。事实上，唐代的政治、军事、文化都是被当时各国狂热崇拜和竞相学习的对象。其中最热忱的是日本人。他们派出的遣唐使团，少者每批二三百人，多者每批二三千人。其中多数是留学生和学问僧。学问僧有点像今天的访问学者。他们学以致用，日本的京都、奈良，就是仿照长安修建的。

如果说，20 世纪是美国的世纪，18 世纪、19 世纪是欧洲的世纪，那么，16 世纪以前的世纪便是中国的世纪。

有人问了我两个问题：一是中国会不会重新成为世界发明的中心？二是未来还会不会出现属于中国的世纪？

这两个问题，实在不好回答，不过我可以介绍西方学者的几则预言。

美国联邦储备委员会前主席格林斯潘说："2030 年前后，中国将引领世界经济走向新的发展巅峰。"

英国有一位学者指出：到 2040 年前后，汉语将成为世界语。

当今世界最杰出的理论物理学家，英国剑桥大学教授霍金认为："到 2050 年前后，中国有望重新成为世界科学技术的中心。"

认识到古代中国的强大，并不是近代欧洲学者研究中国的终点站。他们又开始了新的探索，新的找寻。

德国科学家莱布尼茨曾感慨地说："古代中国人比现代人聪明，他们的发明都是天才的发明。"

德国的另一位科学家叫爱因斯坦。他是现代物理学的奠基人，是原子能理论的创立者。他曾说："西方近代自然科学的发展，主要是由于科学家得益于两大法宝，一是以阿基米德的几何学为代表的逻辑推理的方法。一是以培根为代表的近代科学的实验证伪的方法。这两大法宝，古代中国的贤哲显然都不具备。然而，值得惊奇的是，西方科学家做出来的成绩，有不少却早被古代中国的科学家做出来了。"

尽管，爱因斯坦不是莱布尼茨那个时代的科学家，而他却说出了那个时代的欧洲科学家的心声。

请注意，莱布尼茨和爱因斯坦，好像只是称赞古代的中国人，称赞古代中国的科学家，其实，他们是在提出问题，他们是在寻求答案。

古代中国人为什么比现代人聪明？古代中国的科学家为什么能取得那样大的成就？他们有什么法宝？这就是他们提出的问题，这就是他们要寻求的答案。

那么，他们找到了答案吗？好像找到了。

莱布尼茨是一位哲学家、数学家、物理学家、社会学家和语言学家，被称为绝代天才和通才。当他与牛顿被并列为微积分的发明者之后，曾变得非常自负，瞧不起任何人。而当他第一次看到阴阳八卦图之后，顿时惊得目瞪口呆。他激动之下，将自己写的微积分一书扔进了身边的字纸篓。他感慨地说："这是宇宙的最高奥秘，却被东方人发明了。"当他深入地研读了《周易》和《道德经》之后，便十分向往中国。他曾给清朝的康熙皇帝写信，希望加入中国国籍，并要求在中国办一所科学院。

德国哲学家尼采说："《道德经》的能量是取之不竭，用之不尽的。它就像一口永不枯竭的井泉，满载宝藏，放下汲桶，唾手可得。"尼采把《道德经》视为一座思想大宝藏。

正是由于欧洲人的虚心好学，从而使中国的文化、老子的文化得以施益于欧洲，施益于欧洲的复兴。

这可不是中国人自己的自卖自夸，而是欧洲人自己这样认为的。

诺贝尔奖得主、欧洲科学家普利高辛说："中华文化是欧洲科学的灵感和源泉。欧洲近代文明和科学技术的飞跃发展，与中国传统文化的渗入有直接关系。"

按照普利高辛的评估，中华文化对近代欧洲文明的进步、科技发展的影响，不是微不足道的，而是巨大的。

为了使读者能更直观地理解普利高辛这段话，我们不妨看看这个事例：

莱布尼茨把阴阳八卦中的阳爻“——”看作“1”，把阴爻“— —”看作“0”，这样一来，坤卦（☷）就是000，震卦（☳）就是001，坎卦（☵）就是010，兑卦（☱）就是011。莱布尼茨由此得到了灵感，发现了计算机的原理。

事实上，在16世纪前后，欧洲通过他们的传教士和商人，曾在中国搜集了很多书籍带回去，这些书籍中，有《周易》、《道德经》、《论语》、《庄子》、《孟子》、《孙子兵法》等。欧洲人对这些中华文化都认真地研究、学习和吸收。由于欧洲复兴的主要内涵是社会变革和科技革命，因此，老子的哲学思想和民主思想便得到了更多的重视和更多的关注。

哲学是社会科学和自然科学的先锋学科。中国20世纪七八十年代后的社会、经济的重大变化，源于一场关于“真理标准”的讨论。同样，欧洲17世纪后的文化文明、科技文明和经济文明，也发端于哲学思想的变革。

5世纪至16世纪的欧洲，被称为欧洲的中世纪。欧洲人视它为欧洲的黑暗时期。在这十多个世纪里，教会控制了欧洲的政治，神学主导了欧洲的文化。在这个时期，既没有民主文化存在的空间，也没有哲学发展的余地。

不过，欧洲哲学在18世纪前后得到了跨越式的发展，并建立起具有世界意义的近现代哲学思想体系。

那么，欧洲的近现代哲学与老子哲学在内涵上有着怎样的联系呢？

我们先来看看欧洲哲学和老子哲学在物质概念上的表述。

欧洲哲学认为，物质是一种感觉不到的存在。

那么，老子又是怎样说的呢？老子指出：道是一种基本物质。它虽然看之不见，听之不到，摸之不着，却是一种真实的存在，并早在天地形成之前已经存在。它是没有任何形象、任何形体的特殊物。它是宇宙的本体和起源，是化生天地万物的父母。

也就是说，早在2 500年前，老子已对物质这个概念作了科学的论断，并正确回答了物质与精神这个哲学的基本问题。

我们再来看看在矛盾法则的表述上，欧洲哲学与老子哲学有什么相同之处。

欧洲哲学认为，事物是互相对立的矛盾统一体，并无不向其对立面转化的。

在这个法则上，老子又是怎样说的呢？老子认为，相反亦相成的对反依存关系，在自然和社会现象中普遍存在，事物无不向自己的反面转化。也就是说，老子在 2 500 年前，已正确揭示了这个辩证法的核心法则。

通过以上的论述，我们可以清晰地看到，欧洲哲学与老子哲学的内在联系。

生命诚可贵，爱情价更高，若为自由故，两者皆可抛。

18 世纪前后，欧洲扯起了自由民主的旗帜。民主作为社会政治制度也首先在欧洲建立起来。于是，自由、民主、平等、博爱、人权、人道也就成了近现代欧洲的民主文化。

那么，欧洲这种民主文化，与中国文化、老子文化是否也存在某种联系呢？

要回答这个问题，我们首先得弄清楚，中国文化、老子文化是否也有民主这种基因，古代中国是否也有过民主的实践呢？

答案一，中华民族由于有老子，从而先于其他民族拥有完整的民主思想体系。

老子在《道德经》的第五十七章指出：

> 我无为而民自化，我好静而民自正，我无事而民自富。

老子这段话的意思是，治国者如能奉行清静无为政治，对老百姓不滋事搅扰，不施酷法，不播苛税，而让老百姓有更多的自主权、更大的自由度，百姓自然能安平富足，社会必能稳定和谐。

这就是老子提倡的自由民主精神。

老子在《道德经》的第四十九章指出：

圣人常无心，以百姓之心为心。

老子要求治国者，不应以自己的意志、自己的欲望作为施政的出发点；而应以百姓的意志、百姓的利益作为施政的最高准则。

那么，治国者如何才能以百姓之心为心呢？这就要发扬民主，让百姓自由发表意见。治国者在倾听百姓声音的过程中，集思广益，择善而行。这就是老子所倡导的民主自由精神。

老子在《道德经》的第四十九章指出：

百姓皆注其耳目焉。

老子认为，对治国者，百姓应注意听其言观其行，对他们实行监督。

这就是老子所主张的民主监督思想。

老子在《道德经》的第六十六章指出：

圣人处上而民不重，处前而民不害。

老子这话的意思是，圣人虽身居高位，而百姓不会感到受压迫，圣人虽在前头发号施令，而百姓不会感到受伤害。

这就是老子所推崇的平等思想。

老子在《道德经》的第四十九章指出：

（对于百姓）圣人皆孩之。

老子要求治国者应像抚育婴儿那样小心地呵护百姓，而不能伤害他们。

这就是老子所主张的人权思想，公仆精神。

老子在《道德经》的第二十七章指出：

圣人常善救人，而无弃人；常善救物，而无弃物。

老子认为，圣人应以关爱救助他人为己任，而不应唾弃任何人。圣人应珍爱自然万物，而不应任意伤害它们。

这就是老子所高扬的人权思想、博爱精神。

老子在《道德经》的第三十一章指出：

兵者，不祥之器。……若美之，是乐杀人

也。……杀人之众，以悲哀泣之；战胜，以丧礼处之。

老子认为，战争是残物伤生的不祥事。……如果把战争当作美事，这样的人便是以杀人为乐的屠夫了。……面对众多的战死者，有人性的参与者应该为之悲伤和哭泣；就是取胜的一方，也应举行丧礼为之哀悼。

这就是老子所提倡的人道精神。

答案二，古代中国还有过很好的民主实践传统。

汉文帝号召老百姓直接给他上书。老百姓有什么解决不了的困难，或者愿意给朝廷提建议，都可以直接写信给他。唐太宗让五品以上官员上奏章，给朝廷提建议或意见。汉文帝和唐太宗此举，体现的正是民主自由的精神。

唐代曾建立起集体决策的制度。唐太宗规定，国家的重大事情都由议事堂即宰相办公会议议决，就是皇帝的旨意也要经这个会议认可方能生效。这是一种民主决策的实践。

隋唐创立的科举制度，不分贵贱，无论贫富，在考试面前人人平等。这是一种平等思想的贯彻。

中国还是世界上最早建立监察制度的国家。汉朝的监察长官叫御史大夫，与丞相、太尉并列三公。唐朝以后的监察官员叫监察御史。这些监察官员是负责监察百官的。唐朝还设置了言官即谏官，是专门对皇帝实施监督的。三国时的蜀国丞相诸葛亮，曾主动进行财产申报，自觉接受监督。他还身体力行，带头实行权力问责。街亭之战，诸葛亮错用马谡，招致失败。他于是向天下公布自己的错误，主动给自己降职、罚薪。

中华民族的这些民主实践，主要发生在公元前 2 世纪到公元 8 世纪。那么当时的世界是怎样的呢？欧洲正处在神权专制的恐怖时期；而世界的其他地方，大多还处于未开化的野蛮时代。

可见，对中华民族来说，民主，绝不是舶来品；对西方来说，民主，也不是他们的专利。中华民族对人类的民主文化是作出了重大贡献的。

那么，古代中国的民主文化，老子的民主文化，对欧洲的民主文化是否也产生过影响呢？答案是肯定的。

1621 年，欧洲出版了一部书，书名叫《忧郁症之解剖》。这部书盛赞中国的地方有几十处，尤其是对古代中国的科举制度充满深情。考试面前人人平等，该书的作者对此感到无比的新鲜、惊讶和羡慕。这表明，早在 17 世纪初，欧洲已在探索、研究古代中国的民主文化了。

欧洲在学习老子的过程中，出现了一个新学派，叫新道家学派。这个学派特别关注《道德经》中的民主思想。英国的李约瑟就自喻是一个新道家。

诺贝尔奖得主、美国的实验物理学家塞格莱曾经指出："中国文化曾长期扮演世界文化领袖的角色。"老子西游的历程告诉我们，就是在中国国力走下坡路之后，即在 16 世纪之后，中华文化对欧洲文化仍然产生了巨大而深刻的影响。

老子文化，也叫道文化。那么，这个"道"是什么意思呢？下一讲：道与天道。

第三讲 道与天道

“道可道，非常道。”这是《道德经》的第一句话。2007年，在上海举办的世界特奥运动会上，国际特奥主席施莱佛致词时，一开头便引用老子的话：“天之道，利而不害。”人们自然会问，又是道，又是天之道，这“道”字，究竟是什么意思呢？

《道德经》有很多的“道”字。细心的读者一定会发现，出现在不同章节、不同字句中的“道”字，所体现的、所表述的并不完全是同一个意思；而且，不把这些“道”字所蕴涵的不同思想弄清楚，也就无法读懂《道德经》。

那么，这许许多多的“道”字，所蕴涵的究竟有哪些不同的思想呢？这正是本讲所要讨论的问题。

道，是老子学说中的核心概念或范畴，它的全部思想均是由道而展开的。我认为道起码有如下几种含义。

一、道是物质，是宇宙的本原

宇宙起源于物质还是精神，或者说宇宙的本体或本原是物质的，还是精神的？这是哲学的基本问题。

老子在《道德经》的第二十五章指出：

> 有物混成，先天地生。……吾不知其名，强字之曰道。

老子认为，有一个浑然一体的东西，早在天地形成之前已经存在了。……我不知道它叫什么名字，只好勉强地称它为“道”。

这个浑然一体的道是怎样的呢？老子在《道德经》的第十

四章指出：

视之不见，名曰夷；听之不闻，名曰希；搏之不得，名曰微。此三者不可致诘，故混而为一。

要弄懂这段话的意思，我们首先得把“夷”、“希”、“微”的含义搞清楚。“夷”指的是形象，“希”指的是声音，“微”指的是形体。老子是要告诉我们，对于道，人类没法看到它的形象，也听不到它的声音，更触摸不到它的形体。而夷、希、微这三者是不能再作区分和深究的，因为它们是混合而成一体的。

老子在《道德经》的第二十一章对道又作了进一步的描写。他说：

道之为物，唯恍唯惚。惚兮恍兮，其中有象；恍兮惚兮，其中有物；窈兮冥兮，其中有精；窈兮冥兮，其中有信。

老子这段话的意思是，道是一种基本物质，它隐隐约约，似有似无。然而，专心研究道的人在进入恍恍惚惚的境界时，可以感知到其中有象、有物、有精、有信。这个“象”，是未形成具体的自然物时之象；这个“物”，是生成万物的基质；这个“精”，是生育万物的纯真精气，是万物内在的生命力；这个“信”，是一种生命信息。

老子在《道德经》的第四十二章，对道生万物的过程进行了描写，他说：

道生一，一生二，二生三，三生万物。万物负阴而抱阳，冲气以为和。

老子认为，道化生了阴阳未分的太极，太极化生了阴阳两仪，阴阳二气处于高度的和谐状态，从而使宇宙万物得以化生。

这就是老子关于和生万物的思想。值得注意的是，对老子话中的“一、二、三”，我们不要把它看作是表示数量的数字，因为它表示的是道化生万物的顺序和过程。

这样，老子就清晰地告诉了我们：其一，道是一种物质，是与具体事物有所区别的特殊物。这种物质，虽然看之不见，听之不到，摸之不着，却是一种真实存在。其二，道是宇宙的本体和起源，是化生万物的父母。

老子对“道”的物质性的发现和认识，对人类哲学的贡献是很重大的。为什么这样说呢？

第一，老子对宇宙本原的认识高人一筹。

与老子同时代的古希腊的哲学家，也对宇宙本原进行了探索，他们大都否认神是世界的创造者。但对什么是宇宙的本原，却各有各的认识。泰勒斯认为是水，赫拉克利特认为是火，阿那克西美尼认为是气，齐诺弗尼斯认为是土，恩培多克勒认为是水火土气，毕达哥拉斯认为是数，伊壁鸠鲁认为是原子，等等。尽管在宇宙本原的问题上，古希腊的哲学家所持的是一种物质观，却没能像老子那样对它给予科学的阐释。

第二，老子获得对宇宙本原的正确认识先人一步。

欧洲的哲学家直到 18 世纪前后，才对物质的概念作出科学的论说，比老子的发现晚 2 000 多年。

二、道是科学精神

道是科学精神，是老子向迷信宣战的武器。

老子所处的时代，人们的思想一直笼罩在天命鬼神的迷雾之中。上帝与鬼神的意识非常浓厚。从远古到春秋时代，人们普遍认为，天是有意志、有人格的神灵。世间一切都是天所生所赐。因此，国家、社会和个人都要受天命的主宰和支配。

面对人们浓厚而强烈的迷信意识，面对人们思想意识上的落后和愚昧，面对天命鬼神说在朝廷和学界的流行所形成的强大社会势力，老子能有什么作为呢？

老子以一种科学的精神，以一种无与伦比的勇气，向天帝挑战，向鬼神挑战，向天命挑战。

老子在《道德经》的第四章指出：

（道）吾不知谁之子，象帝之先。

老子向世人宣告，我虽然不晓得道是谁生育出来的，但可以肯定，像天帝这样的神灵被人们所接受和顶礼膜拜之前，它已经存在在这天地之间。

老子在《道德经》的第六章指出：

谷神不死，是谓玄牝。玄牝之门，是谓天地根。

老子告诉世人，道这个宇宙的生养之神，是功力无边，永恒不灭的。它神秘得就像女性的生殖器，天地万物皆由此而出。

老子在《道德经》的第六十章又进一步指出：

以道莅天下，其鬼不神。非其鬼不神，其神不伤人。

老子这段话的意思是，如果能以道来治理天下，必能使天下太平，物阜民丰，祸患也无从降临人间。如此一来，纵使世界有鬼神存在，它们想为害民间也无法施展其技。

老子正是这样庄严宣告：

（一）天地间的造物主是道，而不是上帝。

（二）决定国家、社会、个人祸福的是道，而不是天帝和鬼神。

在那从国君到黎民百姓都非常狂热地迷信鬼神和天命的年代，老子这一声音可谓振聋发聩，惊天动地。

那么，老子倡导的科学精神，在中国的历史上曾起到过怎样的作用呢？

第一，它是我国的政治家、科学家与天命鬼神思想及其行为进行战斗的武器。

我国战国时有个诸侯国叫魏国。该国有一座城池叫邺，有段时间，邺城人纷纷离乡别井，远走他乡，以致整个邺城田地荒芜，人烟稀少。

魏国的国君魏文侯感到事态严重，便派西门豹去担任邺城的行政长官，希望他能把那个地方治理好。

邺城这地方究竟出了什么怪事呢？

西门豹到任之后，很快就把事由弄清楚了。

原来，邺城这地方有一条大河，叫漳河。每逢夏季，河水经常泛滥成灾。后来，当地流传一种说法：主管漳河的水神河伯提出每年要娶一个老婆，当地必须每年选一位漂亮的姑娘送给他。如果按要求做了，他就保佑地方风调雨顺，五谷丰登。否则，他就要发脾气，兴风作浪，淹没田地，冲毁房屋。自此之后，就有巫婆和乡绅出来为河伯操办婚事。每年四月，巫婆就挨家挨户去挑选美女，看到哪个穷苦人家的姑娘长得俊，就指定她为河伯夫人。然后选一个“吉利”的日子，举行送亲大会。到了这一天，巫婆和她的弟子便给选定的姑娘梳洗打扮一番，随之把她放在用芦苇编织成的小船之上。芦苇船漂流一阵之后便自动散架，人就沉到河里。

给河伯选亲、送亲的活动，不仅使一些家庭失去了女儿，也使许多家庭增加了经济负担，因为这个活动所花的费用都要落在他们的头上，再者是乡绅和巫婆的从中渔利。当地的百姓虽身受其害，却认为这是天命，不敢违抗，只好选择逃亡。

西门豹是魏国有名的政治家，自然不会相信河伯娶亲的鬼话。但他能否戳穿河伯娶亲的骗局，又能否使迷信天命的百姓觉悟过来呢？

到了第二年给河伯送亲的日子，西门豹带上衙役也来参加送亲大会。巫婆、乡绅见到当地最高行政长官都来参加送亲活动，打心里感到高兴。他们认为，有地方长官支持，今后的事就更好办了，于是都高兴地前去给西门豹参拜。

西门豹对巫婆说：“请你把河伯夫人带上来，让我看看。”巫婆的弟子便把一个哭到死去活来的姑娘搀扶过来，西门豹显得很认真地把姑娘端详了一番。然后说：“河伯是个贵神，给他找的夫人应是特别漂亮的才行。这个姑娘模样中等，我看配不上。是否请巫婆辛苦走一趟，去报告河伯，就说我西门豹决定再挑个更俊美的姑娘，改在后天送上。”西门豹说完便命令衙役把巫婆托起扔到河里。在场的人都给西门豹的举动吓呆了。这时的西门豹却不动声色地站在河边上，摆出一副专心等候的样子。过了半个时辰，才故作焦急地说：“巫婆可能由于上了年纪，走动缓慢，老半天都不回来回话，看来得再派两个人去。”他的目光在巫婆的弟子和乡绅身上巡视着、寻找着。巫婆的弟子和乡绅突然“扑通”一声跪在西门豹的面前，连声哀求饶命，并主动承认有罪。

西门豹非常严肃地指责他们：“你们看看，滔滔漳河水，长流不息，河伯在哪里呢？你们平白无故编个河伯出来，盘剥百姓，坑害民女，罪孽太重了。今后谁再敢办河伯娶亲的事，我就让他当媒人，先送他到河伯那儿去。”

一场为害邺城多年的迷信活动，就这样销声匿迹了。

第二，它使鬼神文化在老子之后的 2 000 多年间一直无法在中国的政治文化中坐大。

上一讲曾讲到，欧洲的中世纪，宗教神权势力很大。它们与封建统治集团联手，对欧洲实行了 1 000 多年的黑暗统治。这样的情况在中国历史上没有出现过。尽管天命说、鬼神思想时有冒头、时有作祟，但始终翻不起大浪。

唐玄宗开元时期，山东闹蝗灾，蝗虫多到飞起来遮天蔽日。有个县令叫倪若水，反对捕杀蝗虫。他还给唐玄宗写了奏章，说：“蝗虫是天灾，不是人力能够灭除的。皇上应该多做有德的事，只要感动了上天，上天就会把蝗虫收回去。”宰相姚崇看了奏章，非常生气，提笔给倪若水写了一封信。信上说：“要是多做有德行的事就能解除蝗灾，那么，你管辖的地方蝗虫那么多，你的德行是一定非常不好的了。现在你眼看禾苗被蝗虫吃掉而不去捕杀，势必酿成大饥荒，到那时，你要皇上如何处置你才好呢？”倪若水接到信吓得屁滚尿流，便立即发动群众，几天之内把县内的蝗虫扑灭了。

第三，它保护了古代中国的科学家，保障了古代中国科学技术活动的正常开展。

欧洲的宗教法庭，对科学家的迫害一直延续到17世纪。布鲁诺和伽利略就是在这个世纪被宗教法庭害死的。

1543年，波兰天文学家哥白尼在弥留之际，出版了他的巨著《天体运行论》。他认为太阳是中心，是地球环绕太阳行走，而不是太阳环绕地球行走的。哥白尼这个观点与当时教会主张的“地心说”是针锋相对的。

意大利科学家布鲁诺支持哥白尼的“日心说”。他于1584年出版了《论无限论·宇宙世界》一书。他在书中指出，宇宙是无边无际的，太阳只是太阳系的中心，而不是宇宙的中心。教会对他又恨又怕，便于1592年采用诱骗的手段把布鲁诺逮捕入狱。经过长达8年的审讯拷打，布鲁诺仍不屈服。教会一怒之下，把他打成异教徒，于1600年3月17日，在罗马的鲜花广场把他活活烧死了。

意大利的另一位科学家伽利略，也拥护哥白尼的学说。教会又以对待布鲁诺的手段对待伽利略。于1633年判处他终身监禁，使他屈死于狱中。

那么，古代中国是否发生过神权、鬼神文化迫害科学家的事件呢？没有。相反，古代中国是当时世界科学昌盛的国家。

三、道是道德境界

西方人恪守的道德，来自上帝的旨意，都记载在《圣经》中。中国人的道德精神来自对大自然景物的感悟，来自对天、地、日月的感悟。《周易》中有这样的话：“天无私覆，地无私载，日月无私照。”也就是说，我们的先人领悟到，无私，是天之道、地之道、日月之道。

天之道、地之道、日月之道在老子那里变成了天道。老子还赋予天道更加丰富的内涵。

老子在《道德经》的第八章指出：

上善若水。水善利万物而不争，处众人之所恶，故几于道。

老子认为，上善的人具有如水一样的品格。水虽润育了万物，却不要求得到任何好处，只把自己栖息在人类所厌恶、所不愿居住的地方。水的这种品德最接近天道的境界。

这样，老子便把无私奉献的精神、礼让不争的品德引入到天道的概念之中。

老子在《道德经》的第六十七章指出：

我（天道）恒有三宝，持而宝之：一曰慈；二曰俭；三曰不敢为天下先。

老子这段话的意思是，天道永久地拥有三件法宝，并无限地珍爱它。第一件法宝叫慈爱；第二件法宝叫俭约；第三件法宝是在名利权位面前不与人相争。

这样，老子便把慈爱、俭约、不争的伦理精神引入到天道的概念之中。

老子在《道德经》的第七十九章指出：

天道无亲，常与善人。

老子这句话的意思是，天道是最公正、公平的，对人类，对万物没有亲疏厚薄之分，只会对他（它）们给予同等的施益和救助。

这样，老子便把公平公正的伦理精神引入到他的天道概念之中。

通过以上三例，我们可以知道，老子是把无私奉献、礼让不争、慈爱、俭约、公平、公正的道德精神引入到他的天道的概念之中。事实上，老子所主张的伦理意念全都是天道的内涵。

四、道是客观规律

老子哲学中的道，还表现为一种客观规律。它不仅为宇宙万物的运动所遵循，而且也为人类的行为所效法。

老子在《道德经》的第二十五章指出：

人法地，地法天，天法道，道法自然。

这个“自然”，指的是什么呢？指的是整个宇宙，包括自然界和人类社会。各种各样的自然现象中，有的蕴涵着一定的道德精神，有的蕴涵着一定的客观规律。荷花，象征高洁，体现的是一种高尚纯洁的道德精神。春去夏来，夏尽秋至，冬天到了，春天还会远吗？从这一自然现象，我们可以领略到四季轮转的规律。“四海困穷，天禄永终。”这是《尚书》中的话。意思是，君王如果使天下百姓陷入穷困之中，无法生存下去，百姓就会揭竿而起，把他推翻。从这一社会现象，我们可以发现官暴民必反的规律。所以说，人、地、天效法道的一个重要内涵就是效法自然规律、效法社会规律，即遵循客观规律。

老子在《道德经》的第十六章指出：

知常曰明。不知常，妄作凶。

这个“常”字是什么意思呢？它指的是天道，是客观规律。老子认为，主动去认识和掌握客观规律，并自觉予以遵循，那是明智的表现。反之，不顾客观规律而胡作非为，这种违背天道的行为就一定会受到它的惩罚。

20 世纪 50 年代，在我国有一场叫“大跃进”的运动。当时有一句很响亮的口号，叫作：“人有多大胆，地有多高产。”为了使粮食产量放卫星，全国开展了深翻改土活动。为此，全国总动员，男女老少齐出动。本来，耕地的土壤中，有耕作层和非耕作层之分。农作物之所以能正常生长，是因为处于耕地表面的耕作层，蕴涵有作物生长所需的养分和空气。深翻的结果，含有有机质的耕作层被埋进土地深处，缺少养分和空气的无机质土被翻出地面上来了。结果，在深翻过的耕地上无论是种小麦还是种水稻都大减产。这就是违反客观规律所招致的恶果。

1912 年，清政府被推翻，军阀袁世凯窃取了革命的果实，当上了中华民国的大总统。可他觉得当大总统不够过瘾，竟做起皇帝梦。

袁世凯每天有午睡的习惯，而且睡醒时都要喝一杯茶。茶是由书童按时送进去的。有一天，书童在沏茶时不小心把玉茶杯打碎了。这茶杯是一只雕刻精细的玉杯子，很贵重。袁世凯睡醒时，看不到茶杯，便大声呼唤书童。书童便端着一杯茶进来。袁世凯见书童手上的不是玉茶杯，便问："玉茶杯哪里去了？"聪明的书童说："我刚才把茶送到房门口，看到总统床上躺着一条五爪大金龙，吓了一跳，玉茶杯摔碎了。"龙是皇帝的化身，袁世凯听了不但不怪罪书童，还从抽屉里拿出一把钱奖赏给书童。

这个故事，深刻揭露了袁世凯的狼子野心。1915 年 12 月 12 日，袁世凯真的宣布当皇帝，改国号为"中华帝国"。全国各地纷纷声讨袁世凯，反对袁世凯，称他是人民的大敌、国家的元凶。袁世凯不得不在 1916 年 3 月 22 日宣布取消帝制。当了一百天皇帝的袁世凯从此一病不起。同年的 6 月 6 日，袁世凯在全国人民的唾骂声中死去。

在欧洲，二三百年前已把封建帝制扫进了历史的垃圾堆。在中国，正是由于封建帝制的苟延残喘，极大地阻碍了中华民族的发展。袁世凯却在清王朝倒台之后，复辟帝制。这算什么啊？是逆历史之潮流而动，逆社会发展的客观规律而动，逆天道而动，这就注定了袁世凯的失败。为了当皇帝，袁世凯不但赔了小命，还留下了千秋骂名。

五、道是天人合一观

为了使世人，特别是治国者能自觉遵道、守道，老子还提出了"天人合一"的思想。

什么是天人合一呢？

老子在《道德经》的第二十五章指出：

人法地，地法天，天法道。

这就是老子的天人合一主张。所谓天人合一，指的是，人道要效法天道，人道要合符天道，或者说，推天道而明人事。

老子十分强调人道合符天道，即天人合一的重要。

他在《道德经》的第三十二章指出：

天地相合，以降甘露，民莫之令而自均。

这句话的意思是，如果天地行事都合符道的精神，则风调雨顺，万物得以滋育。同样，如果治国者能依天道行事，人民就是在没有法令制约的情况下，也能相安无事，均平富足。

老子在《道德经》的第七十七章又指出：

天之道，损有余而补不足。人之道，则不然，损不足以奉有余。

老子这话是采取社会批判的角度，从反面指出人道应取法天道，在社会分配方面实现均平调和。

从前面所论，我们可以清晰地了解到，老子所缔造的天道精神内含两种属性。一是自然属性，这就是客观规律，它包括自然规律和社会规律。二是人文属性，这就是以无私和慈爱为核心的道德精神。如果世人，尤其是治国者能按自然规律和社会规律办事，能奉行无私与慈爱的道德精神，这叫作合天道，这种人道与天道的和谐统一，就是天人合一。相反，如果有违于自然规律和社会规律，有违于无私与慈爱的道德精神，就是有违于天道，有违于天人合一。

老子的天道精神，天人合一思想，就是他的天道观。天道观对天命观是一种彻底的否定。

唐太宗是中国历史上最为认真践行“天人合一”思想的帝王。他爱民、节俭、纳谏、知人善用。在外交内政方面举措得当。他还经常教导他的儿子：“一个皇帝，要能按正道办事，百姓就拥护他；如果他不行正道，百姓就推翻他。”唐太宗所说的正道，就是天道。唐太宗在位 24 年，把当时的中国建设成世界最强盛的国家。使路不拾遗、夜不闭户的社会理想变为社会现实。而唐太宗本人也成了中国历史上少有的英主。

相反，凡逆天道而行的，无论当初曾多么风光，多么不可一世，最终都难逃被严厉惩处的命运：商纣王、周宣王、隋炀帝败国亡身。鳌拜、和珅身败名裂。今天的贪官污吏一个个锒铛入狱。正如老子在《道德经》的第七十三章指出的：“天网恢恢，疏而不失。”

综上所述，我们可以知道，所谓道，指的就是宇宙本原、科学精神、道德境界、客观规律和天人合一观。通俗地说，凡是科学的、合理的、进步的、公平公正的，凡是真善美的，都可以理解为道、天道。

老子哲学上的贡献不仅体现在物质观上，也体现在辩证法上。下一讲：欲取姑予。

第四讲　欲取姑予

电视剧《贞观长歌》中，有一个叫郑丽琬的女孩。她是户部郎中郑仁基的女儿。郑丽琬年纪虽少，却非常聪敏。她谙熟《道德经》，并能对老子的思想运用自如。

贞观四年春，唐军打败了东突厥，活捉了它的首领颉利。为了挽回败局，颉利手下有一大将，想出了一道绝招。他组织起2 000人的敢死队，让他们去完成三项任务：一是鼓动并带领20万突厥难民涌入长安。二是看到信号后，在长安城内四处放火，并煽动难民抢掠。三是乘混乱之际对唐太宗实施斩首行动，并劫狱救出颉利。为此，他让1 000人混入难民队伍之中，另1 000人由他亲自带领提前潜入长安城内。

在敢死队的鼓动下，20万突厥难民如潮水似的涌进了长安城，使整个帝都陷入了极大的危险之中。这危局如何化解？唐朝廷的军政大臣急得如热锅上的蚂蚁，但却拿不出应对的办法，最后还是唐太宗想出了化解危机的对策。

唐太宗的计策是怎样的呢？我们可以把它叫作“以粥退敌法”。具体的做法是，在长安城中心处设置第一个供粥点，然后每隔半公里设一个，一直延伸到城外，城内的粥稀，城外的粥稠。这样，饥饿到极点的突厥难民自然会舍稀而求稠，争先恐后地涌出城外。唐太宗说，难民离城后，我们就可以对敢死队来个关门打狗，一举歼灭。他强调此役的关键是能否把难民引出城外。

这是一场特殊的京城保卫战。唐太宗任命身经百战的侯君集担任总指挥。

煮粥需要铁锅，霎时间到哪里找这么多的大铁锅呢？这令侯君集头痛不已。他带着卫队一头扎进长安城中最大的粮库。

粮库的主官正是户部郎中郑仁基。侯君集让郑仁基出主意，拿办法。可是，郑仁基也无计可施，无策以对。这时，只有13岁的郑丽琬说话了。她说："我有办法！"郑仁基连忙制止说，这是军国大事，一个小孩子添什么乱！

侯君集虽然是第一次见到郑丽琬，但郑丽琬的聪明伶俐，他却早有所闻。侯君集诚恳地说："郑小姐，请指教！"郑丽琬抬手一指说："那就是你要找的。"郑丽琬所指的是什么呢？是粮库里装满了水的大水缸。用现在的话说，那是消防水缸，这些水缸都是铁做的。郑仁基断然否决："那不行，把这些水缸搬走了，万一粮库失火怎样办？"郑丽琬说："欲取姑予！"她声音不大，却掷地有声。

侯君集全然不理会郑仁基父女的争论，只顾追着郑丽琬问："这水缸，粮库里有多少？"郑丽琬告诉他有3 000多个。侯君集高兴得把桌子一拍，连叫："好，真好，实在是太好了。"

一场重大危机就这样化解了。侯君集离开粮库之前曾撂下一句话，要在皇上那里为郑丽琬请功。其实，更应授予功劳的，是"欲取姑予"这一思维方法。

那么郑丽琬说的"欲取姑予"，出之何处，它又是什么意思呢？

老子的《道德经》第三十六章有这样的话："将欲取之，必固予之。"后来有人把这句话加以提炼，把八个字变成四个字，这就是"欲取姑予"。在这个故事里，郑丽琬所表述的意思是，以局部的牺牲去换取全局的胜利。这就是老子的辩证思维，老子的辩证法。

这一讲，我们就以这个故事为引子，以"欲取姑予"为题目，展开对老子的辩证思想的讨论。

老子的辩证法，是一个庞大的辩证思维体系。在老子之后的2 000多年的中国历史上，它对中国人产生了重大的影响。它的影响不仅表现在哲学领域方面，而且渗透到社会生活的各个方面。它在一定程度上决定了中国人的思维方式和行事方式，成为中国传统文化的重要组成部分。可以说，自古至今，上至帝王、将相，下至黎民百姓，无不运用它，受益于它。

辩证法是哲学学科的重要内容。那么，老子在辩证法方面有些什么贡献呢？

一、老子揭示了相反相成和物极必反的重要辩证法则

第一，相反相成对反相依。

老子在《道德经》的第二章指出：

> 天下皆知美之为美，斯恶也；皆知善之为善，斯不善也。

老子是在告诉我们，美与丑的观念、善与恶的观念是同时产生的。这段话的意思是，当我们知道什么是美，也就知道什么是丑了；当我们知道什么是善，也就知道什么是恶了。

依据这个道理，老子在《道德经》的第二章接着说：

> 有无相生，难易相成，长短相形，高下相倾，音声相和，前后相随。

老子认为，离开了无，就无所谓有；离开了难，就无所谓易；离开了长，就无所谓短；离开了高，就无所谓下；离开了音，就无所谓声；离开了前，就无所谓后。反之亦然。

老子认为，这种两两对立又相互依存的关系，普遍存在于自然界和社会现象之中。他在《道德经》中列举了 80 多对这种正反相对的概念。如雌与雄，宠与辱，轻与重，成与败，柔与刚，治与乱，等等。老子所列举的这些对反概念，涉及自然界，也涉及社会政治领域，还涉及人类的生活领域。

这就是老子所揭示的相反亦相成的对反依存关系。

第二，祸福相倚物极必反。

老子在《道德经》的第五十八章指出：

> 祸兮，福之所倚；福兮，祸之所伏。孰知其极？

老子这段话是什么意思呢？为了帮助读者直观地理解这段话的含义，我们说说这样一个故事。

有一家人住在边塞之上。有一天，他家的马丢了。于是，村民都登门前来安慰。这家的老头却说，这何尝不是一件好事呢？好心的村民听了，以为老头可能是给气糊涂了，所以才说出这样的话。谁料想得到，过了一些日子，这匹马竟然回来了，而且带了一匹又高又大的马回来。于是，村民们又走上门来，纷纷表示祝贺。可这个老头竟说："这何尝就不是一件坏事呢？"村民们听了，心里骂道，捡了便宜还卖乖。不过，村民们想不到的事发生了。原来，失马带回来的是一匹日行千里的好马，老头的儿子非常喜欢这匹马，天天骑着它在野地上奔跑。有一天，这马竟发疯似地狂奔，把老头的儿子重重地摔在地上。老头儿子的脚给摔断了，自此变成了一个瘸子。于是，村民们又来安慰老头。老头又一次语出惊人。他说，这何尝就不是一件好事呢？村民们个个都叹气说："简直是神经病。儿子摔断了腿，还说是好事？"可谁能想到，老头的话竟然应验了。原来半年之后，边关发生了战事，村里与老头儿子一般大的几个青年都被征调上前线，而且都死在战场之上。老头的儿子断了腿反而保住了命。

这个故事告诉了我们什么呢？

其一，对反依存的关系，不仅相互对立，相互依存，还互相倚伏。祸，蕴藏着福的种子；福，潜伏着祸的根苗。实际上，不仅祸福、美丑、善恶、好坏如此，而且一切对反的事物之间莫不如此。你中有我，我中有你，谁也无法把它绝对分开。

其二，对反在一定条件下，会向其相反方面转化。祸福之间存在着一个界限，但这个界限不是不可逾越的，一旦超出这个界线，祸就会转化为福，福就会转化为祸。

失马带回一匹好马——变祸为福。

带回来的马使老头的儿子摔断了腿——变福为祸。

老头的儿子因为残疾而保住了命——变祸为福。

真可谓世事无绝对，一切都在变动中、变化中。实际上，不仅祸福、强弱、大小如此，而且是一切对反的事物之间莫不如此。在一定的条件之下，它们都可能向相反方面转化。

那么，事物对反双方的转化在什么情况下才算实现了呢？

老子在《道德经》的第七十六章指出：

兵强则灭，木强则折。

这话的意思是，兵器过于坚硬，就容易折断。树木过于坚硬，由于失去柔韧性，也容易被风摧折。

老子在《道德经》的第四十四章又指出：

甚爱必大费，多藏必厚亡。

这话的意思是，过分追求自己所喜爱的东西，必然要为此付出沉重的代价，聚敛得越多，下场可能会越悲惨。

老子通过他的这些话告诉我们，当事物对反双方的其中一方发展到一个极限时，就打破原本的状态，而向反面转化。这就是老子的物极必反的辩证思想。中国人常说的盛极必衰，乐极生悲，否极泰来。表述的同样是物极必反的道理。现代哲学把这一自然法则叫做量变与质变。也就是说，事物的对反双方的力量或因素经过量变的过程，当这量变积聚到一定的程度，到达一个临界点时，就会发生质变。这时候，此事物即变成了彼事物。老子虽然没有直接使用量变、质变的概念，却深刻地揭示了这一辩证法则的内涵。

为了使读者更好地理解老子这个物极必反的辩证法则，我们讲一个把保护演变为伤害的故事。

看过电视连续剧《贞观长歌》的观众，都知道唐太宗的几个儿子争夺帝位继承权的那段历史。唐太宗的长子李承乾很早就被立为太子。由于他的不长进，加上三子李恪、四子李泰的拼命争逐，令他的太子地位岌岌可危。

李承乾的太子妃叫侯海棠，是侯君集的女儿。侯海棠早年丧母，又没有兄弟姐妹，侯君集便把对儿女的爱、对亡妻的爱都倾注在这个女儿的身上。要保护好女儿，就必须保住女婿的太子地位。为此，侯君集做了许多事。

有一天，大贪官泽州刺史赵士达给李承乾送来一份厚礼，李承乾不肯收。侯君集为把赵士达收在太子旗下，以壮大他的社会基础，便劝太子收下这份巨额贿赂。事情过去没多久，赵士达的丑行暴露。为了使太子收受贿赂的事不致暴露于光天化日之下，侯君集指使长孙顺德与赵士达串通一起制造假案，对受害人、知情人进行反攻倒算，大开杀戒。知情人、受害人、无辜百姓都成了他们的刀下亡魂，就连刚到任的泽州长史郑仁基也不放过。但是纸包不住火，侯君集一伙的倒行逆施，终于被唐太宗所觉察。开弓没有回头箭，侯君集不但不收手，反而鼓动李承乾对唐太宗进行逼宫，要唐太宗退位，从而犯下逆天大罪。最终李承乾被废为庶民，与侯海棠一起被遣送到贵州过平民生活。侯君集自己也不得不在狱中自杀。

这就是侯君集把对自己女儿的保护演变为对她的伤害的故事。侯君集为何竟会把自己对女儿的保护演变为伤害呢？其实父亲去爱自己的女儿，去保护自己的女儿和女婿没有什么不对，问题是，侯君集的保护是以犯罪来实施的，这就完全过度了。物极必反，李承乾夫妇就只能吞下这颗被伤害的苦果了。

第三，对反转化源于内因。

那么，相反相成的双方，为何总是要向它的反面转化的呢？

老子在《道德经》的第四十章指出：

反者，道之动。

老子这话的意思是，事物向它的相反方面转化，这是道的运动本性。这是普遍存在于自然、社会之中的法则。

老子认为，事物转化的原因，不是来自神的安排，也不是某种外力的推动，而是在于事物的内部，在于道的运动本性。也就是说："反"，是世间事物运动变化的原因和动力。

相反相成对反相依；祸福相倚物极必反；对反转化源于内因。这就是老子所揭示的事物向反面转化的辩证法则。

事物向对立面转化的规律，西方直到17世纪之后，才有比较系统的论述，比老子晚了近2 000年。

二、老子教给我们驾驭相反相成和物极必反辩证法则的方法

那么，人们在事物向反面转化的规律面前，是不是束手无策、无所作为的呢？

围绕这个命题，我想再从《贞观长歌》的故事说起。

贞观五年，户部郎中郑仁基奉命把20万石军粮调往前线。郑仁基先把军粮送抵码头，打算利用水路走一段路程。然而，天有不测风云，大雨倾盆，河水暴涨。汹涌的洪水把河堤冲开了一个缺口。如不及时把缺口堵上，20万石军粮就会被淹，就得报废。在20万石军粮将从有向无转化的面前，郑仁基急得团团转，他的部属更是不知如何是好。堵缺口常用的办法是压树桩，填沙包，可眼下哪有这些东西。就算向别处调运，也远水救不了近火。怎么办？这时，郑丽琬向父亲建议，从军粮中取出五千石来堵缺口。这可把郑仁基吓坏了。他说："莫说是五千石，就是糟蹋五石也是个死罪！"郑丽琬如何说服她父亲呢？她还是那句话："欲取姑予！"

郑仁基能这样做，敢这样做吗？他在想，不这样做，20万石军粮可能颗粒无存；如果这样做了，可能被问罪。郑仁基完全处于两难的境地。

这时帐篷外传来一串响亮的声音："好一个欲取姑予！"原来是三王子李恪路过此地，听到了郑家父女的对话。他说："以五千石的丢弃，换取19.5万石的保存，划得来。"他又对郑仁基说："如果父皇问罪，一概由小王承担。"这样，聪明的郑丽琬，又一次以老子的辩证思维，化解了又一场重大危机。

这个故事告诉我们，在事物向反面转化的规律面前，人们是完全可以通过发挥主观能动作用，使事物朝自己所期望的方

面转化的。

其实，老子不仅为我们揭示了相反相成和物极必反的辩证法则，还教给我们驾驭这个法则的方法。

那么，老子教给我们哪些方法呢？

第一，守柔之法。

老子在《道德经》的第七十六章指出：

坚强者死之徒，柔弱者生之徒……坚强处下，柔弱处上。

这段话的意思是，事物到了最旺盛的时候，因为生机将竭，死亡之期便不远了；而当事物处于柔软脆弱之时，因为是初生，便有着强旺的生命力……因此，当事物到了最旺盛的时候，就必然要走下坡路，走向死亡；而当其处于初生而柔弱之时，则必定天天向上，日益旺盛。

老子在《道德经》的第五十一章又指出：

守柔曰强。

老子这话的意思是，尽量把事物调整到柔弱初生的状态之上，它就一定能保持旺盛的生命力。

常言道："人生一世，草木一秋。"任何具体事物都要经历一个产生、成长、衰老、死亡的过程，都不可逃避死亡这一最终结局。但人们可以做，也是应该做的，是把事物调整在柔弱初生、向上的状态之上，这样不但可延缓事物的衰老进程，还可以使它保持在继续旺盛发展的状态之上。

那么，如何才能做到守柔呢？

老子在《道德经》的第二十二章指出：

敝则新……是以圣人抱一为天下式。

"敝"就是破旧，"新"就是立新。这句话的意思是，破旧立新，或者说，改革创新这一宇宙法则是圣人所应该抱持的，并以此作为治国所遵循的准则。

革新或者改革创新，的确是社会领域实施守柔之法的重要手段。中国特色社会主义为什么能蒸蒸日上，正是近几十年不断地进行自我改革、自我完善的结果。

守柔之法的内涵是丰富的。我有个朋友这样宣示他的生命状态：六七十岁的年龄，50 岁的相貌，40 岁的精力，30 岁的生理，20 岁的心态。这句话的内在逻辑应是，因为有 20 岁的心态，才使一个六七十岁的人能够有 50 岁的相貌，40 岁的精力和 30 岁的生理。可见，心态年轻对一个人的身心健康是非常重要的。这是守柔之法在养生方面的应用。有人主张做人要低调，这则是守柔之法在处理人际关系方面的贯彻。

第二，用“反”之法。

用“反”，就是运用逆向思维。老子要求人们在看待判断事物时，不仅要从正面观察分析，也必须从反面去分析研究。

老子在《道德经》的第二十二章指出：

曲则全，枉则直；洼则盈，敝则新；少则得，多则惑。

老子认为，能承受委屈的反而可能得到保全，愿意屈就的反而可能得到施展；低洼之处反而可能首先得到充满，越是敝旧的反而可能最快得到更新；不想多取的反而可能会多得，贪多的反而可能什么也得不到。

老子在《道德经》的第二十八章指出：

知其雄，守其雌……知其白，守其黑。

老子这句话，不仅有主张自甘于弱少，自甘于卑下的思想，也有主张对事物实行两面看、两面都要把握的精神。

老子的用“反”之法，在社会生活中有些什么作用呢？

汉武帝临死时，把皇位交给了他最小的儿子刘弗陵。任用霍光为辅政大臣，并把霍光封为大司马、大将军。这个刘弗陵就是汉昭帝。霍光则是霍去病的弟弟。汉昭帝继位时只有 8 岁。他年纪虽少，却聪明伶俐。

左将军上官桀依仗自己的皇亲国戚身份，一直想扳倒辅政大臣霍光。上官桀是怎样的皇亲呢？他的孙女是汉昭帝的皇后，这可不是一般的皇亲啊。

有一次，上官桀假冒燕王刘旦之名，伪造了一封信，告发霍光。信的内容是这样写的：“霍光外出检阅军队，盗用了皇上的仪仗队，耀武扬威，十分骄横。他又自作主张，调了一个校尉到大将军府里去，看来霍光这个人野心很大，恐怕要谋反。”

汉昭帝把信仔细看了几遍便收起来。在上官桀等人面前不表露任何态度。上朝的时候，汉昭帝把告发信读了一遍，随即斩钉截铁地宣布：“这是一封假造的信！”因为这时的汉昭帝才14岁，有的大臣便好奇地问：“陛下是如何知道这封信是假造的呢？”汉昭帝说了三条理由：（1）大将军霍光是在京城附近阅兵，至今还不到10天，大将军调校尉到将军府也是近10天的事，燕王在遥远的北方，他怎能知道这些事。（2）即使燕王能知道这些事，从燕地送信到京城，今天也到不了。（3）大将军如果要造反，用不着调动一个校尉。

汉昭帝不仅为霍光恢复名誉，还下令对这假信事件进行追查。上官桀一伙怕阴谋败露，便采取以攻为守的策略。于是实施另一个阴谋：由刘弗陵的姐姐盖长公主出面请霍光喝酒，并提前在厅堂四周埋下武士，伺机将霍光杀死，然后再废掉汉昭帝，迎立燕王做皇帝。这个阴谋很快被汉昭帝获悉了。他于是立即下令把上官桀等人逮捕并处死。燕王刘旦和盖长公主见阴谋败露，先后自杀了。

一个只有14岁的小皇帝，能在假信问题上分清是非，还受害者以公道，已经难能可贵，而且他完全可以到此为止。但小皇帝却把注意力放在假信的背后，他想，霍光为人正派，踏踏实实为朝廷做事，为什么会有人对他进行诬告，这是一些什么人，他们究竟想要做什么？于是他下令彻查，结果牵出来一个阴谋夺权集团，也粉碎了一场进行中的宫廷政变。

通过汉昭帝处理假信的故事，我们可以看到，汉昭帝是如何运用用“反”之法的，还可以看到用“反”之法有着怎样的社会效用。

第三，戒盈之法。

戒盈，就是做事不要过度，给自己留下足够的回旋余地。

老子在《道德经》的第九章指出：

持而盈之，不如其已。揣而锐之，不可长保。金玉满堂，莫之能守。富贵而骄，自遗其咎。

这段话的意思是，水装得太满，就必然外溢。为使兵器保持锋利而不断锤击它，则容易使它折断。黄金美玉积聚得太多，是很难守住它的。一个人富贵而骄，就一定会招致灾祸。

老子在《道德经》的第二十九章又说：

是以圣人去甚、去奢、去泰。

这话的意思是，圣人应该避免去做那些过分的、奢求的、极端的事情。

老子告诉我们，做任何事都不应过分、过度、过头，而应适可而止，只有这样，才能在事物转化法则的面前，争取到好的结果，而避免出现不好的结果。

第四，欲取姑予之法。

老子在《道德经》的第三十六章指出：

将欲取之，必固予之。

这话的意思是，先有给予、先有舍弃，然后才会有获取。

先给予后获取，这就是欲取姑予之法，实际上就是取舍之法，是先舍后取、舍小取大、舍少取多之法。前面说到的两个故事，一是以消防水缸作煮粥锅的故事，一是用军粮堵缺口的故事，都是正确运用欲取姑予之法的范例。

欲取姑予之法，戒盈之法，用“反”之法，守柔之法，都是老子教给世人驾驭物极必反法则，争取事物朝好的方面转化的重要方法。

老子，是哲学的巨人，道德的高峰。那么，他的道德精神主要体现在哪些方面呢？下一讲：大爱无疆。

第五讲　大爱无疆

这一讲，我们从以德报怨说起。

那么，老子的以德报怨究竟是什么意思呢？

老子在《道德经》的第六十三章指出：

大小、多少，报怨以德。

老子认为，矛盾、怨恨是由小而大、由少而多地发展积累起来的。因此，人们应当努力把它扑灭于萌芽的状态之中。一旦怨恨不幸形成，也应以德相报，用德去化解。

别人对你不好，甚至做了有损于你的事，自己不计较，不报复，反而对他甚好，使对方受到感化。这就是老子的“报怨以德”的精神实质。

孔子的看法是怎样的呢？

有学生问孔子：“以德报怨，如何？”

孔子回答说：“以直报怨，以德报德。”

孔子的态度很明确，就是不赞成以德报怨。

于丹则是反对以德报怨的。那么，她又是怎样说的呢？

她说：“孔夫子给出的答案，正是他告诉我们的处世方寸。孔子提倡的是一种人生的效率和人格的尊严。”

于丹为什么反对以德报怨呢？她认为，以德报怨和以怨报怨同样不可取。她于是说：“你献出太多的恩德，太多的慈悲，你用不值得的仁厚去面对已经有负于你的人和事，这是一种人生的浪费。”

于丹还说：“孔夫子的这种态度，就是告诉我们，要把有限的情感，有限的才华，留在最应使用的地方。”

对于以德报怨，孔子不赞成，于丹更不屑一顾，那么，老子的观点、态度真的不可取吗？

我想讲一个故事，从这个故事，我们也许能够找到正确的答案。

我国春秋战国时期，有一个赵国。赵国有一位大臣叫蔺相如。蔺相如是个勇士，武艺高强，又非常有智谋。他原来是赵国一个宦官的门客。后来，他为赵国立了大功，于是名声大振。

蔺相如立下了什么样的大功呢？

他的第一件大功是：完璧归赵。

赵国有一块玉璧，叫和氏璧，非常珍贵。赵国的邻国秦国一直想得到它。为此，秦国提出用15座城池与赵国交换这块和氏璧。（于是，汉语中就有了“价值连城”这句成语。）那么，秦国真的会把这许多的城池割让给赵国吗？不！秦国只是为了把玉璧骗到手，一旦玉璧到手，他们就会翻脸不认账。“我的是我的，你的也是我的”，这就是当时秦国的强国心态。在秦国的强大压力下，赵国被迫让蔺相如把这块玉璧送到秦国去。秦王接过蔺相如送来的和氏璧，翻来覆去地欣赏了好半天，喜欢得合不上嘴，又让身边的大臣和后宫的美人轮番观看。他不仅把蔺相如撂在一边，不理不睬；以城换璧的事更是只字不提。蔺相如完全明白了，秦国根本就没有以城换璧的诚意。他想，必须想办法把玉璧从秦王手中要回来。那么，怎样才能要回玉璧呢？蔺相如急中生智，大声对秦王说：“大王，玉璧上还有一点小毛病，让我指给您看。”秦王信以为真，把玉璧交给了蔺相如。蔺相如拿到玉璧，连忙向后退，当他靠近一根柱子时，便非常严肃地说：“和氏璧是天下的稀有珍宝，赵王让我送它来秦国之前，整整斋戒了5天，还举行了隆重的送璧仪式。大王也应像赵王那样，斋戒5天，然后举行受璧仪式。这样，我才敢把玉璧献上。如果大王要强夺玉璧，我宁可把它和我的头颅撞碎在这柱子上。”秦王知道不能硬夺，只好同意蔺相如的要求。5天后，蔺相如却空着手对秦王说：“秦国一向不讲信用，我担心受骗上当，对不起赵王，已经把玉璧送回赵国去了。大王如真的愿意以城换璧，不妨先把15座城池交割给赵国。赵国得到了城池，必定会主动向秦王献上玉璧的。如果大王认为我欺骗了您，您可以杀掉我，反正我从离开赵国那天起就没打算活着回去。不过这样一来，天下各国都知道秦王为了一块玉璧而杀掉赵国的使者，是非不就在全天下人的心中吗？”秦王无奈，只好把蔺相如放回赵国。正是蔺相如把自己置之于死地而后生的大智大勇，使他做到了“完璧归赵”。这是蔺相如的第一件大功。

他的第二件大功是：渑池护主。

在和氏璧事件之后的第四年，秦国邀请赵王到渑池与秦王相会。黄鼠狼给鸡拜年，当然是不安好心。那么，秦国此举的目的是什么呢？秦国是要利用这次相会，制造事端，对赵王实施挟持，并乘机发兵攻打赵国，一举占领赵国。可想而知，这次相会无论是对赵王还是他的随从来说，都是一件凶多吉少的事。蔺相如不避凶险，毅然决定陪伴赵王赴会。蔺相如动身赴会之前，说服赵王做了两件事：一是把太子立为继位人，一旦赵王不能按时回来，就由廉颇在国内立太子为王，以减轻赵王被挟持的风险。二是让廉颇调兵遣将做好反击秦军突袭的准备，不给秦国有可乘之机。赴会期间，蔺相如一步不离地保护赵王，并警告秦国不要轻举妄动，否则他可以在五步之内血溅秦王。由于蔺相如的机智和勇敢，既使秦国捞不到便宜，又使赵王得以安全返回。这是蔺相如的第二件大功。

自此之后，赵王对蔺相如更加信任，拜他为上卿，地位在大将军廉颇之上。这引起了廉颇的强烈不满。廉颇愤愤不平地说：“我是赵国的大将军，攻城略地，出生入死，立下了多少功劳！他呢，仅靠一张嘴就爬到我的上面来了。何况，他原先不过是宦官的手下人，出身低微。而现在我却位居他的底下，这口冤屈气，让我如何咽得下。”廉颇还放出话来，只要碰到蔺相如，就一定要给他颜色看，令他难堪。

廉颇的这些话很快就传到蔺相如那里。蔺相如听了会有什么样的反应呢？蔺相如把两个字深深地铭刻在心里。这是哪两个字呢？第一个是“忍”字，第二个是“避”字。真可谓“冤家路窄”，有一天，蔺相如与廉颇果真在街上迎面而行。蔺相如远远看见廉颇的车队，便叫车夫把自己的马车驶进一条小巷躲起来。蔺相如的门客见他如此害怕廉颇，都气坏了。他们便相约好去见蔺相如，对他说：“我们离开父母、妻儿投奔您，是因为我们钦佩您的高尚品德，您跟廉颇将军同朝为官，职位比他高，廉颇恶言相对，已经伤害了您，您不反击，反而一味地忍让、躲避，您干吗那么怕他呢？我们受不了这个气，只好向您告辞了。”蔺相如的“蜗牛”气度，仿佛使他落入了一个里外不是人的境地。不过，蔺相如既不急也不躁，反而心平气和地问门客：“诸位，你们认为，廉颇将军与秦王相比，哪个厉害呢？”门客都说：“当然是秦王了。”蔺相如说：“秦王尽管有那么大的威势，我蔺相如都敢在大庭广众之中当面斥责他，羞辱他的臣子，我怎么就害怕廉颇将军呢？”门客问：“既然如此，您为何要忍他、避他呢？”蔺相如说：“你们知道秦国为什么不敢侵犯赵国吗？那还不是因为赵国有廉颇将军和我蔺相如两人在。两虎相斗，必有一伤。如果秦国知道我俩在闹对立，起冲突，必定会趁机进犯赵国的。那时候，赵国就会有难，赵国的百姓就会遭殃。这就是我对廉颇将军又忍又避的原因。”门客们听了都非常感动。

蔺相如的这番话，也很快传到廉颇的耳朵里。那么，廉颇又会有什么样的反应呢？

廉颇感到非常惭愧，感到无地自容。他于是打着赤膊，背上荆条，到蔺相如府上请罪去了。这就是有名的负荆请罪的故事，也是一个典型的以德报怨的故事。

这个故事告诉了我们什么呢？（1）以德报怨在解决纷争、消除怨恨、构建和谐方面的作用，绝不是以直报怨所能替代的。因此，以德报怨绝不是才华的浪费，情感的浪费，更不是人生的浪费。（2）以德报怨者，高风亮节，站在道德的制高点上，因此，也不存在所谓人格尊严受损的问题。（3）蔺相如所以能如此忍辱负重，以德报怨，是因为他心中有爱。他深爱着他的国家，深爱着他的人民，也深爱着廉颇将军。他是为爱而忍辱负重，他是为爱而以德报怨。

再说，以德报怨，在特殊的条件下还是一门政治斗争艺术。

第二次世界大战期间，日本人对中国、对中国人民的伤害，可以用灭绝人性来形容。

说到日本对中国的侵略，不能不说一个人，这个人是谁呢？是张纯如。

1937 年 12 月 3 日，日军占领南京之后，用了两个月时间杀害了 30 万南京市民，把南京城变成了人间地狱。

张纯如是美籍华人，1968 年在美国出生。张纯如美丽、聪明、善良。她 20 多岁第一次接触到南京大屠杀证据的时候，便决定去调查、研究这场大屠杀，并终于写出了《南京大屠杀》一书。2007 年，加拿大导演比尔夫妇执导的纪录片《张纯如 · 南京大屠杀》，在世界各地播放。

张纯如调查和写作《南京大屠杀》的过程，是她承受痛苦和折磨的过程。日军的残暴、残忍，南京人民的无助与悲惨，经常使她气得发抖、失眠，发噩梦，体重减轻，头发脱落。写完这部书的时候，她瘦了 20 磅，并得了严重的抑郁症。由于忍受不了疾病痛苦的折磨，2004 年 11 月 9 日，她在自己的汽车里用手枪结束了自己的生命，这时候的她只有 36 岁。

张纯如之死，是日军当年的灭绝人性的罪行造成的。这也表明，日军当年的恶行 60 年后还有杀伤力，正是它把美丽、聪明、善良，正处于青春年华的张纯如给害死了。

可见，日军当年给中国人民的伤害是何等的丧尽天良，在中国人民心中种下的仇恨是何等的深重。那么，当时的中国军民是如何对待日军的伤兵、俘虏兵、投降兵以及日本的侨民和遗孤的呢？

有一次，日军的战机在山西轰炸一座火车站，把他们自己派驻在那里的日本员工给炸死了。八路军在死人堆里发现了两个日本小孩：一个叫兴子，5岁；一个是兴子的妹妹，1岁多。这时候，八路军战士的脑海里，自然会浮现起日军用刺刀挑杀中国小孩的镜头。如果我们的战士当时也一刀把这两个日本小孩的生命结束掉，以牙还牙，以怨报怨，一点也不过分。但我们的战士没有这样做。他们把兴子姐妹抱起来，送到聂荣臻将军的跟前。聂将军让战士给这两姐妹洗刷，换上干净的衣服，又挑最好的东西给她们吃，还找来奶孩子的母亲给兴子的妹妹喂奶。行军的时候，又让警卫员挑着她们走。

8年的抗战里，中国军民以同样的情感对待日本的伤兵、投降兵及他们的侨民。这就是中国将军、中国士兵、中国人民的爱心和人道。这就是中国将军、中国士兵、中国人民的以德报怨。

日本投降之后，正是这些受过中国军民善待过的伤兵、俘虏兵、日侨、日本遗孤成了战后日本反战阵营的中坚力量，成为中日友好的纽带。也正是他们不定期地来到中国，到南京大屠杀现场，到卢沟桥抗战纪念碑前下跪、拜祭、谢罪。

也许有人会问，既然我们可以对日本的侵略者报怨以德，为何还要记住南京大屠杀，为何反对日本歪曲篡改历史呢？其实以德报怨和记住历史并不矛盾。我们记住南京大屠杀，并不是要延续仇恨，而是为了不忘苦难，化悲痛为力量，把自己的国家建设好，只有使国家强大起来，才能遏止战争，才不会再次受人侵略和凌辱。我们要求日本正视历史，则是希望他们从中吸取教训，不重蹈对外侵略、既害人又害己的覆辙。

以德报怨是以爱心、以真情实意去感化对方，从而使彼此的关系得以改善。它有利于和谐家庭、和谐社区、和谐社会、和谐世界的建设。

可见，以德报怨的情感底蕴是爱，这是一种深沉的爱、理智的爱、超凡脱俗的爱。

老子不仅主张以德报怨，还主张兼爱。

老子在《道德经》的第二十七章指出：

圣人常善救人，而无弃人。

老子这话的意思是，圣人以关爱救助他人为乐事善行，而不会唾弃任何人。

老子在《道德经》的第六十二章指出：

人之不善，何弃之有。

老子这话的意思是，对那些德行不好的人，我们也不应该唾弃。

老子在《道德经》的第四十九章还指出：

善者，吾善之；不善者，吾亦善之。德善也。

老子主张，对于好人，圣人应该善待他们；对于那些德行不好的人，圣人也应该善待他们；通过以自己的高尚德行引导他们向善，使他们同归于善。

爱好人，也爱德行不好的人。对犯有错误、犯有罪行的人给予关爱、教育，引导他们改过自新，重新做人，告别过去，重开未来，这就是老子的兼爱思想。

要践行老子的兼爱思想，就得有人挺身而出，顶住物以类聚、人以群分的观念压力，以一份关爱之心，与那些“不善”者做朋友，做转化工作。

广州市青年志愿者赵广军，10 多年来志愿服务 5 万多小时，专门与“古惑仔”、“古惑女”打交道，与他们交朋友，从而使千余名“边缘青年”受到感化，走上正路。

武汉市民警刘继平所在的派出所，破获了一个抢劫杀人团伙。事后，这个刘继平竟与其中的一个犯人签下契约，收养她 14 岁的女儿珍珍。刘继平全心全意照顾珍珍的生活，关心她的学习和思想，使她顺利地完成了初中到高中的学业，最后把她送上了大学。刘继平忠实履行契约的行动，使珍珍的妈妈很感动，称刘继平是天下最称职的父亲，她还把刘继平对自己女儿的爱心化作自己改造的动力。她在监狱里表现越来越好，从而获得了减刑，从无期徒刑减为 17 年。

老子还把他的爱，从人类推向大自然，从爱万民扩展到爱万物，从而破天荒地提出了他的环保思想。

老子在《道德经》的第二十七章指出：

（圣人）常善救物，而无弃物。

他这话的意思是，爱护自然万物，不糟蹋自然万物，是人类应该懂得的道理，也是人类应该遵循的行为准则。

老子在《道德经》的第六十七章指出：

我（道）恒有三宝，持而宝之：……二曰俭……俭，故能广……舍其俭且广……则必死矣。

老子告诉我们，道永远地抱持着三件法宝，并无限地珍爱它们，尊崇它们。第二件法宝叫俭。所谓“俭”就是俭约、节俭。爱惜天下万物，使它们得以自然繁衍，以满足人类的需要。如果放弃节俭，使自然万物无法正常繁衍，大自然就会受到破坏，这对人类来说，无异于自寻死路。

人类要想生存得好，就务必珍惜天下万物，爱护大自然，与大自然保持一种友好、和谐的关系，这是老子对人类的殷切叮咛。

老子在2 500年前，就高瞻远瞩地、旗帜鲜明地提出了环保的意识和理念。这表明，他是人类历史上提出环保观的第一人，无愧为世界环保主义者的始祖。

有句名言，叫德莫高于爱。就是说，爱是人类最珍贵的情感，是人类一切高尚道德行为的情感基础。爱，也是伦理精神中最重要、最神圣的元素。因此，老子把爱视为道所抱持的第一法宝。

老子在《道德经》的第六十七章指出：

我（道）恒有三宝，持而宝之：一曰慈……夫慈，故能勇……夫慈，以战则胜，以守则固。

老子告诉我们，道永远地抱持着三件法宝，并无限地珍爱它们，尊崇它们。第一件法宝叫慈，慈就是爱心，博爱之心。这爱心能喷发出庇护万民万物的惊人勇敢和力量。把爱激发出的勇敢和力量用以对付暴虐之敌，必能万众一心，其战必胜；

把它用于守土为民，必能众志成城，其守必固。

爱能出勇敢，出智慧，出力量吗？爱真有这样的功用、这样的潜能吗？

我国春秋时期，有许多诸侯国，今天的陕西、河南一带，就分布着秦、晋、郑多国。秦国在西、郑国在东、晋国在中间。公元前627年，郑国和晋国的国君同时去世，两国都在忙着办丧事。有一个叫杞子的，是潜伏在郑国的秦国奸细，他认为这是灭掉郑国的好时机，便建议秦穆公发兵前来偷袭，并说他已做好内应的准备。

秦穆公于是命令大将孟明视率领5万大军去执行灭郑的任务。秦穆公特地吩咐孟明视：（1）要神速进军，以迅雷不及掩耳之势攻击郑国。（2）要保守秘密，不能让郑国知道秦军此次行动的意图。

秦国到郑国的路程是1 200里，也就是说只有20天左右的行程。秦国的军队顺利地通过了晋国，之后进入了滑国。滑国位于郑国的北面，是郑的邻国，眼看郑国就要落入秦国的手里。

一天，突然有人拦住秦军的去路，大声喊道："郑国使臣弦高，求见将军。"孟明视大吃一惊，心想：郑国怎么会派使臣到这里呢？

其实，弦高不是郑国的使臣。那他是什么身份呢？他是郑国的一个牛贩子。贩牛路上，他获得了一个准确的消息，秦国派出大军攻打郑国，正在路上行进。弦高听了又惊慌又着急。他想，郑国正在办丧事，一定不会有什么防备，我得赶快回去报告才是，可时间已经来不及了，怎么办呢？他急中生智，一面派人抄小路回国报信，一面挑选了12头肥牛，亲自赶着朝秦军来的方向迎上去。

孟明视见到弦高，警惕地问："你到这儿干什么？"弦高说："我国国君听说将军带兵路过敝国，特意派我前来慰问。先送上12头肥牛，以表示敝国的一点心意。"孟明视说："贵国国君新立，我国国君担心晋国乘机侵犯你们，叫我带兵前来援助，此外别无他意。”弦高说：“我们郑国夹在大国之间，为了自己的安全，日夜小心防犯着，要是谁敢侵犯我们，我们不会让他得到好处的。请将军放心好了。”孟明视又问：“照你的说法，郑国就用不着我们的帮助了？”弦高说：“如果贵军要到郑国小住，我们可以供应你们粮食和草料，保卫你们的安全。”孟明视想了一会，改口说：“我们这次就不到你们郑国去了，请回吧。”

弦高走后，孟明视便下令改打滑国。

副将们都给弄糊涂了，问孟明视，为什么不打郑国打滑国？孟明视说：“我们千里跋涉，就是为了出其不意和杞子里应外合。没想到，人家郑国已经知道了咱们的出兵用意，早就做了防御准备。我们远离国土，如果再冒失攻打郑国，不仅打不了胜仗，可能还会上当吃亏。”孟明视又说：“如今之计，我们不如打下滑国以作交差，也算没有白走一场。”

弦高以一人之力，巧退秦国大军。这就是我国历史上有名的牛贩子救国的故事。

这个故事，现在说起来很轻松，但对当时的弦高来说，却是一场生死抉择和考验。大家想想，如果孟明视不中计，弦高便是死路一条。又如果郑国新立的国君是个糊涂蛋，不理解弦高的满腔爱国热忱，认为他胆大包天，冒充使臣破坏郑秦关系，定他一个欺君之罪，弦高也得死。真可谓左是死右也是死。那么，弦高当时有没有想到这种种的风险呢？也许有，也许没有。为了救国，他已把自己的生死置之度外。这是什么力量？是爱的力量。是对祖国、对人民的爱，使弦高顿时变得如此勇敢，如此有力量。

弦高与孟明视的较量，不仅要靠勇敢、靠不怕死的精神，还需要靠智慧。也许有人会说，弦高当时不一定对答得那么好，这些对话都是史学家编的。这些对话，是当时的记录，还是事后编上去的？我认为这并不重要，因为弦高毕竟让孟明视听了自己的话，中了自己的计。能让秦国的主帅中计上当，这本身就需要很高的智慧。弦高不过是个牛贩子，没有受过政治的训练，更没有政治斗争的经历和经验。那么，他这份智慧是从哪里来的呢？毫无疑问，它来源于爱，来源于他对祖国、对人民的爱。

德莫高于爱，实在是至理名言，正因如此，老子把慈爱视为道所抱持的第一法宝，并提出了以爱育人的主张。

老子在《道德经》的第六十七章指出：

> 天将建之，若以慈垣之。

这话的意思是，如果想要造就某一个人，就应让他首先培育出一颗慈爱的心。也就是说，老子主张，在人的培养上应把培育他们的爱心放在第一位。

一切大爱都源于对家庭、对亲人的爱。无法想象，一个连父母兄弟姐妹都不爱的人，能够爱他人，爱国家。因此，培育人的爱心应从培育他们对亲人的爱抓起。

唐尧去世之前，选定的继承人叫虞舜。舜为什么会被选中呢？是因为他心中有大爱。而他身上的爱，最初正是从他对家人的爱中体现出来的。

舜的父亲是个瞎子，母亲去世很早。瞎爸爸娶了第二任妻子，这就是舜的后妈。舜的后妈也生了一个儿子，取名叫象。象是个好吃懒做，又非常傲慢的二流子，却得到瞎爸爸的偏爱。夫妻俩经常一起策划，寻找机会害死舜，好让象一个人继承全部家产。

有一次，瞎爸爸叫舜上粮仓顶上补漏，他便在粮仓里放火，企图把舜烧死。舜也有准备，上粮仓顶时顺手带了两顶大斗笠。当他发现下面起火时，便一手举一顶斗笠，好像张开一对翅膀一样安全落地。

又有一次，瞎爸爸叫舜挖井。井挖得很深时，象告诉了瞎爸爸。瞎爸爸便把预先准备好的泥土石块倒进井里，要把舜活埋在井下面。他们没想到，舜在井下挖了一个横巷，瞎爸爸往井里倒泥石时，舜便躲进横巷里，然后挖开一个出口，爬了出来。

瞎爸爸、后妈和象虽然接二连三地想害死舜，舜却仍然爱着他们，把好吃好用的都给他们送去。舜的爱行，终于使瞎爸爸、后妈和象感动了，从此改邪归正。一家人也从此重归于好。

北宋时有一位大官叫范仲淹，是一位政治家和军事家。他在西北戍边时，曾填下一首词。此词的下半片是这样的：

愁肠已断无由醉。酒未到，先成泪。残灯明灭枕头敧，谙尽孤眠滋味。都来此事，眉间心上，无计相回避。

这首词是范仲淹带兵守边时写给妻子的。词意是，常言道酒能消愁，但我的相思是那样重，愁肠早已寸断，纵使想借酒消愁，也无由入口了。更何况，酒未到口，就已泪水横流了。床前那盏孤灯，点了又灭，灭了又点。由于辗转难眠，那只孤枕也老是斜来歪去的，独眠的滋味我可尝够了。这相思之苦，日日夜夜地缠绕在我的心上，既无法排解，也无法回避。

作者在词里毫不掩饰地表现了他对妻子的深沉相思，揭示了他忠于爱情的怀抱。历史上曾有人认为，这词有损于范仲淹的政德英名。其实，无情未必真豪杰，一个居上位者唯有对亲人、对家庭的真挚的爱，才可能有对民族、对国家的博大而深沉的爱。正是这个范仲淹，统兵守边时不顾个人安危，身先士卒，屡屡击退外敌的侵扰，使边疆防线固若金汤。又是这个范仲淹，在朝廷、在地方为官时，做出了许多令人赞颂的政绩。还是这个范仲淹，给后世留下了这样的光辉思想：“先天下之忧而忧，后天下之乐而乐。”

通过这一讲，我们可以了解到，老子伦理精神中的爱，是真爱，是博大精深的爱，是无私无欲无己的爱，是好比天地般高广的爱。

不争强好胜、不争权位名利，以及舍生取义的思想，是老子伦理学说中的重要理念。下一讲：不争之德。

第六讲　不争之德

在《道德经》中，老子用了相当大的篇幅阐发他的“不争”思想。《道德经》只有 81 章，起码有 18 章说到这个话题，可见老子对他的这一思想是何等的重视。

老子的不争思想的精神实质是什么？它有着怎样的社会意义？这是本讲所要讨论的。

对于老子不争思想的理解，历来就有歧见，概括起来主要有两种：（1）不争是一种道德精神。（2）不争是一种斗争策略和权谋。

持后一种观点的学者认为，老子的不争是以不争为争，是不争于一时而争于久远，不争于表面而争于根本。

那么，持这一观点的学者所依据的是什么呢？

《道德经》的第六十六章有这样一句话：

以其不争，故天下莫能与之争。

这些学者对这句话作了这样的译释：圣人所以不与人相争，是因为天下人没法与他相争。于是他们便说老子的不争是以不争为争。

其实，这种理解是有悖于这句话的本意的。

如果我们从《道德经》的第六十六章整段文字去把握它的精神，你对“以其不争，故天下莫能与之争”这句话就会得出不同的理解。

《道德经》的第六十六章整段文字是这样的：

江海所以为百谷王者，以其善下之，故能为百谷王。是以圣人欲上民，必以言下之；欲先民，必以身后之。是以圣人处上而民不重，处前而民不害。是以天下乐推而不厌。以其不争，故天下莫能与之争。

这段话是什么意思呢？老子认为，江海能为百水所归，是因为它甘居低处，所以能成为百谷之王。圣人要想成为百姓的领袖，其心应愈加谦虚，其言应愈加谦逊。圣人要想成为百姓的领头人，就应把自己的利益置于百姓的利益之后。这样，圣人虽身居高位，而百姓不会感到受压迫；圣人虽在前头发号施令，而百姓不会感到受伤害。对这样的圣人，天下人只有拥戴之心，而无厌恶之情。这样的圣人尽管不去争当领袖，而百姓偏偏选择他们。

显然，老子所强调的是一种退让不争的思想。再说，圣人之所以被人民选择为领袖，不是他们争于久远，争于根本争来的。相反，是他们因德而得，不争而得的。

再说，把老子的不争理解为斗争策略和权谋，也有悖于老子不争思想的精神实质。

那么老子不争思想的精神实质是什么呢？

老子在《道德经》的第八章指出：

> 上善若水，水善利万物而不争，处众人之所恶，故几于道。

老子这段话的意思是，上善的人具有如水一样的品格。水虽然润育了万物却不要求得到任何好处，只把自己栖息在人类所厌恶、所不愿意居住的地方。水的这种品德最接近天道的境界。

这是老子对水的品德的歌颂，对水的无私奉献精神的歌颂。

无私奉献就是老子不争思想的精神实质，或者说，这就是老子不争思想的道德境界。

最近我看到一本书，作者在论说老子的不争思想时，讲了两个故事。

第一个故事叫大树将军。

西汉末年，刘秀打天下时，手下有一员战将叫冯异。他立下了许多战功。在河北之乱平定之后，刘秀要给部下论功行赏，将领们争先恐后地陈述自己的功劳，唯独听不到冯异的声音。刘秀点了冯异的名，让他也说一说，但没有人应，原来冯异根本不在会场之内。他到哪里去了呢？刘秀派人去找，发现他独自坐在一棵大树之下。这事传开之后，冯异便得了一个绰号：大树将军。之后，冯异又屡立战功，但每次论功行赏，他都躲得远远的，全不把功赏的事放在心上，冯异越不争功，越不邀赏，刘秀对他越信任，提升他为征西大将军，又封他为夏阳侯。

第二个故事叫一串钥匙。

江南有个大家庭。这个家庭的主人年轻时是个风流财主。妻妾成群，生下了一大堆儿子。随着时光的流逝，老爷子进入了风烛残年。这时他意识到应该交班了。可是交给哪一个儿子好呢？他一时拿不定主意。儿子们知道父亲的心思之后，一场围绕家庭管理权的争夺战便展开了，儿子们为此斗得势不两立。但有一个儿子却表现得很“出格”，他完全置身于这场争斗之外，一如既往地、默默地做他的分内事，他就是老爷子最小的儿子。老爷子觉得这小儿子一向工作踏实，处事公道，这个家庭只有交给他掌管，自己才放得下心。于是，老爷子召开了家庭会议，把象征家庭最高权力的一串钥匙交给了小儿子。意料不到的是，会上响起了热烈的掌声，那些哥哥、嫂嫂都拥护老爷子的决定。

这两个故事告诉我们什么呢？无论是冯异还是老爷子的小儿子，在权位名利面前都没有去争。他们既没有争的居心，更没有争的行动。他们是不争而得，或者说，是因德而得。

所以说，老子的不争思想是一种道德精神，它体现的是无私奉献的境界。

那么，不争有着怎样的社会意义呢？

一、不争，是趋福避祸、实现社会和谐的法宝

争强好胜，不肯谦让，是人性的弱点。这一人性弱点曾引

致无穷无尽的纷争。老子有感于此，提出了守柔谦下的不争思想。

老子在《道德经》的第二十八章指出：

知其雄，守其雌……知其白，守其黑……知其荣，守其辱。

老子这话的意思是，天下人都羡慕雄强，圣人却甘为雌弱……天下人都喜欢明亮，圣人却能安于暗昧……天下人都追求荣耀，圣人却能承受屈辱。

老子在《道德经》的第二十二章指出：

不自见，故明；不自是，故彰；不自伐，故有功；不自矜，故能长。

老子告诉世人：不固执己见，方能明判是非；不自以为是，方能有真知灼见；有功而不炫耀，方是真正的功臣；有能而不骄恃，方能立于不败之地。

老子在《道德经》的第五十一章又指出：

见小曰明，守柔曰强。

老子这话的意思是，能把自己看作是弱小卑微的人，是真正的聪明人；能以柔弱的姿态示于人前的人，则是真正的强者。

老子希望世人做到守柔谦下，退让不争。他还告诉世人，守柔退让不是懦弱的表现，而是强者之为，智者之为，德者之为。

相传有这样一个故事。

我国春秋时期，梁国与楚国毗邻，且都在边境的土地上种了瓜。梁人勤快，适时给瓜田下肥浇水；楚人懒惰，瓜田缺肥缺水。结果，梁人的瓜长得又大又好看，楚人的瓜则长得又小又丑陋。楚人心中妒忌，半夜里把梁人的瓜弄死了许多。梁人会如何应对这件事呢？不少人主张报复。他们说：“楚人做初一，我们做十五。”然而梁人的长官不仅不同意这样做，反而让他的百姓给楚人的瓜田下肥浇水。楚人发现自己的瓜越长越好，也发现是梁人给他们的瓜田下肥浇水。楚人的长官知道后，感到很惭愧，便派人前往梁国向梁人道歉，从此，两地人民相互友好，相安无事。

这个故事告诉了我们什么呢？（1）解决纷争，对抗不是唯一的方法，更不是最好的方法。而退让往往能取得更理想的效果。（2）退让往往是明智之举，如果梁国的长官当时听了部属的意见，来个以牙还牙，也许后果会不堪设想。（3）退让方往往站在道德的制高点上。楚人之所以向梁人道歉，原因就在这里。

古往今来，你争我斗的事，可谓无处不在，无时不有。在家庭里，为了一点小事，兄弟妯娌之间闹得势不两立。在饭馆里，为了一个座位，客人之间武力相向……老子提倡不争，其中一个用意就是为了防止这种非理性、非道德的争斗的扩展与蔓延，从而推动家庭和社会的和谐。

往前一步，万丈深渊；后退一步，海阔天空。这就是老子要告诉世人的处世哲理。

二、不争，是民族团结兴盛的征兆

老子的不争思想，内涵是极其丰富的。不争功，不争名，不争利，不争位，不争权，则是老子不争思想的重要内涵。

老子在《道德经》的第二章指出：

> 万物作而不为始，生而不有；为而不恃，功成而弗居。

“万物作而不为始，生而不有”的主体是大道。它的意思是，大道化生了万物，却不把自己看作是它们的始祖，也不把它们据为己有。“为而不恃，功成而弗居”的主体是圣人。它的意思是，圣人能自觉仿效大道的精神，做到成就了事业而不恃己能，有了功劳而不据为己有。

老子在告诉我们：不争名、不居功是道的品格，也是圣人的品格。

老子在《道德经》的第八十一章又指出：

天之道，利而不害。圣人之道，为而不争。

老子告诉世人，天道只会施益于万民万物，而不会加害于他们。圣人只会对人民的利益负责，竭尽所能去为人民、为社会服务，而不会去追逐权位和名利。

老子在《道德经》的第十五章还指出：

古之善为道者……旷兮，其若谷。

这话的意思是，古代那些修道有成的人……他们仿佛有着如溪谷那样宽广的胸怀，既能容人，又能纳物。

老子通过以上的这些话告诉我们，圣人胸怀广阔，目光远大，处世豁达。他们视权位为平台和舞台，是为人民服务的平台和舞台。为此，他们乐意接受人民的挑选，全心全意为人民服务。对于权位名利他们是不会去争夺、去追逐的。

也就是说，在权位名利面前的辞让应是不争思想的应有之义。

有人说，不争一时之功名利，容易做得到；但谁不想官做得越来越大，权越来越重啊？

那么，在中国历史上，有否出现过这样的人，他们把自己已经得到或将要得到的权位拱手于人的呢？百里奚就是这样的一个人。

百里奚是我国春秋时期的虞国人。百里奚自小酷爱读书，懂得治国安邦的道理。他 50 多岁的时候，经朋友推荐，当上了虞国的大夫。可没过几年，虞国被晋国所灭。百里奚由于不肯做晋国的官，被晋国关进了监狱。后来，晋国国君为了讨好秦国，把女儿嫁给秦穆公，并把百里奚列为陪嫁的奴仆。

秦穆公核对陪嫁清单时发现少了一个奴仆，这就是百里奚。这个百里奚怎么就不见了呢？晋国的护嫁官给秦穆公汇报说，百里奚中途逃跑了，逃跑后被楚国当作奸细捉去了。这位护嫁官还告诉秦穆公，百里奚有安邦定国之才。

秦穆公听说百里奚是个人才，很是高兴。为了不让楚国知道百里奚是个人才，秦国于是以当时买卖奴隶的市价，用 5 张羊皮向楚国赎回百里奚。楚国觉得赎一个奴隶乃是小事一桩，于是收下了羊皮，把百里奚送还秦国。

百里奚被送回秦国那天，秦穆公的心情很好。他为得到一个治国之才而高兴。可当他见到百里奚时却非常失望，为什么呢？因为出现在他面前的百里奚竟是一个白发苍苍的老者，秦穆公已经没有了好心情，便随便问了一句："先生，多大年纪了？"百里奚说："70 岁。"秦穆公叹了一口气说："可惜太老了。"百里奚说："主公若是让我去追飞鸟，去斗猛兽，去上阵杀敌，我确实太老了；如果让我为国家出谋划策，我还年轻呢。当年姜太公八十为相，还帮助周武王夺得江山。我比姜太公不是还年轻 10 岁吗？"秦穆公听了，兴致又上来了，便向百里奚讨教富国强兵的道理。百里奚说得滔滔不绝，头头是道，句句都说在秦穆公的心坎上。秦穆公情不自禁地说："真是太好了，我有了先生，就好比齐桓公有了管仲啊！"秦穆公接着说："先生，你就给我当右相罢。"

右相就是正相，百里奚能从一个奴隶一下子变成秦国的丞相，如同从地狱升上天堂；何况，这已是他人生的最后一站，最后的一次机会了。那么，百里奚是不是喜出望外，激动万分地叩谢秦穆公呢？

没想到，百里奚推辞说："这个右相，我不合适！"秦穆公有点愠怒了。但他强压心中的不高兴，用缓和的口气说："先生，莫非有需要本王解决的困难吗？"

那么，百里奚是不是把自己当成了可居的奇货，要与秦王讨价还价呢？要不，是不是他的脑子进水了呢？

百里奚对秦穆公解释说："有一个人比我强，他才是当右相的材料。"秦穆公对百里奚更加敬重了，忙问："这个人是谁，他在哪里？"百里奚说："他叫蹇叔……"

由于百里奚的辞让，蹇叔当上了秦国的右相，那么，百里奚当什么呢？他接受了左相的职位，当了蹇叔的助手。

秦国在蹇叔和百里奚的治理下，国力一天比一天地强大起来。

像百里奚这样的人，在中国历史上是不是绝无仅有的呢？不是的，在百里奚之前，就有一个叫鲍叔牙的人。那么，鲍叔牙是怎样的一个人呢？

鲍叔牙是春秋时期的齐国人。他是齐国公子小白的老师，并辅助小白当上了齐国的国君。这个小白就是后来鼎鼎有名的齐桓公。齐桓公登基之后，决定任用鲍叔牙为相。他认为鲍叔牙有治国之才，对自己忠心耿耿，又有辅助自己当上国君的大功，这样的条件无人能比。

那么，这个鲍叔牙应该当仁不让了吧？没有想到的是，他竟把管仲推荐给齐桓公。鲍叔牙说自己不过是个小心谨慎、奉公守法的臣子，管仲才是治国图霸的人才。

然而，齐桓公一听到管仲的名字，便火冒三丈，恶狠狠地说："管仲是我的仇人，我不杀死他，对他已是宽宏大量。用他为相？不可能！"

管仲怎会是齐桓公的仇人呢？原来管仲是公子纠的老师。公子纠是公子小白即齐桓公的同父异母哥哥。公元前 685 年，齐襄公去世。齐国的大臣中，有主张公子纠继位的，也有拥戴公子小白的。这时候公子纠生活在鲁国，公子小白生活在莒国。也就是说，依当时齐国的政治情势，这两位公子谁先回到齐国，谁就能捷足先登，继位为齐王。两位公子闻讯之后，各自在鲁国和莒国的兵将的护送下，迅速向齐国进发，而公子小白先于公子纠动身了。为了确保公子纠成功继位，鲁国公派管仲率 30 名勇士去追截公子小白。由于小白方面人多势众，管仲无法手刃公子小白，更无法抓住他。怎么办？管仲只好对准公子小白放了一箭。这一箭只射在小白的衣带钩上，没有伤及皮肉。聪明的公子小白咬破了舌头，吐出血倒卧在地上。小白的队伍接着响起了一片哭声。公子小白以此蒙骗了管仲，然后抄小路率先回到了齐国。公子小白登位后曾下令杀掉管仲，由于鲍叔牙的劝阻，管仲才保住性命。但齐桓公无论如何都不能忘记这一箭之仇。

鲍叔牙耐着性子，反复给齐桓公讲道理，终于说服了齐桓公，使他改变了主意，任用管仲为相。

管仲与鲍叔牙辅佐齐桓公 40 多年，把齐国治理得国富兵强，也使齐桓公得以成为春秋时代的第一任霸主。

其实，能做到在权位名利面前不争，并主动把权位辞让于人的，不但古代中国有，近代中国也有。周恩来就是其中的代表。中国共产党成立之初，周恩来便是中国共产党的最高军事领导人，遵义会议之后，中央重新成立三人军事领导小组，周恩来仍为组长。长征后期，周恩来主动辞去这个组长，让毛泽东做红军的统帅。

鲍叔牙、百里奚、周恩来，为什么能把权位辞让于人呢？是因为他们有高尚的情操，有不争之德。是因为他们把权位只看成是为人民、为社会服务的舞台，从而做到为官而不争官。

与此相反，争权争位的斗争，在中国历史上可谓屡见不鲜。出现在“文化大革命”时期的“四人帮”就是其中的典型代表。“四人帮”为了篡夺党和国家的领导权，不惜颠倒是非，颠覆传统道德，摧毁最基本的民主法制，破坏经济，使国家的政治和经济走到了崩溃的边缘。

从以上的历史事实和故事中，我们不难看到，只要不争权位名利的风尚能得到发扬，领导集团就一定团结，事业就一定兴旺，国运就一定昌盛。

三、不争，是中华民族的万里长城

一个民族，一个国家，如果没有为了国家和民族的利益去抛头颅、洒热血的牺牲精神，这个民族，这个国家是没有希望的。

老子十分珍爱、十分赞颂这种舍生取义的精神。

老子在《道德经》的第七章指出：

天长，地久。天地所以能长且久者，以其不自生，故能长生。是以圣人后其身而身先，外其身而身存。

“外其身而身存”，前面的“身”指的是身体、生命，后面的“身”指的是精神，“外”者去也。这段话的意思是，天与地长久地存在着。天地为什么能长久地存在啊？因为它不是为自己而是为天下万物而生的，所以能够长久，能够永恒。品德高尚的圣人把权位名利置于民众的利益之后，天下人偏偏拥戴他为领袖。圣人在维护正义、维护民众利益的事业中牺牲了自己的生命，却永远活在天下人的心中。

老子倡导的是，不争权位名利的无私奉献精神；把生的希望留给他人，把死的威胁留给自己的舍生取义精神。

老子在《道德经》的第三十三章又说：

不失其所者，久。死而不亡者，寿。

这话的意思是，依天地之道行事，以高尚的道德标准修身的人，是永久立于不败之地的人。为正义事业、为国家和人民的利益献身的人，虽死犹生，因为他们的精神是不朽的。

“外其身而身存”，“死而不亡者，寿”。这种为了国家和人民的利益，不惜舍弃生命、放弃自己生存之权的精神，是最高境界的不争。几千年来，正是这种精神，构筑起中华民族的万里长城。

汉武帝时期有一位少年将军，叫霍去病。他 18 岁封侯，22 岁任大司马。大司马就是全国军队的最高指挥官。

为了奖励霍去病，汉武帝为霍去病建了一座豪宅，叫霍去病去看看。霍去病看了之后，对汉武帝说：“匈奴未灭，何以家为！”他拒绝了汉武帝的赏赐。后世却有人对霍去病此举提出质疑。他们说，保国卫土的将军就不该有家庭吗？他们甚至说，霍去病是故意在汉武帝面前作秀。我认为，这实在是对这位少年将军的最大误解。

霍去病从 18 岁到 23 岁，几乎都是在边关和战场上度过的。6 年之中，打了 4 场大仗；执行了一次受降任务，全都是出生入死的经历。

公元前 123 年，霍去病以骠姚校尉的身份，跟随卫青参加定襄战役。当匈奴军败退时，霍去病率领手下的八百轻骑，脱离大部队，孤军追击 800 里，斩得敌方首级 2 300 余个而归。

公元前 121 年春，霍去病率领 1 万将士，在今甘肃的焉支山，袭击有 4 万人的匈奴部队，歼敌 9 000 余人。

公元前 121 年 4 月，霍去病再度出击河西走廊。这次他面对的是浑邪王和休屠王的 10 万大军。霍去病采取各个击破、连续作战的战法，歼敌 3 万多人。

公元前 119 年，霍去病率领 5 万将士参加漠北决战。霍去病向北长驱 2 000 多公里，在今乌兰巴托附近与左部匈奴军相遇，此役共歼敌 7 万余人。

霍去病所打的几场仗，都是长途跋涉，孤军深入；也大都是以少敌多，是何等的凶险。

霍去病打仗，还有一个特点，是不要后勤补给。三军未动，粮草先行。这是行军打仗的常识。唐太宗与突厥决战时，出兵 30 万，随征民夫就有 15 万。霍去病打仗却不要民夫，不要后勤补给。为什么呢？原因大概有两个：一是霍去病打的是运动战，日行数百里，民夫根本跟不上。二是他把部队置之死地而后生的境地，激发将士的求胜欲望。因为只有打胜仗，才能取食于敌，取衣于敌，才能生存下去。

受降，自古以来都是最安全、最体面的军事任务。霍去病所执行的受降任务却凶险异常。

公元前 121 年秋天。匈奴的浑邪王与休屠王商议降汉。汉武帝恐二王有诈，命霍去病前去迎降。霍去病在路上接到情报。什么情报呢？休屠王已经反悔，他手下的上万人不愿投降。霍去病意识到，必须尽早与浑邪王见面，以坚其降意，否则恐怕会发生大变故。但有件事他决断不了。什么事呢？就是该带多少将士前去匈奴的军营，多带了可能引起误会，导致新的厮杀。如果去的人太少，又极其危险。霍去病已经没有时间考虑，他只得把生死置之度外，带了几十名精兵驰入匈奴营中。在浑邪王的配合下，霍去病制服了想逃跑的匈奴兵将，随即率领余下的 4 万多人渡河进入汉地。

霍去病为什么能在孤军深入、以少敌多的情况下屡战屡胜呢？除了他的军马是汉朝最好的、他的将士是汉营中最精干的之外，一个非常重要的原因，是他不避生死，身先士卒。

霍去病征战 6 年，为汉朝立下了不朽之功。可惜的是，他在 24 岁时因病离开了人间。

霍去病虽然没有死在战场之上，但他的舍生忘死的献身精神已得到充分的体现。他用行动兑现了“匈奴未灭，何以家为”的誓言。他的降生仿佛只是为了守疆卫土，保国安民。

霍去病虽然英年早逝，却为中华民族留下了“外其身而身存”的献身精神，留下了“匈奴未灭，何以家为”的爱国爱民思想。

老子的不争思想、霍去病的献身精神，鼓舞、感召着一代又一代的中华儿女，前赴后继地用鲜血和生命谱写了一曲又一曲守疆卫土、保国安民的光辉篇章。

从以上的论说我们可以领略到，老子的不争绝不是无原则的退让，更不是取消作为和竞争。老子是主张在逞强好胜、权位名利和享受方面不与人相争。老子不争思想的内核是一种鲜明的争、坚定的争，这就是争社会的健康和谐、民族的团结兴旺、国家的安全安定以及对人民的无私奉献。

知足的思想，也是老子伦理学说中的重要内涵。下一讲：知足是福。

第七讲　知足是福

做人要知足，知足常乐，知足是福，在中国人的日常生活中，这是几组使用频率很高的词语。这些虽然不全是老子的原话，却是老子的思想。知足的思想是老子伦理学说中的重要内涵。

一、知足是一种道德境界

老子在《道德经》的第三十三章指出：

知足者，富也。

这话的意思是，知足的人，才是富有的人。

读者读到这句话时，很自然会提出这样的问题，什么是“知足”，这个“足”如何衡量，它是否存在一种量化的标准？为什么说，知足的人，才是富有的人呢？

我们先来讨论第一个问题，什么是知足。

前些日子《南方日报》发了一篇报道，主人公叫张米香。张米香是一位六十开外的农村妇女，是广东丰顺县向阳村人。过去几十年，她把 4 个儿女拉扯长大，供他们读书，可谓含辛茹苦。后来，儿女都在广州等地做生意，有可观的收入。这时的张米香感到很轻松，因为几十年养儿育女的重担终于卸下了。那么，她是否从此去享清福了呢？不，她觉得自己身体健康、壮实，坚决不依赖子女。她租种了 15 亩沼泽田，坚持自食其力。这些沼泽地不能用牛耕，更不能使用拖拉机，她就用锄头去锄。一年下来，所收获的稻谷能卖上 1 万多元。她感到很满足，自食自用之外，余下的钱都用去做公益事业。她捐款给镇卫生院，捐款给灾区，还给有困难的邻居送衣送粮。

汉朝大将军卫青，在与匈奴的作战中，屡立大功。汉武帝给他封侯，还给他的两个未成年儿子封侯。卫青认为，为国杀敌，责之所在，自己被封侯，已是皇恩眷顾，小儿没有尺寸之功，不应得到这样的封赏，于是给汉武帝上书，予以力辞。

张米香，有余钱余米，便感到满足，于是尽力回报社会。

卫青，对自己被封侯感到满足，不想荫及儿子。

通过以上两个例子，我们可以领略到：知足，就是在名誉、地位、金钱、物质面前不过分追求。

那么，“足”是否有个客观的具体的量化标准呢？

很明显，这样的标准是没有的，不存在的。

因为，知足是一种道德境界，是一种心灵感受，是心灵对真善美的感受。

就拿张米香来说，她一年的劳动收入不过 1 万多元，显然低于绝大多数的工薪阶层的收入，但她守着清贫讲富有，这不是道德境界是什么。

那么，为什么说，知足的人，才是富有的人呢？

我们可以从两个方面去理解：（1）知足者的富，主要表现在精神层面之上。（2）物极必反，贪得无厌的富有者最后守不住，由富变贫了，甚至一无所有。

清朝第一廉吏于成龙，山西人氏。他 45 岁时被委任为广西罗城县县令。他家略有薄产，尚可维持一家的生计。亲人多劝他别去上任，因为他们担心于成龙到广西那样的烟瘴之地有去无回。但于成龙觉得这是报效国家、报效人民的好机会，所以便毅然上任了。

他在罗城做了很多事情，其中比较重要的：一是肃清匪患。二是大树勤俭之风。几年下来，罗城治安良好，农业经济有了很大的发展，人民生活也大有改善。

于成龙十分清廉正派，从不动用官银一分一文，几乎天天喝粥，菜肴也多是豆豉和青菜。有一次，于成龙的大儿子从山西老家到罗城探望父亲，于成龙十分高兴，破天荒地买了一只鸭子，煮半只给儿子吃，另外半只腌了，挂起来留待过年。百姓听说于公子来了，都四处相告，于是大家凑了一些钱送来。于成龙笑吟吟地回绝了。他说："这里离我家六千里，一个人带着钱，不但累赘，也不安全。"坚决不收老百姓的钱。百姓见于成龙如此，十分感动，都伏在地上，泪流满面。于成龙也为百姓的真诚流下了热泪。

于成龙在罗城当了6年县令，因为他廉洁奉公，政绩卓著，被提升为四川合州知州，百姓都舍不得他走。于成龙离任那天，人们挤在街上、路上为他送行。有的追着送出几百里，才恋恋不舍地回去。

于成龙后来升迁很快，离开四川合州之后，先后担任武昌知府、福建按察使、福建布政使、直隶巡抚、两江总督，由一个穷书生升到封疆大吏。他却不改初衷，始终廉洁自守，勤于政事。

于成龙68岁那年，病死在两江总督任上。临终前，将军、都统、属下的地方官都来探视。他们见到于成龙的床边放着几件官服和冠带，连个柜子也没有，后堂上只有几斗米、几罐豆豉。这些官员见此情景，感动得痛哭失声。

"三年清知府，十万白花银"，于成龙官至总督还是一贫如洗。他为何如此，因为他知足。他只求饭能饱腹，衣能蔽体。他珍惜为国家、为人民效力的机会。于成龙在物质生活方面实在无富足可言，但谁能说他在道德精神世界方面不富有呢！

采访过张米香的记者说，张米香性格开朗，整日乐呵呵的，睡得好，吃得香。可见，知足的人，精神世界都是充实的、富有的。

正如老子在《道德经》的第四十六章指出的：

知足之足，常足矣。

这话的意思是，知足才能满足，而且要永久地知足。

既然知足者富，知足者乐。那么是否可以说不知足者就不富、不乐了呢？

有这样一则故事：

一天，一个老头在森林里砍柴。他抡起斧子正准备砍一棵树，突然从树上飞出一只金嘴的小鸟。

小鸟对老头说："你为什么要砍倒这棵树呀?"

"家里没柴烧。"老头回答。

"你不要砍倒它。回家去吧，明天你家里会有许多柴的。"说完，鸟就飞走了。

老头空手回到家，对老伴撒谎说："今天上山之后，肚子痛得很厉害，没法砍柴。"

第二天，老伴发现院子里堆了一大堆柴，就叫老头："快来看，快来看，谁在我们家院子里堆了这么一大堆柴?"

老头便把遇到金嘴鸟的经过告诉了老伴，老伴说："柴是有了，可是我们却没有吃的、穿的和用的。你去找金嘴鸟，让它送我们一个商店，商店里要有许许多多的东西，这样，往后我们的日子就舒服了。"

老头又来到了森林里的那棵树下。金嘴鸟飞来问他："你还想要什么?"

"我的老伴让我来找你，她请你送给我们一个商店，商店里的东西要应有尽有。她说，这样我们就可以舒舒服服地过日子了。"

"回去吧，明天你们会有一个商店的。"金嘴鸟说。

老头回到家把经过告诉了老伴。

第二天他们醒来后，简直都不敢相信自己的眼睛了。家里到处都是好东西：粮食、肉类、水果、布匹、纽扣、铁锅、戒指、镜子……真是应有尽有。

可是，老婆子对此仍不满足，她对老头说："去，找金嘴鸟去，让它把魔力传给我，让它每天早上来为我跳舞唱歌。"

老头只好又去森林里找金嘴鸟。他找了许久，最后总算找到了它。老头说："金嘴鸟，我的老伴想让你把魔力传给她，她还想让你每天早上去为她跳舞唱歌。"

金嘴鸟愤怒地盯着老头说："回去等着吧!"

第二天起床后，他们发现自己被变成了两个又小又丑的人，家里原有的东西也全部不见了。

某报纸曾披露了一个大贪官的心态。这个贪官被判了无期徒刑之后对看守人员说："今晚我可以睡个安稳觉了。"看守问他这是什么意思？他说，自从走上贪渎的道路之后，食不香，睡不宁。常常在梦中惊醒，有时梦到被人告发，锒铛入狱；有时梦到被押解到刑场，执行枪决。

以上这两个故事告诉我们，不知足者、贪得无厌的富有者，会转化为少有，甚至一无所有。他们也不可能是快乐的，因为他们会为其无止境的追求而耗尽心力，会为追求不到而彷徨和苦恼。

更应指出的是，人越贪婪、越腐败，死得越快，贪官都活不长。科学研究表明，病由心生，心理压力是百病之源。76%以上的疾病是情绪疾病。贪官之所以易患病或短命，是其心中的贪欲及由之而来的压力所导致的。恐惧与贪行共生，大多数贪腐者白天食不知味，夜里寝不能寐，惶惶不可终日，导致身体免疫机能全面下降，疾病于是接踵而来。我国有人对 16 名贪官做了跟踪调查，当时他们的平均年龄是 41 岁，10 年后，16 人中有 15 人得病、6 人病死。巴西一家医疗机构对 583 名贪官与同等数量的廉洁官员进行了对比调查，10 年随访的结果是：贪官 60% 以上得了癌症、脑溢血、心肌梗塞等绝症，而廉洁官员的患病率只有 16%。廉洁有益健康，腐败导致死亡。所以说，贪婪者、腐败者不仅不能拥有快乐的生活，而且无权拥有健康的身体。

二、知足是趋福避祸的精神武器

老子在《道德经》的第四十四章指出：

> 甚爱必大费，多藏必厚亡。知足不辱，知止不殆，可以长久。

老子认为，过分追求自己所喜爱的东西，必然要为此付出沉重的代价，聚敛得越多，下场可能会越悲惨。因此，乐于知足，就不会自取其辱，自取其伤。凡事做到适可而止，就不容易招致凶险与危难，这才是长久的平安之道啊！

唐懿宗时，有个宰相叫杨牧。这个杨牧贪婪成性，被时人称之为“杨百万”。就连他的门吏、童仆也狗仗人势，巧取豪夺。他的女儿嫁给尚书右丞裴坦的儿子。杨牧让女儿带去了许多嫁妆。金银首饰自然不在话下，就是一些生活用品也都是用犀牛角和美玉装饰的。裴坦却是个严于律己、廉洁奉公的官员。他看到儿媳妇陪嫁的财物如此丰盛，如此奢侈，不但不高兴，反而怒气冲冲。他说：“这些东西将来必定会毁灭我的家。”他于是下令把这些陪嫁品全销毁了。杨牧这个不知自足、贪得无厌的小人，终因贪渎事发被处死。裴坦与杨牧虽是亲家，却没有受到连坐。因为他的廉洁有口皆碑，他销毁陪嫁品的事，更是轰动一时。

老子还语重心长地告诫世人，贪欲是罪恶之源。

老子在《道德经》的第四十六章指出：

罪莫大于多欲，祸莫大于不知足，咎莫大于欲得。

老子认为，贪欲是罪恶之源；不知自足是祸患的发端；一旦把贪欲变成行动，灾祸就会随之而降。

历史反复证明，不知自足引发的贪欲，不仅使这些不知自足者自取其祸，而且直接为害社会。这些不知自足者，越是处于高位，其为害就越大越烈。

所以老子非常痛恨国家统治者的贪婪，把他们斥之为邦国的强盗头子。

老子在《道德经》的第五十三章指出：

朝甚除，田甚芜，仓甚虚。服文彩，带利剑，厌饮食，财货有余，是谓盗夸。盗夸，非道哉！

这段话的意思是，有的王侯为了自己的享乐，把宫殿修建得非常富丽堂皇，由于民力财力耗费过大，以致天下田园荒芜，粮仓空虚，百姓更是难以度日。而王侯、公卿们仍过着豪奢的生活。他们身穿华美的衣服，以炫耀其富有与高贵；他们佩带利剑，以示其尊贵与威严；他们拥有用之不尽的财物；说到吃的，要不是山珍海味，他们根本不屑一顾。他们是名副其实的强盗头子。他们这种强盗行径是完全违背天道精神的啊！

老子在《道德经》的第四十六章还指出：

天下有道，却走马以粪。天下无道，戎马生于郊。

这是说，治国者如能少私寡欲，实施清静无为政治，必会令社会安定，人民乐业，战马也得以退役为农民拉粪耕田。治国者如果骄奢淫逸，贪得无厌，不顾百姓的死活，百姓在走投无路的情况之下，必然会揭竿而起。战争一旦爆发，就是那怀胎的母马也要征调战场，以致把马驹生在郊野的战场之上。

老子之后的中国历史，无数的事实印证了老子的这些论断。

隋炀帝是中国历史上著名的浪子，也是标准的暴君。史书说：隋炀帝是个极骄极贪的人，以为自己所做的事都是对的，自己所得的财物都是不够的。他任意妄为，剥削不顾民众的死活，浪费只求个人的快意，对内杀人唯恐太少，对外用兵唯恐不多。这个独夫民贼就这样把百姓逼上绝路。他做皇帝的第五年，便有农民起义，之后很快形成燎原之火。连续 10 年的战争，使隋朝灭亡了。隋炀帝本人也被自己身边的军士杀死了。隋朝末年的这场战争为害之烈，从全国户口和人口的变化，我们可见一斑。10 年间，全国户口从 900 万下降到 300 万。全国人口从 4 500 万下降到 1 500 万。也就是说，这个不知自足、无比贪婪的隋炀帝不仅自取灭亡，也令全国 2/3 的百姓死于战乱和贫困。

清朝乾隆时期的和珅，是中国历史上最大的贪官。乾隆死后的第二天，嘉庆皇帝下令削了和珅的官，抄了他的家。和珅的家产有多少呢？房屋 5 处，共 2 790 间。当铺 75 座，银庄 43 座，古玩铺 13 座。和珅拥有的珠宝，单是珍珠手链就有 200

多串，比皇宫里的还多3倍。和珅拥有的金银财宝更是不计其数，仅浮财一项就值2.39亿两白银。有学者计算过，和珅的财产总值约等于当时清政府13年到15年财政收入的总和。

和珅的不知自足，和珅的贪婪，直接和间接害死了多少人？无法统计。对国家经济和社会的发展造成的损害有多大？无法评估。更严重的是，它对官场风气、社会风气的毒害。和珅死后，嘉庆曾下了很大的决心整肃吏治，压抑贪渎之风，但收效甚微。因为这时的官场已腐败不堪，已病入膏肓的清政府从此一蹶不振，一步一步地走向灭亡。

老子通过他的这两段话，提出了一个非常重要、非常严肃和非常现实的问题，这就是，要形成知足的社会风尚，居上位者的知足是最重要的。

三、知足是实现社会公平分配的保证

老子的知足思想，内涵十分丰富。他还提出了损有余而补不足的天道精神。

老子在《道德经》的第七十七章指出：

天之道，损有余而补不足。

老子告诉人们，天之道是减损有余而增益不足的，使大与小相匀，使有余与不足持衡。

也就是说，老子希望国家、政府以及所有有能力的人，尽可能地关心民生，关怀和救助贫弱者，使世间趋向公平。

当今，有经济学家提出社会财富三次分配的理论。第一次分配的主体是企业，劳动者从中获得劳动报酬，政府从中获得税收，企业投资经营者本身从中获得利润。第二次分配的主体是政府，政府把财政的收入，分别对国防、教育、医疗、科技等方面进行分配。第三次分配的主体是一切有经济能力的人，这次分配体现在他们损己之有余、而补他人之不足的慈善行为之上。

那么，这三次分配理论与老子的知足思想，与老子的损有余而补不足的天道观有着怎样的关系呢？（1）老子的知足思想，老子的损有余而补不足的天道观，为三次分配的理论提供了道德精神的依据。（2）只有企业的知足、政府领导人自身的知足、富有者的知足，才能使三次分配得以切实的施行。

知足的人，才能产生敬畏之心、感恩之心、恻隐之心。也只有知足的人，才能敬畏天道，感恩社会，恻隐百姓。

当人们接受了老子的知足思想，接受了损有余而补不足的天道观，接受了三次分配的理论，就不会视慈善行为为施舍、为恩赐，而会把它视作一份道德责任、社会责任，从而自觉地以己之所能，去回报社会、回报人民。

香港大慈善家霍英东，被香港特首曾荫权誉为爱国爱港的楷模。在香港，他不是首富，但他的捐赠是最多的。他的捐赠惠及我国的国防、体育、科技、医疗和教育等方面，他损有余而补不足的善举感动了中国，感动了中国人民。他被评为2006年“感动中国”的十大人物之一。

李嘉诚，是香港的成功商人、首富，他用1/3的财产设立一个慈善基金会。他说，他有两个儿子，他把这个慈善基金会看作是他的第三个儿子。

世界首富比尔·盖茨，把自己的580亿美元财产全部捐给慈善基金会，而不是让他的儿女去继承。

四、知足是“无积”境界的思想基石

老子还十分推崇一种叫“无积”的圣人境界。“无积”是老子知足思想的深化与升华，而知足则是“无积”境界的思想基石。

老子在《道德经》的第八十一章指出：

> 圣人无积，既以为人己愈有，既以与人己愈多。

老子认为，怀抱济世救民情怀的圣人，会毫无保留地以自己的所有所能奉献社会、服务民众。他们越是把自己之拥有的付给别人、付给社会，越是感到自己富有，因为他们从中收获了快乐，收获了尊重。

为什么说既以与人己愈多呢？一个叫牛根生的企业家，在中央电视台节目上曾说了这样一段话："当自己从无到有时，会感到一种小小的快乐；当自己把所得拿出来回报社会时，则感到很快乐，是真正的快乐。虽然自己的财富减少了，但总觉得获得了很多。"

那么，像牛根生这样的慈善家在回报社会后获得的是什么呢？他们获得的是社会的尊重，是自己精神境界的升华、心灵的愉悦和快乐。

爱心大使丛飞，出生在一个贫困的家庭。为了读书，他捡过垃圾，卖过冰棍。初中二年级时，他还被迫辍学了。但他不甘心向命运低头，终于成了一名深受观众喜爱的知名演员。

近 10 年，丛飞认养资助了贵州、湖南、四川、云南、山东等地的贫困学生 178 人。他为这些孩子捐献了 300 万元善款，自己却背上了 17 万元的债务。2005 年 5 月，年仅 36 岁的丛飞被确诊为晚期胃癌，令人震惊的是，他却根本拿不出治病的钱。

面对绝症，丛飞留下遗书："当我不行时，把我的眼角膜和有用的器官用来救治别的病人，剩下的遗体也捐出去，用来进行医学研究。"虽然，他被病魔折磨着，但他说："能对社会有所奉献，对他人有所帮助，我感到很快乐。"

爱心大使丛飞真真正正地践行了老子的圣人"无积"的思想。

知足是福，福及的是知足者自己，福及的是社会，福及的是社会的每一个人。

老子是哲学的巨人、道德的高峰、政治的先知。那么，他的政治思想主要表现在哪些方面呢？下一讲：清静无为。

第八讲　清静无为

无为、清静无为、自然无为、无为而治，都是意蕴相近或相同的概念。

古代中国，曾有人把《道德经》叫作《无为经》。可见，无为是《道德经》中的一个非常重要的思想。

那么，什么是无为呢？从古至今，人们对无为的理解，可谓五花八门。

20 世纪的七八十年代，我见识了一位领导人，是个副县级干部。他有两个“先生”的称谓：一是好好先生，一是马屁先生。为什么叫他好好先生呢？这是因为基层干部和群众找他办事，他总是说：“好的，好的。”然而，事后绝对不会有下文。为什么叫他马屁先生呢？因为他有一套上乘的拍马逢迎功夫。他并不是常把阿谀谄媚之词挂在嘴边的低级拍马者，而是很善于把握时机，正可谓该出手时就出手。他就像一个幸运的“六合彩”的投注者，赢面很高。至于他从政几十年，究竟有什么政绩，没有人能为他说出个子丑寅卯来。我还听说，他家的厅堂之上，挂有两块横幅，横幅用精美的镜框镶嵌着。正面墙上的是“无为”二字，右侧墙上是“清静无为”四个字。也就是说，在这位先生的眼中，“无为”就是使奸耍滑。

有一位历史学者说，“无为”是守成帝王之为。也就是说，在这位学者的眼中，“无为”就是小打小闹。

有人把“无为”解释为不用作为。也就是说，在他们的眼中，“无为”就是不干事，就是坐享其成。

这几种对无为的理解，究竟对不对？就让我们带着这些问题，对无为展开深入的讨论。

那么，无为是怎样的概念呢？

老子在《道德经》的第四十五章指出：

清静为天下正。

这话的意思是，清静无为乃是治理国家的正道。

老子在《道德经》的第三章指出：

为无为，则无不治。

老子这话的意思是，只要按清静无为的理念治国施政，国家就必能走上太平盛世之路。

老子是要告诉我们，无为是一种施政理念，治国方略。

那么，无为的真精神是什么呢？

老子在《道德经》的第六十四章指出：

（圣人）辅万物之自然，而不敢为也。

这句话的意思是，圣人只会按合乎自然的原则行事，而不会胡作非为。也就是说，无为的精神实质：一是按自然法则和社会法则办事；二是反对不应有的作为或胡作非为。

美国学者弥尔敦说得好：“无为的真精神，不是一无所为，而是善其所为。”

如果你细读《道德经》，就能领略到：清静无为是治国者的以民为本之为、无私之为和按自然法则行事之为。它是优秀的施政理念、治国方略。

一、无为是以民为本之为

老子在《道德经》的第五十七章指出：

我无为而民自化，我好静而民自正，我无事而民自富，我无欲而民自朴。

这段话的意思是，如果治国者能以清静无为的政治方略治国，做到对民不施搅扰之政，不举严酷之法，不播重苛之税，而让百姓自我作主，自我发展，自我完善，那么百姓自能安平富足，民风自能淳厚素朴，社会自能和谐稳定。

这就是说，无为之政是利民之政，利国之政，是以民为本之政。

史书说："文帝本修黄老之学，其治尚清静无为。"又说：当时"天下殷富，鸣鸡吠狗，烟火万里"。

这段文字告诉我们，汉文帝自小喜欢研读黄老学说。当皇帝之后，他便以清静无为作为治国方略。汉景帝同样钟情于黄老学说，把它奉为官方文化，并继承了文帝的治国理念，从而使黄老学说主导了汉初政治 40 多年。以使经济发展，民间富足，人口大大增加，不仅稳定了西汉政权，也为汉王朝日后的强盛打下了坚实的基础。

说到这里，我们需要弄清楚一个概念，什么是黄老之学？

战国中期，百家争鸣进入了高潮。各主流学派为了提高本学派的地位和声望，争相打起远古帝王的旗号。儒家以尧、舜、周文王、周武王为自己的祖先。墨家声称本家学说是禹之道，就是说，墨家是以夏禹为先祖。那么，道家怎么办呢？道家学派干脆打起黄帝的旗号，冠黄帝于老子之上，声称本学派继承的是黄帝的思想。这就是黄老学说的由来。

战国中后期，黄老学说的学术特征是道法结合，以道论法，兼采百家。黄老学说也因此压倒了百家，独领时代的风骚。这个时期，黄老学说的理论重点是用道家哲学来论证依法治国的必要性和合理性，其政治目的是确立以法家为主、以百家为辅的治国方略。

汉朝初年，黄老学说的理论重点有了重大改变，转到老子的清静无为的治国理念之上。因此说，汉文帝时的黄老之学，其实就是老子之学，是老子的清静无为之学。

汉文帝崇尚的是清静无为政治，这是史学家公认的。那么汉文帝的所作所为是否符合老子的以民为本思想呢？

汉文帝即位之初，便下了一道命令，让各级政府关心那些无儿无女的老人，关心没父没母的孤儿。他指令拨出麻布、绸缎和丝绵给他们做衣服，拨钱给他们购买食品。针对老人牙齿不好的实际情况，汉文帝特别指示政府每月发给他们熬粥的大米，还发给他们一定数量的肉，尽量使他们生活愉快。

老子在《道德经》的第四十九章指出：

（对于百姓）圣人皆孩之。

老子要求治国者应像抚育婴儿那样小心地呵护老百姓。

老子所提倡的是一种公仆意识，以民为本的思想。

从汉文帝敬老抚幼的作为，我们可以看到，他对老人、对孤儿那份情感是虔诚的，他的做法是细致的。而且，他是在国家经济非常困难的情况下这样做的。

这是什么样的施政思想呢？是以民为本的思想。这是什么样的服务精神呢？是公仆的服务精神。汉文帝对老子的思想，可谓做到了活学活用。

汉文帝还曾下过命令，号召老百姓直接给皇帝写信。老百姓有什么解决不了的困难，或者愿意给朝廷提建议的，都可以直接给他写信。这在中国的历代帝王中，可以说是前无古人，后无来者。那么，汉文帝此举是不是作秀，是不是为了沽名钓誉呢？从下面这个故事，我们可以找到答案。

汉文帝即位的第十三年，也就是公元前 167 年，一位著名医师、齐地太仓县的县令淳于意犯了法，被判处肉刑，押往京城长安执行。

当时的肉刑有三种：一是脸上刺字；二是割去鼻子；三是砍去左脚或右脚。

那么，淳于意能否逃过这一劫呢？

淳于意生了 5 个孩子，全是女儿。他被解差押着动身时，跺着脚叹气说：“唉，生女不生男，遇到这样的事情，没有一个能帮上忙的。”

他的女儿听了父亲的话会有什么反应呢？

淳于意的小女儿叫淳缇萦，那时只有十六七岁。她听了父亲的话，非常伤心。但她作了决定，跟着父亲到长安，想办法搭救他。

缇萦到了长安，听说老百姓可以给皇帝上书，于是就写了一封信，亲自送到皇宫门口，请求卫兵转呈汉文帝。

缇萦的信写了些什么呢？她的信是这样写的："我是太仓县令淳于意的小女儿，名叫淳缇萦。我父亲在齐王的封地做官，当地老百姓都称赞他廉洁公正，是个清官。他精通医道，是个有名的医生。如今他犯了法，应当受到肉刑的处罚。肉刑是一种可怕的刑罚，砍了脚不能再接上，脸上刺了字也破了相，以后虽然改过自新也没有办法补救了。我情愿让官家收做奴婢，替我父亲赎罪，让他有改过自新免受肉刑的机会。"

缇萦的信，汉文帝能看到吗？如果他看了又会如何处置呢？

汉文帝果然看到了缇萦的信，而且很有感触。他觉得肉刑的确是一种可怕的刑罚，损伤了肉体是无法补救的，于是决定即时废除这三种肉刑。

这样，淳于意的小女儿缇萦不仅救了父亲，也使这种刑罚不再加于其他犯人身上。

汉文帝是我国历史上有名的节俭和勤政的皇帝，每天有做不完的事。那么他让百姓直接给他写信，不是为自己添麻烦吗？

老子在《道德经》的第四十九章指出：

圣人常无心，以百姓之心为心。

这句话的意思是，有道的治国者不应以自己的意志、自己的欲望作为施政的出发点，而应以百姓的意志、百姓的利益作为施政的最高准则。

怎样才能以百姓之心为心呢？这就需要发扬民主，让百姓讲话，倾听他们的声音。可见，汉文帝号召老百姓给他直接上书，正是践行老子这一思想的具体行动。

二、无为是按客观规律行事之为

老子在《道德经》的第六十四章指出：

辅万物之自然。

老子在《道德经》的第二十五章又指出：

人法地，地法天，天法道，道法自然。

老子告诉世人，“自然”是客观规律、客观要求。“辅万物之自然”、“道法自然”就是按客观规律办事，按客观要求办事。

那么，汉文帝是如何按客观规律施政治国的呢？

西汉是在秦末长期战争所造成的废墟中建立起来的，之后又发生了平定诸吕的战争，汉文帝登基的时候，社会经济可谓一片凋敝。史书对当时的情况有这样的记述：全国人口与秦末相比，死者过半，到处是饥荒，野菜树皮吃尽，还出现人吃人的现象，田园被破坏到不能耕作的程度。国家财政非常匮乏，社会物质非常奇缺。按当时的礼制，皇帝的车驾需用四匹马，但在长安，连四匹毛色相近、个头相当的马也找不到。这种形势之下，恢复发展农业生产，便是当时国家的第一要务，是救民于水火之中的客观要求，也是稳定社会秩序，巩固国家政权的客观要求。

汉文帝是怎样做的呢？为了迅速发展农业生产，他采取了如下的措施。

（一）提高认识。汉文帝通过颁发诏书，申明农业生产的重要性。他在诏书中说：“农，天下之本，务莫大焉。”意思是，农业是立国安民的根本，在治国事务中没有比它更重要的了。文帝要求各级政府把恢复发展农业生产作为头等大事来抓。

（二）身体力行。汉文帝自己领种一份“责任田”。他带领文武百官到京城的郊外去耕地下种、管理和收割。他还叫皇后领着嫔妃、宫女在皇宫的园内种桑养蚕。汉文帝带头下地的意义，不在于能多收多少粮食，而是在于倡导一种重农之风，倡导以劳动为荣之风。汉初时，政府官员、民间读书人以至乡绅财主，多受“劳心者治人，劳力者治于人”的观念的影响，视下地耕种为不光彩、有失身份的事。文帝亲自下地劳作，有利于改变这种鄙视劳动、鄙视农耕的社会风气。

（三）轻徭薄赋。文帝首先减轻农业税，把高祖时的“十五而税一”改为“三十而税一”。文帝又减轻人头税，汉代在立国之初规定，凡年满15岁到55岁的人，每年要缴交120钱。文帝把它减为40钱。文帝还大力减轻徭役。徭役是指征用民力从事国防工程和社会工程施工的制度。高祖时，老百姓每年要服徭役一个月，文帝把它改为“三年而一事”。也就是说，“三年服徭役一个月”。

（四）奉行节俭。汉文帝是位很节俭的皇帝。有一次，他想盖一所露台，召来工匠估算，要花黄金100斤，相当于中等人家10年的收入。文帝觉得费用太大，便把这项营建计划取消了。

由于汉文帝和汉景帝顺应社会发展的要求，按客观规律办事，从而使汉初的经济迅速发展起来。西汉的政权也得以巩固。

避强击弱，是指导战争的重要策略，也是军事决策必须遵循的原则。下面我们来看看，也是崇尚清静无为政治的唐太宗，是如何把握这一战争规律的。

唐太宗即位的第二个月，东突厥的颉利可汗亲率15万大军进犯唐境。其先头部队已进抵渭水便桥北岸，离长安只有40里，使整个长安城为之震动。是战是和，满朝文武议论纷纷。有的认为，突厥实在欺人太甚，反正与突厥这一战迟早都得打，不如现在就跟他拼了。兵部尚书李靖则建议“倾府库赂以求和”。他认为，当下不是与突厥决战的时机，求和方为上策，为此，他主张多给突厥以钱物，让它退兵。

当时唐朝的情势是怎样的呢？政治方面，由于天下初定，有不少的地方政权还来不及建立起来。经济方面，连年的内战所造成的田园荒芜，百姓饥荒的境况未见改善，国库极度空虚。军事方面，青壮年在连年的战争中已五去其三，兵源枯竭；对突厥作战主要靠骑兵，战马则更加奇缺。

对于突厥的不时侵扰，唐太宗虽然十分气愤，十分窝火，但他深知在敌强我弱的情势之下，硬拼则是兵家之大忌，于是，他决定采纳李靖的建议：“赂以求和。”

不过，唐太宗毕竟是唐太宗。他求和赔款的做法也别开生面，与众不同。唐太宗求和而不示弱，赔款而不屈辱。他断然把进城刺探军情的突厥使者扣留下来，又布置大军迅速开往前线，然后亲率6个骑兵飞奔渭水河边。天哪，以7人之寡对15万之众，是何等的危险啊，但唐太宗毫不畏惧。颉利见对岸冒出几个骑兵，便跃马横刀奔驰过来。颉利看清了，在他眼前的正是李世民，不禁大吃一惊，不知如何是好。唐太宗高喊道："颉利可汗，我与你曾订立盟约，互不侵犯，你为何背弃盟约，侵犯我土。"几句话把颉利问得哑口无言。唐太宗又指着天说："我是天子，你对不住我就是对不住天，颉利可汗，你知道对不住天的后果吗？"颉利不敢回答。颉利的士兵本来就迷信，畏惧鬼神，见唐太宗威风凛凛，称天子，似天神，都一个个急忙下马，向唐太宗跪拜。这时，忽然鼓声震天，旗帜招展，刀枪耀眼，原来李靖率领的大军已经到达，且已摆开了一字长蛇阵，好不威武。唐太宗声色俱厉地对颉利说，在你面前有两条路，一是我送给你钱物，你把兵带回去，好好生产，好好生活。二是我们就此决一死战。颉利以为唐军已有准备，怕打起来自己吃亏，便同意议和，引兵退去。

事后，唐太宗励精图治，发展经济，大养马匹，训练军队。贞观四年，打败颉利的时机终于到来了。

这时的突厥，天灾严重，牲畜死亡，百姓挨饿。颉利可汗与突利可汗矛盾激化，反对颉利的人越来越多。有的部落首领如苑君璋等干脆主动宣布归顺唐朝。

这时的唐朝，社会稳定，经济发展，兵强马壮。

唐太宗会放过这个机会吗？不！他断然挥师北进。这年的春天，唐军直捣东突厥的大本营，俘获军士10多万人，马匹几十万头，就连突厥的首领颉利也被活捉了，这次决战真可谓不费吹灰之力。

前和后战，相隔虽然只有3年。3年前是敌强我弱，3年后是我强敌弱。3年前唐太宗选择和，3年后唐太宗选择战，正是遵循了避强击弱的战争规律。

在中国历史上，大凡崇尚清静无为政治的帝王，都有一个特点，就是重视科学决策，遵循客观规律。

三、无为是内圣外王者的善政之为

践行清静无为，就是以民为本，就是按客观规律办事。那么，是不是每个帝王，每个将相，每个地方长官都可以践行清静无为的呢？答案显然是否定的。

秦始皇结束了西周以来诸侯割据的局面，建立起统一的中国。他以郡县制取代封建制。他统一了文字，统一了度量衡。这些对中国能以一个世界大国的格局延续到今天，都是起了重要作用的。秦始皇也因此名垂千古。

经过10多年的统一战争，中华大地，人口锐减，经济凋敝。在此种情势之下，秦始皇应该做的是，减轻徭役赋税，以鼓励农耕；宽刑简法，以收民心；安定社会，以巩固政权。

然而，秦始皇在完成统一大业之后，却肆意妄为，倒行逆施。为了他生前的享受，他大造宫殿；为了他死后住得舒适，他大建陵墓。他还不顾人民的承受能力，大修长城。为了保此三项工程，秦始皇只能采取以下几条措施：（1）重徭役。造阿房宫用民工75万，建骊山陵墓用民工70万，修长城用民工50万，杂役用民工20万，还有军人100万，几项相加超过300万，占到全国当时总人口的15%以上。也就是说，全国的青壮年几乎都被迫离开生产第一线，结果必然是田地荒芜。（2）厚赋税。修建长城、陵墓、宫殿这些工程，除人力之外，还需要很多钱。为此，就只好加重赋税。重到什么程度呢？史书记载："田税，人口税二十倍于古。"也就是说，老百姓此时的租税负担比秦灭六国前高出20倍。（3）峻刑法。秦始皇重徭役厚赋税，使人民活不下去。人民在没法生存下去的情况下，就只好起来反抗。为镇压反抗，秦始皇把全国变成了监狱和刑场。

老子在《道德经》的第七十四章指出：

民不畏死，奈何以死惧之？

老子认为，暴政苛政之下，老百姓没有活路，必定会起来作拼死的反抗。老百姓到了连死都不怕的境地，再以死亡相恐吓，已经不会有什么作用的了。

秦始皇连老百姓最起码的生存权都予以剥夺，他的江山还能坐稳吗？史书记载当时的民心指数是“欲为乱者，十家而五”。这是说，“十个家庭中有五个家庭要起来反秦”。“坑灰未冷山东乱”。秦始皇辛辛苦苦建立起来的秦王朝，活不过 15 个春秋便寿终正寝了。

100 多年后，汉朝也出了一个很坏的皇帝，他的名字叫刘贺。他在位 27 天，做了 1 127 件坏事。

秦始皇的倒行逆施，刘贺的荒淫无度告诉我们什么呢？无德之人是践行不了清静无为政治的，换句话说，清静无为这样的善政，只有有德的人才能践行。

为此，老子提出了内圣外王之道。

什么是内圣外王呢？

老子在《道德经》的第十章指出：

涤除玄鉴，能无疵乎？爱民治国，能无为乎？

老子这段话的意思是，在学道修道中，能否做到像洗涤镜面上的污垢那样，把私心杂念清除得干干净净而不留下瑕疵呢？在福泽人民的治国中，是否真正践行了清静无为呢？

“涤除玄鉴，能无疵乎？”这就是内圣之道。老子要求治国者自觉进行去私欲除妄念的自我改造，使自己成为一个品德高尚的圣人。

“爱民治国，能无为乎？”这就是外王之道。老子要求圣人在福泽人民的治国中，要经常自我审视，自我检讨，是否真正践行了清静无为？

老子不但非常看重他的清静无为的施政理念，而且更强调治国者的内圣之道，即修身的重要性。

老子在《道德经》的第四十九章指出：

圣人之在天下也，歙歙焉为天下浑其心。

老子这话的意思是，圣人处在治理天下的岗位时，必须努力收敛与无私慈爱相违背的心志和欲望，做到为天下的百姓而保持一颗清纯洁净的心。

老子在《道德经》的第四十八章又指出：

为学日益，为道日损。损之又损，以至于无为。

老子在本章中提出了为学者与为道者的不同目的。老子认为，从事一般性的学习，是为了不断增长知识和技能，而从事修道则不一样，除了增进对道的知识了解之外，还要进行去私欲、除妄念的自我改造。这种纯洁和美化心灵的改造不是一次完成的，而是一个不断祛邪扶正的过程。只有成为一个品德高尚的圣人，才能真正践行清静无为政治。

如果把老子的清静无为与科学发展观作一对照，你便能发现清静无为就是古代中国版的科学发展观。

科学发展观

第一要义是发展。
核心是以人为本。
基本要求是全面协调可持续。
根本方法是统筹兼顾。

清静无为

宗旨是发展经济富国强民。
出发点是以民为本。
实施方法是按客观规律办事。
保证是治国者的内圣外王之道。

修身治国，是老子政治学说中的重要思想，而且是《道德经》的主体思想。下一讲：孤家寡人。

第九讲　孤家寡人

这一讲我们来探讨老子所主张的为官之道。

一、为官者孤家寡人也

老子在纵论为官之道时，首先着眼的是，为官者自身的社会定位问题。

老子在《道德经》的第三十九章指出：

贵以贱为本，高必以下为基。

这话是什么意思呢？它包含着两层含义：(1) 人民大众虽然好像很卑微，却是高贵的侯王、达官赖以生存的根本。(2) 人民大众是一个国家的根基，离开了这个根基，建筑于其上的国家政权便无法存在。

老子在《道德经》的第四十三章又指出：

人之所恶，唯孤寡不谷，而侯王以此为自称也。

这话的意思是，最令世人厌恶的是无力自养的孤寡者，然而心中有道的侯王却以此来称呼自己。

老子在《道德经》的第三十九章还指出：

是以侯王自谓孤寡不谷。此非以贱为本耶？非乎？

老子这话的意思是，侯王之所以把自己看作是无力自养的如孤如寡的凡人，正是因为他们懂得卑微的大众才是他们立身之根基，这样说难道会错吗？

老子在《道德经》的第三十九章又指出：

故至誉无誉。是故不欲琭琭如玉，而珞珞如石。

这话的意思是，一个人如果要追逐至高无上的名誉和地位，往往只会适得其反。因此有道的侯王不会把自己看作是美玉般的华贵者，而只会自视为质朴坚实的石头那样平凡。

老子在《道德经》的第四十九章还指出：

（对于百姓）圣人皆孩之。

老子主张圣人对于老百姓应像抚育婴儿那样小心地予以呵护。

老子的这几段话告诉我们：（1）侯王、达官不是老百姓的救世主，相反，老百姓才是他们立身之根基。（2）侯王、达官不是羞与老百姓为伍的尊贵者，而是像石头一样平凡的凡人。（3）侯王、达官不是高居于老百姓之上的主人，而应是老百姓的仆人。（4）侯王、达官的权位不是天授的，而是民赋的。

这就是老子给为官者的定位，这就是老子提倡的民本思想、公仆精神。

有一首歌的歌词是：老百姓是天，老百姓是地。老百姓是山，老百姓是海。老百姓是共产党的生命源泉，老百姓是共产党永远的念想……

歌词作者所表达的正是老子的孤家寡人的思想。

那么，在中国历史上有没有哪位帝王、臣子能真正领悟孤家寡人的思想，又能予以践行的呢？

隋文帝应算得上是这样的帝王。隋文帝的节俭、勤政和爱民是出名的。其政绩也是卓著的。

《隋书》是这样评价隋文帝的：“躬节俭，平徭役，仓廪实、法令行。君子咸乐其生，小人各安其业，强无凌弱，众不暴寡。人物殷阜，朝野欢娱。二十年间天下无事，区宇之内，宴如也。”

把这段文字译成现代语就是：“隋文帝奉行的是节俭的原则和减轻赋税徭役负担的方针。整个国家，粮仓爆满，法令通行无阻。知识界感到心情舒畅，劳动者则各安其业。社会的道德风尚也很好，强不凌弱，众不欺寡。社会人才兴旺，经济繁荣。无论是朝廷或民间都显得十分欢乐祥和。隋文帝在位二十多年，天下无战事，无动乱，一派升平景象。”

那么，隋文帝在节俭、爱民方面有些什么表现呢？

隋文帝把节俭当作国策，这对中国的历代帝王来说，可以称得上是前无古人，后无来者。他说："节俭可以兴国，奢侈可以毁业。"

隋文帝这样说，是不是也是这样做的呢？

有一次，隋文帝患了痢疾，想找二两胡椒粉来配药，便叫太监去找。可皇宫找遍了也找不到。为什么没有呢？主事的太监是这样回答隋文帝的："圣上曾经告诫奴才，不是紧用之物，不得购买，能免则免。圣上又说，饮食要素朴，不要讲规格，不要讲排场，不要贪求珍馐美味。所以，这胡椒粉就没有购买。"

像胡椒粉这样的东西，即便是普通百姓之家也不是稀罕之物，皇宫里竟然找不到，听起来倒像天下奇闻。

又有一次，隋文帝把一件旧龙服交给宫女，并对她说："快把这衣领补好，一个时辰后我还得穿上。"宫女看了看龙服说："禀陛下，这件龙服已补了多次，太残旧了，就不必补了吧！"隋文帝说："要补，它还可以穿几年呢！"宫女说："陛下乃天下之主，有用不尽的财富，岂可穿如此破旧的衣服。"隋文帝说："你懂什么，节俭可以兴国，奢侈可以毁业。"

隋文帝不但节俭，而且十分爱民。

公元594年，关中一带发生饥荒。有一天，隋文帝在朝堂之上，拿出一块糠饼给大臣看，然后说："这是关中灾民赖以充饥的麦糠饼。此等猪狗不吃的东西居然要用来养人，我心难受啊！"他于是下旨，让每个大臣都带上一车粮食，随他到灾区去。一进灾区，隋文帝亲自给灾民分粮食。转眼之间，带去的粮食便发光了。隋文帝看着一堆堆骨瘦如柴的民众，一队队奄奄一息的百姓，心急如焚。他想，现在下令从外地调粮已是远水解不了近渴，怎么办？他把手一挥，下令把饥民引入京城。隋文帝于是随饥民一起向洛阳进发，他还不时让卫兵去帮助搀扶那些行动困难的灾民。

隋文帝为什么能功高盖世而不图享受，富有四海而节俭终生呢？因为他认定了自己是个孤家寡人。

大江东去，浪淘尽，千古风流人物。作为一个生物意义上的人，隋文帝早已灰飞烟灭；然而，作为一个社会意义上的人，具有孤家寡人意识、节俭爱民品格的隋文帝将永载中华民族的史册。

为官者把自己看作是人民的公仆，还是人民的主人？这是完全不同的价值取向，完全不同的自我定位。按照老子的观点，凡取前一种定位的，必能裨益社会、裨益人民，也必能得到人民的拥护和爱戴。凡取后一种定位的，就必定会站到人民的对立面，为害社会，为害人民，最终遭到人民的反对和唾弃。

因此，是做人民的公仆还是当人民的主人？这是为官者必须面对又必须解决的首要问题。把自己视为人民的公仆，把自己视为孤家寡人，这是为官者的正确选择。

二、为官者应以老百姓的利益为依归

老百姓是为官者生存的根基，因此，他们就应全心全意、竭尽所能地为老百姓服务。

老子在《道德经》的第四十九章指出：

> 圣人常无心，以百姓之心为心。

老子这句话的意思是，品德高尚的治国者，不应以自己的意志、自己的欲望作为施政的出发点，而应以百姓的意志、百姓的利益作为施政的最高准则。也就是说，老子要求为官者必须以百姓的利益为依归，想他们之所想，图他们之所图。

胡锦涛主席说："情为民所系，权为民所用，利为民所谋。"

温家宝总理说："民之所忧，我之所思。民之所思，我之所行。"

这两位领导人所表述的思想与老子的上述思想是相通的。

老子还要求为官者一辈子为老百姓做好事，而不做坏事。

老子在《道德经》的第四十八章指出：

取于天下，常以无事。及其有事，不足以取天下。

老子这话的意思是，有的治国者，之所以得到天下人的信任和爱戴，是因为他们只做有利于百姓而不做损害百姓的事情。如果他们反其道而行之，则必然会失去天下人的敬重和信任，并为之所唾弃。

能以百姓之心为心的为官者，能一辈子做好事不做坏事的为官者，在中国历史上有过吗？不但有，而且大有人在，民族英雄林则徐就是其中的一位。

作为钦差大臣，林则徐冒着身家性命不保的风险到广东坚决禁烟。林则徐有功于国反被贬谪新疆，但他仍怀着虽遭委屈而不忘报国的高尚情怀，愉快地赶往贬地。他在新疆伊犁带领人民兴修水利，改善人民的生产和生活条件。

林则徐起程到新疆之前，曾写下了一首诗，该诗有这样的句子："苟利国家生死以，岂因祸福避趋之。"诗句的意思是：只要是有利于国家的事，我一定会以身报国，不避生死。我怎么能为了福禄而孜孜追求，面对祸患则避之不及呢！

这正是林则徐报国为民情怀的写照。

焦裕禄、孔繁森、任长霞、牛玉儒则是当代为官者的代表。他们为了国家的发展、人民的利益，做到了鞠躬尽瘁，死而后已。

三、为官者应固守清廉

作为公仆，作为孤家寡人的为官者，只有全心全意为人民大众谋利益的义务，而无贪赃枉法、谋取私利的任何权利。为此，老子十分强调为官者的操守，要求他们廉洁自律。

老子在《道德经》的第四十九章指出：

圣人之在天下也，歙歙焉为天下浑其心。

老子要求，治理天下的圣人们，必须以一种诚惶诚恐的心态，努力收敛自己的欲望，做到为天下百姓而保持一颗清纯洁净的心。

为了使为官者能够保持这份清纯洁净的心，老子要求他们自觉进行去私欲除妄念的自我改造。

他在《道德经》的第四十八章指出：

为学日益，为道日损。损之又损，以至于无为。无为而无不为。

老子告诉我们，从事一般性的学习，是为了不断增长知识和技能，而从事学道和修道，则要进行去除私心杂念的自我改造。这种纯洁和美化心灵的改造不是一次完成的，只有不断地扶正祛邪，才能使自己达至无私欲、无妄念的无为境界。有了这样的境界，才有资格去践行清静无为政治，并使国家走上安平富足之路。

也就是说，老子要求为官者固守清廉，不仅要求他们固守于一时，而且要求他们固守于长久，终其一生，矢志不渝。

世间有没有清官？我认为，清官不但过去有，今天有，明天更会有。为什么呢，因为人活在这个世界上，不仅为吃穿住行而活，也为良知、信念、责任和追求而活。

清朝乾隆、嘉庆年间，有个官员叫王尔烈。他清廉不贪，有双肩明月、两袖清风之誉。有一次，嘉庆帝召见他，问："老爱卿家境如何？"王尔烈回答："几亩薄田，一望春风一望雨；数间草房，半仓农器半仓书。"后来，王尔烈当了铸钱的官，3 年后调回京城，离任时，他带走了 3 个铜钱，是铸钱时用过的模子，已经作废了的。嘉庆帝问王尔烈："这回可以安度晚年了吧？"言外之意是，你铸钱 3 年，应捞到不少了吧？王尔烈听了之后，笑了笑，说："我依然是两袖清风，一无所存。"嘉庆帝说："不会吧，你再查一查。"王尔烈感到奇怪，难道我带走 3 个废模子，他都知道？于是从袖筒里掏出那 3 块溜光发亮的铜钱，说："我本想留作纪念，如果皇上认为不妥，我就交出来。"嘉庆帝见王尔烈如此清廉，十分感动地说："你不愧是双肩明月的清官。"

有一天，某海关关长的家里突然闯进了一个人，是一个有钱有势的人。这人要关长放行他的一批走私货。关长问："你凭什么要我这样做？"这人说："凭我口袋里的美元。"关长说："我身上有比美元、黄金更贵重的东西，它就是我这颗不贪财的心。"

王尔烈、某关长，为什么见钱不贪？因为他们有良知、有信念、有责任、有追求。

晚清有个大官，叫翁同龢。他是两代帝师，既教过同治，又教过光绪。他官至大学士，军机大臣，可谓位极人臣。这个翁同龢，不仅自己不贪，还敢于阻止慈禧太后贪。当时有这样一项惯例，户部每年从各省进缴的机动银中抽出一部分调入内务府，专供慈禧私用。翁同龢主持户部时，竟把这一惯例取消了。有一回，有一主管官员把一份回扣送给翁同龢，这是清政府向外国借款的回扣。这位官员还告诉翁同龢，慈禧也有一份。翁同龢不仅严词拒收，还把慈禧收回扣的事告诉了光绪皇帝。得罪了比皇帝还要厉害的慈禧，自然不会有好下场。他被罢斥还乡了。翁同龢两手空空回到家中，靠亲友、门生周济以度余生。但他对自己的作为一点也不后悔。翁同龢自知没有能力使当时的大清天下变成朗朗乾坤，为什么仍不放弃跟贪腐势力作战呢？因为他有良知、有信念。他就像固守在清廉阵地上的无畏战士，剩下一人也要坚持战斗下去。

翁同龢作为一个封建士大夫，对反贪守廉能如此执着，我们的共产党员，我们的公务员是否应该比他做得更好呢？这是翁同龢留给我们的思考。

守廉拒贪，不仅是为官者应保持的操守，也是为官者应具备的基本功。他们如果没有这个基本功，才华再好，能力再强，功劳再大，也难逃身败名裂的下场。

四、为官者要有民主思想，并自觉接受监督

老子要求为官者必须“以百姓之心为心”，那么，怎样才能做得到呢？这就要发扬民主，让百姓自由发表意见，为官者从中集思广益，择善而从。

老子在《道德经》的第四十九章指出：

百姓皆注其耳目焉。

老子主张，对于为官者，老百姓应注意听其言，察其行，对他们实行监督。

这是老子对我国上古时代的民主政治和后来的反民主政治审视之后，总结出来的历史经验。实行民主与监督，就意味着科学决策、正确处事、减少失误，也意味着减少腐败与专制。拒绝民主与监督，也就必然会导致独裁专制与腐败。

如果我们细读中国历史，你就能发现，在我国整个封建社会里，对民主与监督实行得比较好的有几个时期，其中最有代表性的是汉代的文景之治时期和唐代的贞观之治时期。从中，我们还能发现，正是这两个时期旗帜鲜明地推崇老子的思想，实行清静无为政治。而这两个时期的成就的取得，与当时对老子民主思想的认真践行是大有关系的。

说到民主与监督，有一个人是不能不提及的。他是谁？是诸葛亮！

近年，我国在公务员队伍中实行财产申报的制度，其实，这一制度同样不是西方的发明，不是西方的专利。因为早在公元3世纪，我们的先人，蜀国丞相诸葛亮就已经这样做了。有一次，他在给汉后主刘禅的奏章说：“臣家在成都有桑树八百棵，薄田十五顷，一家可以温饱。除此之外，臣决不别作经营，以增长私产。臣死之后，如查出有多余的财物，那就是对不起国家。”

也许有人会问，诸葛亮购买这些田产的钱是从哪里来的

呢？原来，刘备得益州时，曾给诸葛亮、关羽、张飞等功臣各赐金500斤，银1 000斤，钱5万两。

诸葛亮还是一位虚心纳谏的典范。他说："如果得直言而改正错误，好比弃敝跻，而获珠玉。"

有个叫董和的官员，与诸葛亮常有不同见解，为此，经常与诸葛亮争论。诸葛亮不是厌弃他、打击他、排挤他、报复他，而是表扬他，要求百官学习他的殷勤与忠诚。后来，诸葛亮在街亭一战中，错用了马谡，招致失败。他于是向天下公布自己的错误，又给自己降级罚薪，还要求同僚勤攻自己的过失。

今天，如果我们不抱偏见，从李世民、诸葛亮自觉奉行民主、自觉接受监督的高风亮节中吸取教益，对推进我们的民主制度建设、民主作风的建设，显然是大有益处的。

五、为官者应懂得功遂身退之道

功遂身退，就是功成身退。有人把功遂身退理解为急流勇退。其实急流勇退反映的并不是老子的功遂身退的本意。

那么，老子的"功遂身退"的本来意义是怎样的呢？

老子在《道德经》的第九章指出：

> 持而盈之，不如其已。揣而锐之，不可长保。金玉满堂，莫之能守。富贵而骄，自遗其咎。功遂身退，天之道也。

老子认为，把满满的一盆水端起来而不使它外溢，是很难做得到的。为了让利器长久地保持在最锐利的状态之上而不断地锤击它，是很容易使它崩裂甚至折断的。黄金美玉积聚得太多时，要想保住它是不容易办得到的。当一个人富贵之后，如果以富傲世，以富凌人，就必然会招致灾祸。一个人到了功勋显赫、权势日盛之时，就更应收敛欲望，更应提防骄横，更应警惕走向反面。这样做遵循的正是天道的精神和法则。

一个人功成名就之后，更应谦虚谨慎，提防骄横；更应收敛欲望，淡泊权位名利；更应自律自爱，力戒自贵自见。这才是老子的“功遂身退”的真谛。

“功遂身退”，是“戒盈之法”在驾驭物极必反法则上的正确运用。因为功高无双会使人骄恃，权大无比会使人骄横，威重无敌会使人骄盲。一个大人物，当他位于那不胜寒的高处时，如果不能保持谦虚，不能自省，不能得到约束，也就必然要栽跟头，这可是千古不变的法则。

韩信是刘邦手下战功最卓著的将军。韩信被废王爵时曾叫冤说：“狡兔死，走狗烹；飞鸟尽，良弓藏；敌国破，谋臣亡；天下已定，我固当烹。”那么，韩信是不是被冤枉的呢？其实，韩信早就野心毕露。刘邦在河南被项羽围困时，曾下令韩信出兵救援，但他却按兵不动，反而派人去面见刘邦，要求封他为假齐王。因为此时，韩信已攻占了齐地。刘邦为了顾全大局，只好答应说：“要封就封个真的，封个假的做什么？”后来，韩信进入楚地，干脆自称楚王。韩信自以为有大功，应当得到报偿，应当割地称王。但从国家和百姓的角度看，不消灭这些割据者，天下就不能实现真正的统一，人民就不能过上真正的和平生活。从这个意义上说，韩信被杀，是他自取的，是他不懂得功遂身退之道造成的。唐代的长孙无忌、清代的鳌拜，都是不谙功遂身退之道的典型，也都不可避免地落得身败名裂的下场。

当今社会有这样的官员，他们在取得一定的政绩之后，往往会有如下的表现：（1）有的以为自己了不起，于是大耍官威，不尊重下属，不尊重群众。（2）有的认为自己的官职与自己的政绩不相称，于是伸手要官。（3）有的则与社会上的成功商人相比较，认为自己的能力不比他们差、对社会的贡献不比他们少，自己应当像他们那样拥有财富，于是贪污受贿，走上犯罪的道路。

发生在20世纪六七十年代的“文化大革命”，是中华民族史上的一场大浩劫。它使国家经济走到了崩溃的边缘；它使国家的政治秩序受到了严重的破坏；它使优秀的民族道德精神备受摧残、社会风气受到严重毒化……如果当时我党我国的主要领导人，能读读老子，能领悟“功遂身退”的道理，从而不恃功而骄，不恃功而横；从而能够自省、能够接受批评、能够接受监督和约束，这场大浩劫也许不会发生。

以上种种都是不懂得功遂身退的表现。

清朝的奕譞是一位深谙功遂身退之道的王子。他是咸丰帝的弟弟，慈禧的妹夫，光绪帝的父亲。他曾与他的六哥奕䜣联手，扳倒了肃顺八大臣，从而使慈禧得以掌控清朝廷的实权。他的地位，除慈禧外没人能比，他却格外恭敬谨慎。他把自己住的正房起名为“谦思堂”，把自己的书房命名为“退省斋”。他还在子女房中挂上自己写的治家格言：“财也大，产也大，后来子孙祸也大。若问此理是若何？子孙钱多胆也大，天样大事都不怕，不丧身家不肯罢。”

唐太宗，无论是武功、文治都很出色，堪称中华第一帝。但他能自觉接受群臣的监督和约束。正是由于他不居功自傲，从而做到不独裁、不专制，这实在是人民之幸，国家之福。

从以上所述，我们可以看到，为官者“功遂”之后能否“身退”，不仅是他们个人的政治品格问题，更重要的是，它直接关乎到人民的福祉、国家的兴衰。

老子在如何看待战争、如何处理国与国的关系方面，提出了许多精辟的思想。下一讲：大国情怀。

第十讲　大国情怀

在世界历史上，所谓的大国情怀，大体有如下三种模式：一是征服世界。古罗马、大英帝国等，曾有过这样的情怀，也曾有过这样的行动。二是称霸世界。第二次世界大战后的美国，抱持的就是这样的情怀，走的就是这样的道路。三是谋求和平和谐之世界。这是老子所抱持的情怀，也是中华民族所抱持的情怀。

一、首举大旗，反对战争

早在2 500 年前，老子就旗帜鲜明地提出了反对战争的主张。

老子在《道德经》的第三十章指出：

> 以道作人主者，不以兵强于天下。……有果而已，勿以取强焉。……果而勿得已，果而勿强。

老子这段话的意思是，奉道而行的治国者，是不应实行武力称霸的。在反侵略战争中，一旦取得胜利，达到用兵的目的，就应迅速把战事停下，而不应把事态扩大。为反对侵略而用兵，那是不得已的事，取得战争胜利之后，是不应反过来去侵略他国，实施武力称霸的。

反对战争，反对称霸，是老子喊出的时代最强音。在那迷信武力、崇尚武力的战国时期，老子为什么会有如此鲜明的反战立场呢？

这是因为老子看到了战争给人类带来的灾难。

老子生活在我国的春秋战国时期，战国则是诸侯争霸的时代。在这一时期里，争霸战争此起彼伏，连绵不断。老子亲历了这种战争生活，目睹并感受到战争的残酷，战争给大自然、给社会、给人类带来的重大灾难。

他在《道德经》的第三十章指出：

师之所处，荆棘生焉；大军之后，必有凶年。

老子指出，凡是战争波及的地方，必然会造成田地荒芜、尸骨遍野的悲惨景象。而且，战争结束之后，还会引发饥荒、瘟疫等灾害，进一步危害人类。

战争与灾难共生，和平与幸福相系，这是老子给人类的深刻启示。人类的战争历史，反复验证了老子这一论断。

第二次世界大战，被侵略国就有 1.1 亿人死于战祸，其中苏联 4 680 万，中国 3 500 万，英国 160 万，美国 100 万。就是日本也有 400 多万人死于他们自己所发动的侵略战争之中。至于战争所造成的经济损失，环保损失，更是大到无法估量。

老子之所以如此强烈地反对战争，还因为老子看清了战争的本质。

老子在《道德经》的第三十一章指出：

兵者，不祥之器。

老子认为，战争是残物伤生的不祥之事。

老子在《道德经》的第三十章指出：

物壮则老，是谓不道。

老子认为，战争既使许多年轻力壮的人过早夭折，又使自然生态遭受破坏，这是有违于天道和人道的。

老子在《道德经》的第三十一章再指出：

兵者，……非君子之器。不得已而用之，恬淡为上，勿美也。若美之，是乐杀人也。

老子这段话的意思是，对于道德高尚的治国者来说，战争，决不是他们安邦定国的法宝。战争只有在不得已的情况之下方可使用。对于战争，须时时保持清醒的头脑，决不可因一时之气而滥用，更不能把它看作是美事。如果把战争看作是美事，这样的人便是以杀人为乐的屠夫了。

从本质上说，战争是残物伤生的不祥事。因为它与任何生物的生命原则都是大相径庭的。而且，战争在人类道德层面上造成的灾难是非常严重的。它摧毁的是人的爱心和诚信，催生的是仇恨与暴虐。人类作为一种可以思考因果关系的理智动物，为什么不能避免这种愚蠢的行为呢？

战争是政治利益、物质利益、精神利益冲突的最高、最尖锐、最激烈的表现。在人的自然本性异化的作用下，有些统治者迫切追求生命意义的增殖。他们追求地位、荣誉、体面、功绩、成就，追求事业和名声的不朽，于是便视战争为法宝，用它来实现这种追求。

到了近现代，种族优秀论、种族优秀的心态，成了战争的发动机。日本在第二次世界大战期间，发动了对中国的战争、对亚洲的战争、对美国的战争，就与这种种族优秀的心态有关。日本侵略者公然宣扬日本大和民族是世界上最优秀的民族，应该奴役和统治别的民族。

时至当代，文明优秀论、文明冲突论则成了美国发动战争的驱动器。美国为了称霸世界，以优秀文明的化身自居。他们肆意炮制“新帝国”的理论。美国某位领导人在2002 年6 月1日，于西点军校毕业典礼上提出的三大原则，充分体现了“新帝国”理论的精髓。他说：“第一，美国要保持先发制人的权力；第二，美国的价值观是普适全球的；第三，保持不可挑战的军事力量。”美国的前任联合国大使博尔顿说得更露骨：“美国犹如一把铁锤，世界各国好比墙上的钉子，美国想要惩处哪个国家，就如拿起铁锤打击墙上的钉子一般。”美国发动对伊拉克战争的依据：一是伊拉克拥有大规模杀伤武器。二是伊拉克政权与基地组织有联系。实际上，这两个依据是完全站不住脚的。

那么，美国发动对伊拉克的战争是出于怎样真实目的呢？美国前联邦储备委员会主席格林斯潘指出：是石油，是伊拉克的石油。当然还有一个目的，就是为了加强对中东的军事和政治的控制。

美国政府的横行霸道，连有良心的美国人也看不下去。美国著名政治活动家乔姆斯基，在 2007 年出版了一部书，书名叫《失败的国家，国力的滥用和对民主的侵害》。乔姆斯基在书中指出："如果，无赖国家的定义是指某国藐视国际法，那么，美国长期以来一直是'无赖国家'中的'无赖国家'。"

很明显，"新帝国"主义的实质：是打着推行自由、民主的旗帜，掠夺别国的资源，剥夺别国人民的自由民主以至生存的权利。

老子并不一概地反对战争。他在坚决反对武力称霸、反对侵略战争的同时，旗帜鲜明地支持反侵略的正义战争。

老子在《道德经》的第六十九章指出：

抗兵相若，则哀者胜矣。

老子认定，兵力相当的两军相对抗，一定是正义的哀兵一方取得最后的胜利。老子以此来鼓励被侵略一方的战斗意志。

老子还提出了在反侵略战争中，应采取的原则和策略。他在《道德经》的第六十九章指出：

吾不敢为主而为客，不敢进寸而退尺。是谓行无行，攘无臂，执无兵，乃无敌矣。

老子是说，在战争问题上不首先采取行动，不打第一枪。他还主张面对敌人的侵犯，可以实行一定程度的后撤，把自己的军队隐蔽起来，实行以逸待劳，以静制动，一旦时机成熟，大举反攻，就一定能战胜敌人。老子认为，这是出奇制胜之道。

这就是老子的人不犯我我不犯人的对待战争的原则。

老子还对称霸者、侵略者的最后命运作出了预言。他在《道德经》的第三十一章指出：

夫乐杀人者，不可以得志于天下矣。

老子这话的意思是，崇尚武力、迷信杀戮的政府和个人，最终是要失败的。其称霸他国的图谋是一定不能得逞的。

老子这一预言，像一道法力无边的魔咒，如影随形，贴附在侵略者、称霸者的身上，使他们总是无法摆脱那最后失败的命运。

太阳不落的大英帝国，殖民地遍布全世界。但在民族解放运动的浪潮中，殖民地国家纷纷起来驱逐殖民者，这个太阳不落的殖民地帝国，终于土崩瓦解；他们派出的殖民官员和军队只好卷起铺盖，夹着尾巴匆匆走人。

第二次世界大战的日本，很短时间便攻占了半个亚洲，偷袭了美国，可谓来势汹汹，不可一世，结果还是无条件投降。

20 世纪六七十年代的越南战争，是强大的美国与弱小的越南的一次较量。结果是强大的美国失败了，弱小的越南胜利了。

“不以兵强于天下”，这是老子的反战名言，也是老子的反战宣言。人类只有接受老子这一思想，告别战争，维护和平，这个世界才有希望。

二、中华民族，尚和反战

常言说，有比较才有鉴别。我们先来看看发生在近代历史上与中国有关的那些战争，并作出比较，这样，谁是侵略者、称霸者、掠夺者；谁是被侵略者、被称霸者、被掠夺者；谁迷信战争，谁酷爱和平？便一目了然。

1840 年，英国对中国发动了第一次鸦片战争。

1856 年，英法联军对中国发动了第二次鸦片战争。中国的圆明园，是世界第一园林，是世界第一博物馆，是谁毁了这个难得一见的世界文化大观园呢？是以民主战士自诩的英法联军。正是他们在这场战争中对圆明园实行抢光、烧光和砸光的政策。

1900 年，英、法、德、俄、美、日、意、奥组成的八国联军进攻天津和北京。

在近代历史上，甚至连只有几百万人的欧洲小国荷兰和葡萄牙，也不甘落后地对中国进行侵略。荷兰攻占台湾，葡萄牙侵占了澳门。

下面，我们再来说说东边的邻国日本。

1894 年，日本在我国黄海挑起战争，这就是甲午战争。

1900 年，日本加入了欧美的八国联军，对中国进行侵略和掠夺。

1931 年，日本对中国发动了长达 14 年的侵略战争。

其实，日本早在明朝初年，就开始对中国进行侵略和骚扰了。那时，中国人称这些日本侵略者为倭寇。日本倭寇占领我国的领土，杀害我国的百姓，掠劫我国的财物。其活动范围，从山东沿海一直延至广东沿海。其为害时间长达 150 多年。

我国有一位学者，曾对世界大国的战争史作了比较研究。他发现，世界历史上的大国，大多都有远征他国的战争行为；有的尽管没有付诸行动，也留下了一份份远征的计划书和路线图。这些大国的远征，都有一个共同目的，就是征服、霸占、掠夺和控制。但有一个大国是例外，这个大国几千年来，既没有挥师远征，也没有留下对别国实施征服、占领的计划书。这个国家的名字叫中国。

也许有人会提出质疑，郑和下西洋，不是远征吗？

那么，郑和下西洋是怎样一回事呢？

郑和，也叫郑三宝，是明朝的一名宦官。他曾率领明朝的船队七下西洋，历时 28 年，访问了 30 多个亚非国家。郑和的任务是代表大明与这些国家进行友好交往与通商。现在的韩国设有一个外交通商部。可以说，郑和的角色与大明的外交通商部长相似。

1405 年 7 月 11 日，是郑和船队首航的日子。他率领的船队，共有船只 208 艘，其中排水量在 1 000 吨以上的就有 60 多艘。船队有将士及各方面的专才共 27 800 多人。

也许有人会问，既然是从事外交通商活动，为何要派那么多的将士随行呢？

郑和出发前，明永乐皇帝朱棣给他一道手谕。手谕的内容是:“及临外邦，番王之不恭者，生擒之；蛮寇之侵掠者，剿灭之。由是海道清宁，番人仰赖。”也就是说，这支武装力量的任务是很明确的，就是对付可能遇到的海盗，以保护外交通商活动的顺利进行，而不是要去占领别国的领土。

那么，郑和下西洋期间是否有遇到麻烦呢?

尽管船队拥有如此强大的武装力量，仍然有海盗对它进行袭击，其中一次，还是一个国家的行为。

有一次，当郑和回航经过锡兰时，该国国王把郑和请入城中，让王子热情接待。与此同时，国王立即调兵遣将，一是以5万兵包围船队。二是以数千兵在路上设伏，以防郑和回救船队。三是以数千兵把郑和及他的亲兵团团围住。当布置停当之后，王子便凶相毕露，把这一切都告诉了郑和，要郑和主动交出全部财宝。郑和意识到船队和自己已处于极度的危险之中。怎么办呢？在这万分危急之中，郑和猛然想到孙子兵法的计策，擒贼先擒王。郑和断然率领身边的2 000名将士，奇袭了皇宫，活捉了它的国王。从而粉碎了一次大规模的劫掠行动。事件结束之后，明成祖把这国王释放了，并把他送回本国。

郑和所处的大明帝国，是当时世界上的超级大国。它的GDP占到世界的1/3强。郑和的船队又是当时世界最强大的船队，完全有能力对沿途的一些国家予以征服。然而，郑和船队自始至终都没有这样做，既没有占领这些国家的一寸领土，更没有殖民、屠杀和掠夺。他们留给当地人民的是和平、友善，互利和尊重。正因如此，他们得到了当地政府和人民的尊敬。郑和所到之处，很多遗址被精心保护。在印度尼西亚，有三宝垄、三宝墩、三宝洞；在马来西亚，有三宝山、三宝井；在斯里兰卡（即锡兰），当年郑和所立的石碑，还完好地保存着。马来西亚、印度尼西亚、泰国、柬埔寨等国都有三宝庙，在非洲索马里还有一个郑和村。

富有对比意义的是，在郑和下西洋以后的二三百年间，西欧多国的船队所到之处，一律进行占领、殖民、控制、掠夺和屠杀。这些自称为民主国家的船队留给当地人民的却是血泪、仇恨与苦难。

那么，郑和的船队为什么不以大明当时的强大，去进行征服和掠夺呢？这正好证明，老子爱好和平，反对称霸的文化，已深深地植根于中国人的心上，也证明了，中华民族是一个酷爱和平的民族，是反对侵略和掠夺的民族。

三、首倡和谐，邻国交好

老子在《道德经》的第六十一章指出：

大国以下小国，则取小国；小国以下大国，则取于大国。故或下以取，或下而取。故大国者，不过欲兼畜人；小国者，不过欲入事人。夫两者各得其欲，故大者宜为下。

老子认为，大国以谦逊的姿态对待小国，自然会得到小国的信赖；小国以谦逊的姿态对待大国，也必能得到大国的包容。因此，或因谦逊而取得信赖，或因谦逊而被包容。大国不要老是想着去兼并小国，小国也不应过分地顺从和依赖大国，而应互相尊重、平等相待、互相扶持、和谐共处。大国与小国之间，大国处于主导地位，为使双方各得其所，大国更应以谦逊卑下自处。

这就是老子为人类提出的，互相尊重、平等相待、互相扶持、和谐共处的国际关系准则。

四、和谐共处，一以贯之

那么，中华民族是如何践行老子的和谐共处的国际关系准则的呢？

由于篇幅所限，我们只能展示几个历史片断，叙说几件事。

第一，为外国留学生传授知识。

前面已经说到，唐代的中国是世界留学的第一个目的地国。为了把留学这件事办好，让各国留学生学到真本事，唐朝特地扩大了国学馆的规模，让外国留学生与中国学生一起入读国学馆。一起学习中国的文化，学习中国的政治法律和科学知识。中国这种毫无保留地为外国培养人才的做法，践行的正是大国对小国的无私扶持。

第二，准许外国人在中国为官。

在唐朝，有人在中国为官的国家有：大食、波斯、突厥、安国、康国、天竺、高丽、新罗、百济、日本、流鬼国等。当时在中国的外国人，文才出众的可以通过科举考试获得官职，其中新罗有姓名可查的，就有崔致远等5人；武艺高强的可以通过考核而成为唐朝的将军，如高丽的王思礼、高仙芝及泉男生兄弟，新罗的张保举等。在唐朝为官的外国人中，人数最多的是突厥，五品以上就有100多人；职位最高的是突厥的阿史那忠，任职右骁卫大将军，封薛国公；祖籍国离长安最远的是流鬼国的佘志，流鬼国位于北海之北，距离长安1.5万里；任职时间最长的是日本的晁衡，他在中国长达50多年，最后终老长安。唐朝接纳外国人为官的举措，体现的正是大国与小国平等相待的精神，既平等相待这些国家也平等相待它们的子民；更体现出一种非常广阔的大国胸襟。唐代中国的这份大度，这份自信，是世界历史上少见的。

第三，少取多予，厚往薄来。

明成祖的大明帝国时期，与中国友好交往的国家很多。明帝国对这些国家均采取“少取多予，厚往薄来”的经济交往原则。这些国家给大明献上礼物，大明则以赏赐的方式给这些国家以回礼，而回礼的价值远远高出献礼的价值，有的甚至高出数倍以至十几倍。大明帝国的这份慷慨，也不是每个大国都能做得到的。

第四，无私援助，构建和谐世界。

20 世纪 50 年代，中国政府率先提出了处理国际关系的和平共处五项原则。

21 世纪初，中国政府又提出了构建和谐世界的新理念。

它们的主要内涵是平等、尊重、和平、对话、合作和互不干涉内政。

当前的中国，仍然是个发展中国家，经济底子还很薄弱，但我国一直尽自己所能，对发展中国家从经济、科技等方面予以援助，而这些援助都是不附加任何政治条件的，更不会以此去干涉别国的内政。

这表明，长久以来，中华民族在处理国与国的关系上，践行的正是老子提出的和谐共处的国际关系准则。

外国有人担心，中国强大之后，一定会称霸，会威胁到其他国家的利益与安全。其实，国强必霸，这不适合中国。称霸，既有悖于中国的文化传统，也违背中国人民的意志。中国的发展，不损害任何人，也不威胁任何人。中国将永远做一个和平的大国、学习的大国、合作的大国，也将永远致力于建设一个和谐的世界。

谋求和平和谐之世界，是老子的政治理想，也是中华民族的政治理想。今后，不管世界风云发生什么变化，我们都会毫不动摇地、坚定地抱持谋求和平和谐之世界这一大国情怀，永远地高举这面旗帜。

那么老子文化在中华传统文化中占有怎样的位置呢？下一讲：源流文化。

第十一讲　源流文化

英国有一位学者叫罗素。他是世界驰名的大哲学家和大思想家。20 世纪 20 年代，他曾来中国考察。考察结束之后，他写下了这样的话：“文化，无论是对中国还是世界，都是最重要的。”罗素这话是什么意思呢？他是要告诉世人，文化决定政治，文化决定国运。因为，优秀的文化能使奉行它的民族和国家走向强盛；相反，走向衰败的民族和国家，往往是由于他们的文化出了问题。

我在学习研究老子的过程中，常常思考这样几个问题：（1）什么是中华文化？（2）古代中国的强大是哪一家的文化之功？（3）近代中国落后挨打的文化原因是什么？（4）我们应为中华文化的复兴做些什么？

一、什么是中华文化

什么是中华文化，或者说，什么文化才可以作为中国传统文化的代表呢？

这个问题，历史上好像已经解决，已经有了共识。这就是：道文化和儒文化同为中华文化的两大主干。

珠海市有一位工程师，叫刘明武。近几年，他写了几本书，是专门讨论中华文化的。他认为，中华文化有源有流，易文化即《周易》文化是源，道文化和儒文化是流。正是这一源二流文化共同构筑起中华民族的文化根基。我赞同刘明武先生这一观点。不过，如有人要问，在道与儒的关系上，谁是源谁是流呢？我会说，道学是源，儒学是流。

二、古代中国的强大，是哪一家的文化之功

这个问题，好像也已有共识。传统的说法是：汉武帝“罢黜百家，独尊儒术”之后，儒家文化已经成为中华文化的主导，其他文化则已走向边缘。如果这一说法成立，古代中国的强大，当然主要是儒文化的功劳了。那么，儒文化真的是古代中国文化的主导吗？道易文化真的是在汉武帝之后，便走向边缘了吗？对于这个问题，我们只好让历史以事实作出回答。

本讲所说的古代中国，指的是从汉朝到元朝这段历史时期的中国。从汉到元，长达1 500多年，先后出现了汉、隋、唐、宋、元五大朝代。隋只有30多年，元也只有90多年，汉、唐、宋三朝加起来则超过1 000年；而且，汉唐时的中国是当时世界最强大的国度，宋代时的中国则是经济和科技都十分繁荣的国度，因此，只要把汉、唐、宋这几个时期的文化状况弄清楚，我们就能知道，易道儒文化各自在古代中国文化中的地位和作用。

汉朝奉行的是哪一家的文化呢？《史记》记录下这样一首民歌，是歌颂清静无为政治的。歌词是：“萧何为法，整齐划一；曹参代之，守而勿失。载其清静，民以宁一。”歌词的意思是，萧何与曹参都推行清静无为的政治，百姓因此得以安居和乐业。《史记》中还有这样的记载：“文帝本修黄老之言，不甚好儒术。其治尚清静无为。”这是说，汉文帝自小就用功学习《老子》，对儒家学说则不大感兴趣。他崇尚和奉行的是老子的清静无为政治。也就是说，从汉高祖到汉文帝、汉景帝时期，奉行的是不折不扣的道家文化。尽管，汉朝的强大，集中体现在武帝、昭帝和宣帝时期。但不可忘记，武帝等朝的强大正是文景之治打下的基础。文景二帝经过40年的经营，巩固了中央政权，繁荣了全国的经济。史书上有这样的记载，景帝晚年，当时朝廷存放的钱，由于长期不用，串钱的绳子都烂掉

了。粮食多到仓库里放不下，只好露天堆放。

那么，汉武帝的“罢黜百家，独尊儒术”，究竟是怎样一回事呢？汉武帝独尊儒术，尊崇的是董仲舒的“天人三策”，天人三策的核心思想是君权神授，君权至上，上尊下卑。汉武帝是要通过独尊儒术，来获取至高无上的权威和权力。

汉武帝的独尊儒术，在他身后是否能延续下去呢？汉武帝死后，是他的年仅 8 岁的小儿子刘弗陵当了皇帝。他就是汉昭帝。这个小皇帝在辅政大臣霍光的辅助下，恢复了老子的清静无为政治。汉昭帝之后的皇帝叫汉宣帝。他叫刘询，是汉昭帝的侄孙，比汉昭帝小 3 岁。汉宣帝登基时只有 18 岁。他即位后遵行道家学说和法家学说，旗帜鲜明地继续推行清静无为政治。汉昭帝和汉宣帝在位共 38 年，由于奉行了清静无为政治，从而使西汉的强盛达到了顶峰。

历史走进唐朝之后，各家文化的命运是怎样的呢？

公元 620 年，唐朝廷认老子为先祖。对老子庙予以扩建，规模如京城皇宫，作为皇室家庙。唐太宗李世民实行清静无为的治国方略。他说：“治理国家就像栽树一样，不去摇晃树根、枝叶才会生长茂盛。君王清静了，百姓怎么不安乐呢？”他把道排在第一的前提下对儒、佛采取兼蓄并用的方针。唐太宗手下的许多将相，如魏征、李靖等都是有名的道学家。当时户部郎中郑仁基有个女儿叫郑丽琬。只有十三四岁的郑丽琬便熟读了《道德经》，并能对老子的思想运用自如。由此，我们可以感受到当时朝野学习研究老子的热度，感受到道学在当时朝廷中的崇高地位。

唐高宗李治秉承父亲李世民的教诲，继续奉行清静无为政治。并于公元 666 年亲往鹿邑拜谒老子，追封老子为“太上玄元皇帝”。武则天则以佛学和佛教徒为自己的政权基础，但她也不排斥儒、道。史书上记载了这样一件事。晚年的唐高宗为了挽救李姓的失势，一方面，亲自到孔庙祭拜，赠孔子大师号；另一方面，要求贡士、举人必须熟习《道德经》。他这样做是为了把道、儒两家合成拥李反武的力量。武则天怎么办呢？她利用手中的权力，规定王公、百官都要学老子，并册封老子母为“先天太后”。她又把儒家的《论语》、《孝经》列为科举考试的内容。这样，武则天便把佛、道、儒三股势力都置于自己的麾下，比唐高宗可谓棋高一着。

唐玄宗登基后，接受宰相姚崇的建议，旗帜鲜明地扬道抑佛，他又亲注《道德经》并颁行天下，人手一册。全国官民诵读《道德经》的传统于是得以形成。这一传统一直延续到明朝初年。唐玄宗奉行道家文化的结果是造就了一个“开元之治”。

北宋时期，宋太宗、宋真宗曾几度下旨，对老子的宫、馆、台进行大规模扩建和修缮。宋真宗好道，自称为道君皇帝。1015 年，他率领群臣亲临鹿邑恭谒老子。尊老子为“混元上德皇帝”。不过，宋真宗也亲自到孔庙行礼，又同时提倡道教和佛教，强调儒、道、佛的同源与合一。

在南宋，朱熹创立了一套理论，叫理学。其思想核心是“三纲五常”。朱熹的学说曾一度被视为“伪学”，他的门徒被称为“伪学逆党”。宋理宗即位之后，认为朱熹的学说对巩固自己的统治地位是有利的，于是为朱熹恢复了名誉。

至于易学，无论是道学还是儒学都是不排斥的。老子研究专家熊春锦先生指出，中国古代的科学家绝大多数既是谙熟《道德经》的专家，又是易学大师。我们由此可以看到道学与易学的紧密关系。那么，儒学与易学又是怎样的一种关系呢？《周易》由《易经》和《易传》所组成的。周文王把八卦演绎为六十四卦，从而完成了《易经》的创作。《易传》是对《易经》进行解读的文字。伏羲创八卦、周文王演绎六十四卦时，都给每一个卦附上了卦辞。《易传》的作者只是把这些卦辞进行了疏理、归纳、完善罢了。那么《易传》的编纂者究竟是谁呢？儒家认为是孔子。于是，他们便把《周易》归为儒家经典，列入“四书”、“五经”中去（“四书”是《大学》、《中庸》、《论语》、《孟子》，“五经”是《诗经》、《尚书》、《礼记》、《周易》和《春秋》)。可见儒家也是推崇《周易》的。(不过，也有学者认为《易传》不是孔子所写，他们所持的理由是，《易传》的思想与道学精神是完全一致的；而它的一些主要思想，却与儒学相左。例如《易传》中有这样一句话："汤武革命，顺乎天而应乎人。"什么是汤武革命呢？它指的是商汤推翻夏桀、周武讨伐商纣的两场革命。《易传》的作者认为，当为君者变成独夫民贼的时候，为臣者就应起来对它进行革命。并认为这是既合民心又顺天意的行动。显然，这与儒家的君权崇拜、君权至上的思想是格格不入的。)对于《周易》，汉、隋、唐、宋、元的大多数帝王都是欢迎的。汉文、汉景二帝时期，除以黄老学说主导政治之外，也杂用阴阳五行之学。元朝的名称便出自《周易》。《周易》中有"乾元"一词，是"极大"的意思。忽必烈统一中国之后，想给新王朝起个名，汉人学者刘秉忠建议叫"大元"，并把"大元"的出处告诉了忽必烈，忽必烈高兴地接受了。

特别需要指出的是，老子的道学文化还哺育出了一大批杰出的政治家和科学家。

张子房、萧何、曹参、陈平、诸葛亮、徐世勣、李靖、魏征、李泌、刘伯温、孙中山等都是谙熟道学的政治家，而且都有匡扶天下之志，扭转乾坤之能。

精研道学而在科学方面作出重大成就的则有：医学、医药界的，如张仲景、华佗、皇甫谧、葛洪、陶弘景、孙思邈等；天文和数学界的，如刘徽、祖冲之、秦九韶、李冶、朱世杰等；农学界的，如贾思勰、陈旉、王祯等；科技界的，如张衡、蔡伦、沈括、宋应星等；地理学界的，如郦道元等。

胡孚琛教授认为："举世闻名的四大发明——火药、指南针、造纸术、印刷术都是道学的成果，外丹黄白术则是近代实验化学的前驱。"

英国科学家李约瑟在《中国科学技术史》一书中则指出："中国科学是从道学中孕育出来的。"

以上事实告诉我们，明朝建立以前的 1 500 年间，儒学或者说董仲舒的儒术只被独尊了几十年，易学和道学则没有走向边缘，而是易、道、儒这一源二流三家文化共同哺育了古代中国的强大。更值得注意的是，“文景之治”、“贞观之治”和“开元之治”，以及汉昭帝、汉宣帝的中汉盛世这几个辉煌的历史时期，主要奉行的不是别的什么文化，而正是曾被认为已走向边缘的道文化。

三、近代中国落后挨打的文化原因究竟是什么

19 世纪中叶到 20 世纪中叶，中国备受外国的侵略和压迫。中国为什么会挨打，是因为落后；为什么落后，是因为我们的文化不如人。“五四”时期我国的知识分子普遍认同这一观点。那么，近代中国落后挨打的文化原因究竟是什么呢？

我国现代文化启蒙先驱严复，对此曾有过精辟的论述。他说：“祖先开其端，子孙没有结其尾；祖先拟其大，子孙没有专其精。”这话出自他的译著《天演论》的译序中。

严复这两句话是什么意思呢？其意思是：我们的祖先开创了非常优秀的文化，可惜他们的子孙没有传承好；我们祖先的文化十分博大，有精华也有糟粕，可惜他们的子孙却弃其精华而用其糟粕。严复认为，这才是近代中国落后挨打的文化原因。

那么，这种状况是谁造成的呢？是明朝的开国皇帝朱元璋，是明清两朝的帝王，是维护封建专制统治制度的知识分子。是他们，一方面封杀易学和道学；另一方面实行独尊儒术。

朱元璋郑重其事地颁下圣旨，废除官民对《周易》和《道德经》的诵读。当年，汉武帝“罢黜百家”只是虚晃一枪，朱元璋却是动真格。

朱元璋为什么要这样做？是为了保障他开创的明王朝千秋万代。只要是他认为可能对明政权的现在和将来构成威胁的力

量和因素，都要予以清除。

朱元璋杀功臣是非常坚决和狠毒的，为了斩尽杀绝，他不惜制造冤假错案。单是胡惟庸和蓝玉两案，就被他杀了 5 万人，其中开国功臣十去八九。朱元璋给这两案定的罪名是叛逆，可他根本拿不出真凭实据。他对已老退归乡的也不放过。丞相李善长被杀时已经 77 岁，可谓风烛残年，且早已退休在家。朱元璋杀李善长用的是什么罪名呢？说他与胡惟庸案有瓜葛。朱元璋不仅杀李善长，还杀掉他一家 70 多口。朱元璋六亲不认，他用乱棍打死了亲侄子朱文正，用毒药毒死了亲外甥李文忠。朱元璋定他们什么罪名呢？说他们亲近儒生，礼贤下士，图谋不轨。

那么，朱元璋为何要禁读《周易》和《道德经》呢？朱元璋知道，《周易》能哺育出像刘伯温这样能掐会算的人。他认为这样的人越多对明政权的威胁就会越大。至于《道德经》，朱元璋不但看过，而且作过注释。他不能允许老子的平等、博爱、自由、民主、人权、人道这样的民本主义思想在他的臣民中传播；更不能容忍老子关于官逼民反的思想被他的臣民所接受。这就是朱元璋禁读《周易》和《道德经》的原因。

事实上，朱元璋不仅对《周易》、《道德经》实施了封杀；对《孟子》一书的重要思想，他也大加阉割。“民重君轻”是儒家孟子的重要思想，朱元璋对此十分反感。由他审定的《孟子节文》对《孟子》原文就作出 80 多处的删改。

经过朱元璋这一折腾，易文化和道文化从此真正走向了边缘，走向了民间，走向了地下，儒学尤其是朱熹的儒术则从此真正被独尊、被接受为官方文化了。

那么，朱熹的儒术是什么呢？朱熹学说的核心思想是“三纲五常”。所谓“三纲”，就是君为臣纲，父为子纲，夫为妻纲。他还赋予“三纲”具体的内涵。君为臣纲就是君要臣死，臣不死谓不忠。父为子纲就是父要子亡，子不亡谓不孝。夫为妻纲用通俗的话说，就是娶来的媳妇买来的马，由我骑来任我打。

“三纲”的前两纲已是荒唐透顶，后一纲则是灭绝人性。“关关雎鸠，在河之洲，窈窕淑女，君子好逑。”这诗句告诉我们，古时候的中国，青年男女、孤男寡女是有婚姻的自主权、恋爱的自由权的。到了明清，“君子好逑”被“父母之命，媒妁之言”所取代。在汉代，司马相如可以娶寡妇卓文君为妻。在唐代，唐高宗可以娶他父亲的妾武则天为妻。在宋代，李清照在丈夫死后，可以改嫁。到了明清，这些竟变成了大逆不道的行为。这实在是文明向愚昧的倒退，是对妇女的严重蔑视和摧残。

“五常”也叫“五曲”，就是父义、母爱、兄友、弟恭、子孝，这本来没有什么不好，问题是：它在朱熹的笔下变了味，变成为愚忠愚孝的说教。

朱元璋对朱熹的学说非常欣赏。唐皇帝尊老子李耳为先祖，朱元璋也想学唐皇帝的做法，尊朱熹为先祖。朱姓族人认为朱熹生活的年代离他们太近，认作先祖说不过去，因而表示反对。但这并不妨碍朱元璋把朱熹的儒术确定为明朝的官方文化。

为什么说儒学，尤其是朱熹的儒术也是清朝的官方文化呢？

我们且看看大清康熙帝对朱熹及其学说的态度和作为。康熙是清朝最重要也是最有影响的皇帝，其文化取向决定了他之后清朝的文化取向。康熙帝非常欣赏朱熹，称颂他是“集大成而继千百年绝传之学，开愚蒙而立亿万世一定之归”。这话的意思是什么呢？康熙帝认为：（1）朱熹才是儒家文化的真正传承者。（2）朱熹的思想能有效地教化百姓，使之安分守己，不做叛逆之事。（3）朱熹的思想不但今天有用，就是亿万世之后仍然是人们应遵循的准则。康熙视“三纲五常”为法宝，并大张旗鼓地表彰朱熹。他为朱熹做了些什么呢？主要是三件事：（1）把朱熹升入孔庙大成殿的十哲之次，把朱熹排在孔子之后，孟子之前。（2）为朱熹建祠庙。一时间，朱子祠庙遍天下。(3) 为朱熹写书。康熙不仅自己写，还组织李光地等大臣写。他们所写的书有：《朱子全书》、《性理精义》等。康熙帝他们通过为朱熹写书，大力宣扬“三纲五常”，进行“君之尊同天，亲同父”的说教。“孝道”，本来是指善待父母，是从家庭血缘关系引申出来的一种伦理观念，康熙竟把它与忠君联系起来。由他审定的《孝经衍义》，就对孝道大加演绎和扩展。说对官怠慢是不孝，对皇帝不忠是不孝。

我国古代很重视早期教育，提出了蒙童养正、少年养志、成年养德的主张，并以《道德经》、《周易》、《大学》作为全民教育的基础课程。既使儿童从小受到高尚的道德精神的熏陶，又使他们的智慧心灵得到开启，长大之后学以致用，报国为民。明清两朝封杀易学和道学，独尊儒学，尤其是朱熹的儒术，这是中国文化的历史性倒退，对同时期西方的民主进步而言，则是一种反动。

明清两代奉行如此落后，如此反动的文化，给中国社会带来什么呢？

第一，专制统治登峰造极。

明朝任用锦衣卫，采取特务手段对待官员和民众，一有猜疑便诛杀、滥杀。恐怖统治规模之大，程度之烈，超过中国过去任何一个朝代。清政府对知识分子采取高压政策，大兴“文字狱”，焚书之多，杀儒之众（儒指知识分子），令秦始皇望尘莫及。

第二，道德崩溃。

明清两朝中叶以后的皇帝，绝大多数是昏庸腐朽之辈；朝中大臣也多是贪污腐朽之流，他们把朝政弄得污浊不堪。慈禧带头收受对外贷款中的回扣。面对八国联军的入侵，慈禧不但不抵抗，反而千方百计打击、消灭民间的抵抗力量。当义和团与侵略者浴血奋战之时，清军不仅不支援，反而从背后袭击义和团。慈禧还派人给外国强盗送好酒、好食品、好水果，以表示慰问。一个泱泱大国的最高统治者竟沦为货真价实的卖国贼，慈禧掌控的清政府则完全沦为帝国主义侵略中国的工具，实在可悲又可恨。

第三，科学技术一落千丈。

古代中国是世界科学发明的摇篮，明清两朝却没有产生过一项跟得上时代的科技成果。炼铁炼钢技术、火药技术、指南针技术，本来是中国发明的，可坚船利炮却成了欧洲人的专利。面对侵略，中国军队只能用木船与军舰抗衡，用大刀长矛与洋枪洋炮较量。

第四，民穷国弱。

中国历来以经济繁荣、国力强大著称于世，清朝中叶以后，中国竟成了世界上最贫弱的国家之一。

通过以上的分析，我们可以知道，近代中国所以落后挨打，绝不是我们祖宗的文化不好，而是当时的统治者奉行的是朱熹的落后、反动的儒术文化。

四、我们应为中华文化的复兴做些什么

中华民族的复兴，关键在于中华文化的复兴。只有中华文化得到切实的传承和发扬，中国才能强大。该如何实现中华文化的复兴呢？我认为：

第一，提高对中华文化的自信心。

我们的祖宗文化，不仅缔造了强大的古代中国，也正在帮助处于复兴进程中的中华民族继续创造出新的奇迹。

从1979年到2008年，中国的经济已连续30年以每年平均超过9%的高速度向前发展。30年间，我国的GDP总量从3 645亿元增至300 670亿元，增长了80多倍。这一经济奇迹，令世界惊叹。

2008年5月12日四川大地震发生之后，西方在惊呼：

“中国原来是这样的！”

“废墟中站立起的是大写的中国人！”

“中国式的总理无法复制。”

“别处找不到这样的13亿人。”

“这样的民族，这样的国家永远不会被打倒！”

西方人为什么会这样想，这样说呢？因为中国政府和中国人民，在此次抗震救灾中表现出的崇高人文精神及所迸发出的巨大道德力量，令他们震撼。

那么，中华民族在抗震救灾中表现出的人文精神是怎样的呢？

自强不息，不屈不挠；举国一心，众志成城；一方有难，八方支援；以民为本，尊重人权；无私奉献，大爱博爱；舍小家顾大家；把生的希望留给他人，把死的威胁留给自己。这就是老子的政治伦理精神，这就是中华传统文化的伟大精神；这就是中华民族的核心价值观。正是它保证了我们在抗震救灾中取得了一个又一个胜利，创造了一个又一个的奇迹。

接下来，我们再来看看西方对中华文化的评价。

德国的天才科学家莱布尼茨认为：“《周易》揭示的是宇宙的最高奥秘。”西方学者还称《周易》是宇宙代数学，是科学皇冠上的明珠。

德国哲学家尼采指出，《道德经》是一座思想大宝藏。美国学者蒲克明预言：“《道德经》是未来世界家喻户晓的一部书。”美国《纽约时报》则把老子列为世界古今十大作家之首。

诺贝尔奖得主欧洲人普利高辛说：“中国文化是欧洲科学的灵感和源泉！欧洲近代文明和科学技术的飞跃发展与中国传统文化的渗入有直接关系。”

我们的传统文化如此优秀，如此伟大，作为中华儿女，我们有什么理由不为它感到骄傲呢？又有什么理由不以一种崇敬之情去捍卫它、奉行它呢？

第二，确立易、道、儒学的一体观。

在许多人的心目中，《周易》只是一部预测学。其实，它还蕴涵着丰富的中国远古时代的文化信息，其中包括自强不息、合和宽厚、三无私、天人合一等思想，也包括阴阳五行文化等。2008 年 5 月，胡锦涛主席在日本早稻田大学演讲时，引用的“天行健，君子以自强不息”这句话就出自《周易》。清华大学的校训“自强不息，厚德载物”，也是来自《周易》。正是《周易》中的这些文化元素构成了老子学说的理论基础。孔子的政治伦理学则是对老子学说的传承和发展。

总之，易、道、儒学三者是一体的。它们的关系是一种传承关系、发展关系、互补关系。道学、儒学和易学的结合是哲学、政治学、伦理学和智慧学的结合，是一种完整而有机的结合，也是中华文化的最佳表现形式，我们千万别把它们分割开来，对立起来。

第三，不失时机地构建起具有中国特色的哲学思想体系。

今天，欧洲有哲学家提出把中国的老子哲学和希腊的古典哲学结合起来，为现代西方哲学开创新的发展之路的课题。我想，老子哲学诞生在中国，我们为什么不能在老子哲学的基础之上，构建具有中华民族特色的哲学思想体系呢？为叙述方便起见，我们姑且给这一哲学思想体系冠名为“中华哲学”。

中华哲学，应建立在《道德经》、《周易》、《黄帝内经》以及儒学经典中的哲学思想之上。应充分吸取西方哲学思想的精华。应对古代中国的繁荣史，中华民族近百年的奋斗史，特别是改革开放的历史给予哲学的总结。

中华哲学，应是立于 21 世纪哲学巅峰上的先进哲学；应是能够在中华民族的复兴中、和谐世界的构建中，发挥重要推动作用的实践哲学。

英国历史学家汤因比预言，将来在文化上统一世界的是中国。那么以老子为旗帜的中国文化是否有这种能力呢？下一讲：老子再生。

第十二讲　老子再生

英国前首相、政治家撒切尔夫人说："中国不会成为世界超级大国，因为中国没有那种用来推进自己的力量，从而削弱我们西方国家的具有国际传染病性的学术。中国今天出口的是电视机，而不是思想观念。"

尽管撒切尔夫人对中国和中国文化存有偏见，她的话却是能够给我们一些启示的。

（一）它能帮助我们去认识和重视这样一条规律：作为一个真正的强大国家，必须有自己的强大文化，这种文化有在价值观上引领世界潮流的力量。

（二）它能促使我们深入思考如下的问题，这就是：中国有没有自己的强大文化，它的品牌是什么？它是否具有普世价值？

一、老子是中华文化的一面旗帜

中华民族是一个有着 5 000 多年文字记载历史的民族。中国是世界四大文明古国之一，巴比伦、古埃及、古印度文化已湮灭在历史的长河中，唯有中华民族传统文化生存了下来。中国传统文化之丰富和深厚，是世界别的民族和国家所不能比拟的。

那么，哪一家经典最有资格作为中华文化的品牌？又是哪一位圣人最有资格作为中华文化的旗帜呢？答案不是《周易》，不是《论语》，而是《道德经》；不是周文王，不是孔子，而是老子。

为什么这样说呢？

第一，这是老子道文化内涵的丰富性和体系的完整性决定的。

老子通过他的《道德经》，创立了他的哲学学说、伦理学说和政治学说。老子也因此而成为哲学的巨人、道德的高峰、政治的先知。

为什么说老子是哲学的巨人呢?

早在2 500年前，老子就为中华民族，也是为人类创立了一个独特的哲学思想体系。老子哲学，既有对宇宙起源和宇宙本体的探讨，又有对社会、对人生的探索；既有系统的认识论原理，又有丰富的辩证法思想。老子哲学，不仅在中国的哲学史上居于主导地位，也是古代世界哲学群山中的巅峰。更为难能可贵的是，直到今天，老子哲学中的基本原理和精神，仍被证明是科学的、正确的。

为什么说老子是道德的高峰呢?

（一）老子伦理学说体系完整。

老子从善、爱、和几个方面构建起他的伦理精神体系。

善，是老子伦理学说中的核心内容。它包括无私奉献、舍生取义、知足寡欲、淡泊名利、节俭素朴、公平公正、诚实守信、谦虚卑下、礼让不争等道德理念。

爱，是老子伦理学说中的重要思想。老子主张真爱、博爱，主张无私、无欲、无己之爱。他认为，爱是道所抱持的第一法宝。他主张，对人的培养应把培养他们的爱心放在第一位。

和，是老子伦理学说中的基本理念。老子推崇和生万物、和兴万事的和谐思想；他希望世间没有纷争，人人友爱相处；他反对以强凌弱；他还提倡报怨以德的道德境界。

（二）老子伦理学说多精华而少糟粕。

在老子伦理意念的宝库中，没有与现代的道德精神相抵触、相冲突的东西，没有君权神授的媚上意识，没有上智下愚的鄙民思想；有的是劝君、教民为善的金玉良言。老子的伦理意念，就像婴儿那样纯粹，像青松那样高洁。

（三）老子伦理学说境界高远。

老子伦理学说，植根于无私与慈爱的大德境界之上。无私与慈爱则是人类最真、最善、最美的，也是最珍贵的情感和道德精神。正如列夫·托尔斯泰说的："老子的学说，是不同寻常的道德高峰。"

可见，老子伦理学说，不仅体系完整，而且境界高远。

为什么说老子是政治的先知呢？

在民本思想的课题方面，老子在2 500年前就提出了爱民、为民的民本思想，提出了孤家寡人的公仆意识，提出了自由、民主、平等、博爱、人权、人道的民主理念。

在世袭与民选关系的课题方面，老子在2 500年前就主张民选官，而反对世袭的家天下。他主张贤者为王而反对胜者为王。

在国际关系课题方面，老子在2 500年前就提出了互相尊重、平等相待、互相扶持、和谐共处的国际关系准则。

在战争与和平的课题方面，老子在2 500年前就高举起反战的大旗，提出了"不以兵强于天下"和不打第一枪的反战名言。他还作出了侵略者、称霸者最后必定失败的预言。

在人与自然关系的课题上，老子在2 500年前就提出了友好大自然的环保思想。他主张爱惜天下万物，并发出了破坏自然、浪费自然资源是人类自寻死路的严重警告。

此外，老子在军事学、教育学、经济学、文学、环保生态学、生命学、养生学以及空间理论学等方面都作出了贡献。在人类历史上，老子是提出民本思想、公仆意识、民主文化的第一人，是高举反战大旗的第一人，是提出和谐共处国际关系准则的第一人，是提出环保生态观的第一人，是提出空间理论的第一人。老子是哲学的巨人、道德的高峰、政治的先知。

第二，这是老子道文化的科学性和先进性决定的。

老子学说所蕴涵的真理性不会随时间的推移、时代的变迁、历史的发展有所减弱或改变，而是历久而弥新，洋溢着旺盛的生命力。他提出的民权至上的民本思想，自由、民主、平等、博爱、人权、人道的民主理念，正是当今世界所要下大力气发扬的。他那至真、至善、至美、至全的伦理意念，是医治道德沉沦这一当今世界创伤的最好药方。他提出的环保生态理论，是当今世界应对地球气候变暖、生态环境恶化的有力武器。

因此，德国学者龙利期·噶尔在他的《老子的书——来自最高生命的至善教诲》这本书中说："老子，他是推动未来的能动力量。他比任何现代的，都更加具有现代意义。他比任何生命，都更加具有生命的活力。"

第三，老子第一、孔子第二，这还是我国 2 500 年来社会实践检验的结论。

古代中国的强大，是哪一家的文化之功呢？对此，上一讲已有详细的论述。

实践是检验真理的唯一标准。我国历史上，曾出现过文景、贞观、开元三大盛世，主导这三个时期文化的正是老子的道学。汉武帝之后，把汉朝的强盛推向巅峰的汉昭帝和汉宣帝，践行的也正是老子的清静无为政治。

明朝，尤其是清朝，以"三纲五常"为核心内容的儒术，这一儒家文化中的糟粕全面统治了中国社会，道学和易学被彻底地打入了地下。这种文化局面带给中国的是什么呢？是民穷国弱的历史，是 100 多年被外国欺凌的历史。

老子文化之优秀、社会效用之良好，也为古今中外许多有识之士所洞悉。

我国晋代科学家葛洪在他的《抱朴子内篇》一书中说："今苟知推崇儒术，而不知成之者由道。"他这句话的意思是，许多人只知道一味地推崇儒学，却不知道我国历史上许多重大成就的取得是以道治国的结果。

葛洪又在此书中说："儒者，汲汲于名利，而道家抱一而独善。"他这话的意思是，儒家们视追逐权位名利为天经地义

人求以德，有罪得免。常善救人，常善救物。以百姓之心为心。不善者亦善之，不信者亦信之。天将建之，若以慈垣之。

老子的这些话体现的正是元宗教精神，其悲天悯人的信仰情怀，对净化人类的心灵、培养人类的爱心，从而自觉向善为善有着强大的感化作用。

老子的伦理学说中那善、爱、和的精神，也一样有着强大的导人向善的精神力量。

第二，老子道文化中“和”的哲学精神能给人类带来和平与安宁。

老子哲学崇尚和生万物、和兴万事的哲学精神，因此，它不是斗争哲学，不是霸道哲学，而是一种中和、平和、中道的哲学。在这种“和”的哲学理念之下，老子提出了“不以兵强于天下”、不打第一枪的反对战争、反对称霸的思想；又提出了互相尊重、平等相待、互相扶持、和谐共处的国际关系准则；还提出以德报怨和反对以强凌弱的主张。

“要保持先发制人的权利”，美国的这种“新帝国”理论带给世界的必定是战争，带给人类的必定是伤害。因此，只有当全世界人民，包括美国人民都接受和践行老子的“和”的哲学之后，世界才会有真正的、永久的和平与安宁。

第三，老子的植根于高尚的道德理念之上的民主文化，能确保人类享有真正的民主权利和尊严。

老子是世界民主思想的鼻祖。他在2 500年前就旗帜鲜明地提出了民主、自由、平等、博爱、人权、人道的民主理念。

我国近代思想家严复在他的《〈道德经〉评点》一书中说：“夫黄老之道，民主之国之所用也。”

我国民主革命的先行者孙中山称老子为：“中国的自由之神。”

事实上，中国是世界上最早尝试建立民主和监察制度的国家。公元前2世纪到公元8世纪，欧洲正处于神权专制的恐怖时期；世界的其他地方，大多还处于未开化的野蛮时代；而当时的汉朝和唐朝已采取了许多措施，以开民主、求平等、行监督了。

老子的民主思想，是植根于他提出的至真、至善、至美的道德理念之上的，并受它的保障和约束。因为只有以一种无私之心、慈爱之情、公正之理、诚信之念去维护和制约民主的施行，民主才不会走样。

老子在《道德经》的第六十六章指出：

是以圣人欲上民，必以言下之；欲先民，必以身后之。是以圣人处上而民不重，处前而民不害。是以天下乐推而不厌。以其不争，故天下莫能与之争。

老子这段话的意思是，圣人要想成为百姓的领袖，其心应愈加谦虚，其言应愈加谦逊。圣人要想成为百姓的领头人，就应把自己的利益置于百姓的利益之后，这样，圣人虽身居高位，而百姓不会感到受压迫；圣人虽在前头发号施令，而百姓不会感到受伤害。对这样的圣人，天下人只有拥戴之心，而无厌恶之情。正是由于圣人具有高尚的道德品质，尽管他们不去争当领袖，百姓却偏偏选择他们。

这是老子关于民主选官的思想，老子要求有意担当领袖的人，必先进行去私欲除妄念的修炼，成为无私无欲、一心为公、一心为民的圣人。并要求他们在不争的前提下接受老百姓的公平选择。可见老子是用一种道德精神、道德力量去规范民主选官活动的。

老子这种用高尚的道德精神去维护和制约的民主文化，我们称之为老子式的民主文化。

欧洲的民主文化源于老子的民主文化，可惜的是，欧洲并未能得到老子的真传。这种欧洲式的民主文化与老子式的民主文化的最大不同，是它没有以一种高尚的道德理念为根基，而是让民主与个人主义联婚。他们在高喊民主万岁的同时，还高喊自由主义即个人主义万岁。个人主义至上，就是个人利益至上，上升到国家层面就是国家利益至上。也就是说，欧洲式的民主文化是一种二元结构文化。他们在宣示信奉自由、民主、平等、博爱、人权、人道的同时，绝不会忘记高呼个人利益至上、国家利益至上的口号。这种西方文化也就决定了西方人的思维方式和行为方式。这就是，对内讲民主，对外行霸道；对内讲平等，对外行欺凌；对内讲博爱，对外行掠夺；对内讲人道，对外行屠杀。所以胡孚琛教授说西方这种文化是一种"狼文明"。按理说，奉行平等、博爱的民主国家是不应该发动战争的，而事实正好相反，长达100多年，波及整个世界的殖民战争是以英国为首的西欧国家发动的。导致1亿多人死亡、自然生态遭到严重破坏的两次世界大战是德、意、日等国发动的。近半个世纪的几场局部战争，则几乎是美国发动的。

中国是这一系列战争的最大受害国。英、法、德、日等这些民主国家对中国、对中国人民犯下了滔天罪行。他们侵占了我国大片大片的领土，杀害了我国数千万的同胞，掠夺了我们无数的矿藏和森林。圆明园是世界的第一园，就是被英法联军抢光、砸光和烧光的。这都是西方文化作的孽，西方民主国家犯的罪。令人不解的是，自称最有博爱、人道、人权精神的西方政要，不但不对自己国家的罪行忏悔、不对自己的文化进行反省，反而振振有词、咄咄逼人地大喊他们的文化是最优秀的。这使我想起一则寓言。这寓言是这样的：一天，一个强盗对一个家庭下了手，抢光了这个家庭的财物，烧掉了这个家庭的房子，把这个六口之家的五口杀掉了，只留下这家主人最小的儿子。这强盗对这小儿子说，你知道我为什么要杀掉你的父亲、母亲、哥哥、姐姐吗？因为他们是劣种、是弱者。你知道我为什么留下你吗？因为我需要有人知道，我才是世界上最优秀的人。这就是近现代那些以民主斗士自居的西方侵略者的强盗逻辑。

更令人遗憾的是，一些西方国家至今不肯停止干涉别国内政、破坏别国统一的活动。他们为什么要这样做呢？一些大国直言不讳其目的：要维护其国家的最高利益。可见，这些大国在维护自身利益时，是以伤害别的国家利益为前提的。

近代，欧洲把民主作为政治制度建立了起来，这是历史的一次大跨越，是人类的一次大进步。但西方这种得不到高尚的道德理念维护和约束的二元结构的民主文化，过去，已给人类带来了深重的灾难；今后，如不再改弦更张，人类还将要继续承受它的伤害。

有比较才有鉴别，通过以上的剖析，我们自然明白，只有老子式的民主文化，才能保障人类享有真正的自由、民主、平等、博爱、人权和人道。

第四，老子为人类揭示了一个光明而美好的未来。

老子在《道德经》的第八十章指出：

> 小国寡民。使有什佰之器而不用。使民重死而不远徙。虽有舟舆，无所乘之。虽有甲兵，无所陈之。使民复结绳而用之。甘其食，美其服，安其居，乐其俗。邻国相望，鸡犬之声相闻，民至老死不相往来。

“什佰”，指的是十人为一伍、百人为一队的古时军队的基层建制，相当于今天军队的班和连。“什佰之器”，指的是军队使用的兵器，即战争武器。

老子这段话的意思是：

领土规模不大，人口数量不多，这是一种理想的民族区域自治的国家模式。这样的国家，视战争武器为无用之物，因为它不以拥有广阔的领土、众多的人口为目标，而以追求永久的和平为宗旨。这些国家的人民十分珍惜自己的生命，也十分热爱自己的家园，以生命为代价去发动战争，并通过远程迁徙的方式去占领他国的领土，他们是不会干的。因此，在这样的国家里，战船、战车、盔甲、武器是派不上用场的。这时，人类便仿佛回复到结绳记事的时代。在那样的时代里，人民之间、族群之间，没有对立，没有仇恨，也没有纷争。在这样的国家里，人人有充足味美的食品，有华丽暖身的衣着，有漂亮舒适的居室，还有令人身心愉快的娱乐。毗邻的国家虽近在咫尺，鸡犬之声都能听得到，但彼此之间，世世代代都不会发生互相骚扰、互相侵害的事。

这是老子为未来人类所描绘的大同社会的美好图景。

这就让人类看到了前途，看到了光明，看到了希望，从而满怀信心地为它的到来而努力奋斗。

道文化是导人向善的文化，是和平和谐的文化，是自由民主的文化，是世界大同的文化。

老子文化带给人类的只有福祉，而不会有伤害，因此，具有毋庸置疑的普世价值。

正因为老子文化是具有普世价值的文化，所以德国犹太思想家马丁·布伯说："在中国的儒道释三大传统中，具有世界意义的是道家思想。"

英国历史学家汤因比曾预言："将来在文化上统一世界的，大概不是西欧国家，也不是西欧式的国家，而是中国。"

与歌德同时代的中国思想家魏源在他的《论老子》一书中说："《道德经》是救世书。"

老子的道文化，不仅可以救中国，而且可以救世界。

三、老子文化是治国之宝

老子研究专家熊春锦先生两年前曾说过这样的话：我们拥有如此优秀的道文化而不用，就好比一个富有的家庭把自有的金饭碗深藏于家中，而手捧破瓦砵去向人乞讨那样不可思议。

从根本上说，《道德经》是一本修身治国的书，老子的道就是治国之道。那么，以马克思主义作为指导思想、在共产党领导下走社会主义道路的当今中国，是否可以实行以道治国呢？

我认为，在当今中国提倡以道治国是可行的。这是因为：

第一，老子道文化与马克思主义是相通的。

如果我们全面地、仔细地把马克思主义和老子道文化进行对照研究，就一定能发现，它们是一气相通、一脉相承的。例如，两者都主张以一种辩证的思维去观察和认识世界。两者都提倡以民为本的思想和自由、平等、博爱的理念。两者所描绘的未来世界大同社会的图景也是一样的。那就是一个没有阶级、没有剥削的世界，是一个没有战争、没有纷争的世界，是一个社会生产力高度发展、社会物质财富极大丰富的世界，是一个人人道德高尚、个个精神纯美的世界。说到社会主义的分配制度。马克思主义主张公平、公正的社会财富的分配原则，主张共同富裕。老子在《道德经》中指出："天之道，损有余而补不足。""孰能损有余以奉天下？唯有道者。""圣人无积，既以为人己愈有，既以与人己愈多。"这些话句句体现了人尽其才、物尽其用，救助弱势群体，共同富裕的社会主义原则。

可见，老子道文化与马克思主义是相通的，与社会主义思想是相通的。老子道文化是世界自由、民主的源头，也是社会主义和共产主义政治学和经济学的根基。

第二，老子的治国施政理念与我党当前的治国施政理念是十分吻合的。

胡锦涛同志提出的科学发展观，第一要义是发展，核心是以人为本，基本要求是全面协调可持续，根本方法是统筹兼顾。

老子的清静无为：宗旨是发展经济强国富民，出发点是以民为本，实施方法是按客观规律办事，保证是治国者的内圣外王之道。

两相对照，我们可以看到，清静无为与科学发展观是何等的相近，何等的吻合。可以说，清静无为是中国古代版的科学发展观。

老子提倡无私奉献、舍生取义、知足寡欲、淡泊名利、节俭素朴、公平公正、诚实守信、谦虚卑下、礼让不争，以及爱的思想、和的理念等伦理精神。胡锦涛同志则提出了"八荣八耻"的道德建设纲领。很明显，两者是相通、相承的。

还有，我国在外交政策上，奉行的是以邻为善、以邻为伴的方针，是构建和谐世界的方针，这与老子提出的互相尊重、平等相待、互相扶持、和谐共处的国际关系准则也是非常一致的。

第三，老子提出的“孤家寡人”的为官之道与我党现行的干部路线相融合，有利于打造出一支坚强的干部队伍。

老子要求为官者必须把自己视作人民的仆人、视作无力自养的孤寡者，要求他们以老百姓的利益为依归，要求他们固守清廉，要求他们要有民主思想并自觉接受监督，还要求他们懂得功遂身退之道。如果我们把老子所主张的为官之道与我党的干部路线融合起来，用以教育干部、要求干部，就必能打造出一支坚强的干部队伍，从而为中国特色社会主义建设和伟大的民族复兴大业提供强有力的组织保证。

中国共产党为什么能由弱变强，成为执政党？原因有千条万条，但最根本的、最关键的是它真正践行了老子的爱民、为民、民权至上的民本思想，从而得到人民的拥护、人民的支持。新中国成立之后，我党在治国方略上，经历着人治、法治、德治、道治的演变过程。胡锦涛同志说：“情为民所系，权为民所用，利为民所谋。”温家宝同志说：“民之所忧，我之所思。民之所思，我之所行。”习近平同志说：“权为民所赋。”正是由于党中央高举了民本思想的大旗，实践科学发展观，所以能领导全国人民在中国特色社会主义建设中战胜一个又一个的困难，从胜利走向胜利、从大国走向强国。道治的内涵是丰富的，而科学发展观体现的正是以道治国的精神。我党在治国方略上实行对道治的回归，这是中国特色社会主义健康发展，向前推进的需要，也是实现中华民族复兴大业的需要。

通过以上的分析，我们可以说，实行以道治国，正是为了更好地实践马克思主义，正是为了更好地发展中国特色社会主义。

老子文化是人类历史上最优秀的文化，从古至今、国内国外，还没有哪本书能超过《道德经》，也没有哪一家学说能超过道家学说。我赞成以积极的态度吸收世界上所有的先进文化，并为我所用。但如果我们只把眼睛盯向西方，以为只有西方文化可以救中国；而对如此优秀的老子文化视若无睹，拥而不用，这就大错特错了。

诺贝尔奖得主、欧洲科学家普利高辛说：“中华文化是欧洲科学的灵感和源泉，欧洲近代文明和科学技术的飞跃发展与中国传统文化的渗入有直接关系。”按照普利高辛的评估，中华文化对近代欧洲文明的进步、科学技术的进步的影响，不是微不足道的，而是巨大的。普利高辛为什么作这样的评估呢？因为以老子道文化为品牌、为旗帜的中华文化，催生了欧洲的近代哲学，催生了欧洲的民主文化，也为欧洲的科学提供了灵感和源泉。

诺贝尔奖得主、美国的实验物理学家赛格莱曾指出：“中国文化曾长期扮演世界文化领袖的角色。”历史表明，以老子道文化为代表的中华文化，不仅哺育了强大的古代中国，也曾施益于欧洲的近代复兴。

时代在呼唤老子。中国从大国走向强国需要老子，和谐世界的构建需要老子，人类今天和未来的幸福需要老子，需要它与世界一切优秀的文化相融合，成为人类的美好精神家园。正如胡孚琛会长在序言中指出的：“可以预见，21 世纪老子必然会再生。”

《道德经》今译

第一章

道可道，非常道。

名可名，非常名。

无，名天地之始；有，名万物之母。

故常无，欲以观其妙；常有，欲以观其徼。

此两者，同出而异名，同谓之玄。

玄之又玄，众妙之门。

我所说的“道”，是可以说清楚、道明白的。但它不是人们日常行走的自然界中的道路，而是宇宙的本体或本原。

这个宇宙的本原，我姑且给它起一个叫“道”的名字。但它不是人们日常行走的道路的名字，而是这个宇宙本原的名字。

这个既叫“无”又叫“有”的道，是天地之始祖，万物的母亲。道从“无”到“有”的过程，是道创生宇宙和宇宙万物的过程。

因此，从这永恒的“无”，我们可以去体察世间万物创生的奥妙；从这永恒的“有”，我们可以去认识世间万物变化所遵循的规律。

“常无”和“常有”，虽然名称不同，但它与“无”和“有”一样，都是道的不同称谓。乍听起来，使人觉得它是那样的幽深和神秘。

道是那样神秘，而它正是世间那神奇无比的自然万物的由来之处。

第二章

天下皆知美之为美，斯恶已；皆知善之为善，斯不善已。

有无相生，难易相成，长短相形，高下相倾，音声相和，前后相随。

是以圣人处无为之事，行不言之教。

万物作而不为始，生而不有；为而不恃，功成而弗居。

夫唯弗居，是以不去。

当人们知道什么是美，也就知道什么是丑了。当人们知道什么是善，也就知道什么是恶了。

与美丑、善恶这些概念同时在人们的头脑中产生的一样，有与无、难与易、长与短、高与下、音与声、前与后这些概念也是同时在人们的头脑中产生的。这种相反亦相成的正反依存关系，在自然界和社会中是普遍并永恒地存在的。

为了扬善抑恶，存美去丑，圣人自觉地依自然无为的原则施政，并做到以身作则，对人民进行潜移默化的引导。

大道化生了万物，却不把自己看作是它们的母亲，也不把它们据为己有，这正是天道利而不害、为而不争的无私奉献精神。圣人也仿效这种天道精神，做到成就了事业而不恃己能，有了功劳而不据为己有。

正是由于圣人不恃能、不居功，他们的功德和名声才得以流芳千古，永世不灭。

第三章

不尚贤，使民不争。不贵难得之货，使民不为盗。不见可欲，使民不乱。

是以圣人之治，虚其心，实其腹，弱其志，强其骨。

常使民无知无欲，使夫智者不敢为也。

为无为，则无不治。

教导世人除去争名逐位的世俗名位之观念，以使他们不深陷官场的争逐。消减他们对贵重财物的贪婪欲望，以使他们不为此去偷盗和抢掠。防止他们滋生乱纪违法之心性，以使他们不去做扰乱社会的事情。

圣人的治国之道就在于：一方面，保障百姓的温饱，增强其体魄；另一方面，净化他们的心灵，消除其竞逐于名利场上的心志。

圣人通过不懈的言教与身教，使人们不生伪诈之心，贪婪之念，并令那些自以为聪明的狡诈之人也不敢随意妄为。

只要坚定地实施清静无为政治，国家就必能走上太平盛世之路。

第四章

道冲，而用之或不盈。

渊兮，似万物之宗。

湛兮，似或存。

吾不知谁之子，象帝之先。

道就像一具空间无限的容器，装载着无穷无尽的法宝，天地万物用之不会尽，使之不会竭。

道虽是那样的渊深难测，而它却是化生养育宇宙万物的母亲。

道是看不见、摸不着的，其形虽隐却确实存在。

我虽不晓得道是谁生育出来的，但可以肯定，像天帝这样的神灵被人们所接受和顶礼膜拜之前，它就已经先期存在。

第五章

天地不仁，以万物为刍狗。

圣人不仁，以百姓为刍狗。

天地之间，其犹橐龠乎？虚而不屈，动而愈出。

多言数穷，不如守中。

天地之道，秉持公平、正义的品格。它把自然万物均视作祭坛上的刍狗（祭祀时把刍狗当作祭品供在神台上，并不表示祭祀人对它的爱；祭祀后把它弃之甚至加以践踏，也不表示对它的憎）。

圣人也效法天地之道，秉持公平、正义的品格，坚持对百姓一视同仁。

天地之道，就像一具空间无限且空空荡荡的大风箱，储藏着使宇宙万物得以化生化育的阴阳之和气，这阴阳之气在一呼一吸之循环运动中不断产生，没有穷尽之期。

世人如其对道的公平、正义说些多余的、自讨没趣的赞颂话，不如以实际行动去信守它、奉行它。

第六章

谷神不死，是谓玄牝。

玄牝之门，是谓天地根。

绵绵若存，用之不勤。

道是天地间的生养之神，是永生不灭的。它化生万物犹如神奇的母性生育后代一样。

它神秘得就像母性的生殖器，天地万物皆由此产出。

宇宙万物仿佛置身于这伟大母亲（道）的怀抱中，并从她那里享用到无穷无尽的生命养分，所以能够绵绵不绝地化生和繁衍。

第七章

天长，地久。

天地所以能长且久者，以其不自生，故能长生。

是以圣人后其身而身先，外其身而身存。

非以其无私邪？故能成其私。

天与地长久地存在着。

天地所以能长久地存在，因为它不是为自己而是为天下万物而生。所以能够长久，能够永恒。

圣人把自身的利益置于民众的利益之后，且不在权位名利上与人相争，天下人偏偏拥戴他们为领袖。圣人在维护正义、维护民众利益的事业中牺牲了自己的生命，却永远活在天下人的心中。

这不正是因为圣人不存私心，没有追求留名于世，反而铸造了其光辉而不朽的人生吗？

第八章

上善若水。

水善利万物而不争，处众人之所恶，故几于道。

居善地，心善渊。与善仁，言善信。政善治，事善能，动善时。

夫唯不争，故无尤。

上善的人，具有如水一样的品格。

水虽然一味地润育万物，却不要求得到任何的好处，只把自己栖息在人类所厌恶、所不愿意居住的地方。水的这种品格最接近道的境界。

具有如水品格的圣人，总能像水那样处下不争，也总能保持无私无欲的心境。他们待人以仁爱、处事讲诚信。说到治国，他们必能实行清静无为政治。其合乎时宜的举措不仅事事顺遂，还能得到天下人的拥护。

由于圣人具有水一样的不争之德，因此，不会有因为追逐名利而不得所带来的烦恼，更可避免因在争逐名利中可能招来的灾祸。

第九章

持而盈之，不如其已。
揣而锐之，不可长保。
金玉满堂，莫之能守。
富贵而骄，自遗其咎。
功遂身退，天之道也。

端持满满的一盆水而不使它外溢，无论如何小心都是很难做得到的，所以不如少装一些，做到适度而止。

为了使利器保持锋利的状态而不断锤击它，是很容易使之崩裂，甚至折断的。

黄金美玉积聚得太多时，要想守住它是不容易做得到的。

当一个人富贵之后，如果以富傲世，以富凌人，就必然要招致灾祸。

一个人功成名就之后，更应谦虚谨慎，提防骄横；更应收敛欲望，淡泊权位名利；更应自律自爱，力戒自贵自见。这样做体现的正是道的品格和精神。

第十章

载营魄抱一，能无离乎？
专气致柔，能如婴儿乎？
涤除玄鉴，能无疵乎？
爱民治国，能无为乎？
天门开阖，能无雌乎？
明白四达，能无知乎？

在日常生活中，能否使自己的魂和魄，即神与形、心与身常常保持无离无间化合为一的状态呢？

在治身修性中，能否做到使自身的气息就像婴儿那样充实柔和，升华到一种无私无欲的状态呢？

在学道修德中，能否把心灵镜面上的污垢清除得干干净净，而不留下一丝一毫的私心杂念呢？

在福泽人民的治国中，是否真正践行了清静无为的施政理念呢？

在强身健体的修炼中，是否能保持柔顺安宁、退让不争的心性呢？

经过以上的修炼，修道者身上的各种潜能必能得到激发，智慧之门必然大开，这样一来，世间之事以及其未来发展态势还有什么不可洞察和把握的呢？

第十一章

三十辐共一毂，当其无，有车之用。

埏埴以为器，当其无，有器之用。

凿户牖以为室，当其无，有室之用。

故有之以为利，无之以为用。

用30根辐条连接轴心和轮圈所制成的车轮，轮内那许多形状相仿的虚空部位产生一种作用力，使轮子易于转动，从而使它有了车的功用。

通过制作器转动黏土做成的制品，因为它的中间是虚空的，这就使它有了容器的功用。

以开凿的方式挖洞造窗开门，因为它的内中既虚空又开阔，也就使它有了房屋的功能。

因为有实体部分的依凭，虚空部分便有了使用价值。

第十二章

五色令人目盲；
五音令人耳聋；
五味令人口爽；
驰骋畋猎，令人心发狂；
难得之货，令人行妨。
是以圣人为腹不为目，故去彼取此。

缤纷的色彩会使人眼花缭乱。

纷乱烦躁的音调会使人听觉不敏。

太多的美味佳肴会使人的脾胃受损。

纵情狩猎，会使人心态失常。

贵重的货物会使人萌生贪念，并引发不轨的行为。

有道的治国者只需食饱腹、衣暖身的简朴生活，而不追求酒色财气、声色犬马般的奢靡享受。所以他们守持的一定是前者，而抵制的一定是后者。

第十三章

宠辱若惊，贵大患若身。

何谓宠辱若惊？宠为下，得之若惊，失之若惊，是谓宠辱若惊。

何谓贵大患若身？吾所以有大患者，为吾有身。及吾无身，吾有何患？

故贵以身为天下，若可寄天下；爱以身为天下，若可托天下。

得宠与受辱之所以都会使人感到惊恐，是因为他们过于在意自身的荣辱与得失。

为什么说得宠与受辱都会让人感到诚惶诚恐呢？这是因为，宠与辱对每个人的尊严都是一种伤害。受辱固然使人的自尊受损；受宠也不是什么荣光的事，因为施宠者是主人，受宠者则是甘作自贬人格的下人。下人得到主人的宠信自然会受宠若惊，得不到主人的宠信也必然会万分失落，这就是宠辱皆使人惊恐的原因。

该如何理解世人为何如此看重自身的荣辱与得失呢？世人

之所以总会被一些荣辱得失之事所困扰，是因为他们有身体，有权位名利等私欲。如果他们把身体看成不是自己所私有，并把自己的一切包括生命都交给社会、交给众人，那还有什么荣辱得失可言呢！

你如果能够像在意自身一样在意天下，众人就可以放心把天下交给你治理了；如果你能够像爱护自身一样爱护天下人，众人就可以放心把天下人托付给你照料了。

第十四章

视之不见，名曰夷；听之不闻，名曰希；搏之不得，名曰微。

此三者不可致诘，故混而为一。

其上不皦，其下不昧，绳绳兮不可名，复归于无物。是谓无状之状，无象之象，是为惚恍。

迎之不见其首，随之不见其后。

执古之道，以御今之有，能知古始，是谓道纪。

对于道，人们无法看到它的形象，也听不见它的声音，更触摸不着它的形体。

夷、希、微，这三者是不能再作区分和深究的，因为它们是混合而成一体的。

道的上方不显得光亮，其下部不显得昏暗。它茫茫泯泯、无边无际，实在无法把它的状态描绘出来，要看它又看不见，要摸它又摸不着，仿佛不存在似的。它是没有任何形体、任何形象的特殊物质，它又是那样的闪烁不定，那样的虚无缥缈。

迎着它，看不见它的头；跟着它，也见不到它的尾。

如果我们运用自古就存在的道，去观察分析当今的社会现象，也就能了解宇宙和人类社会初始阶段的状况。为什么能做到这一点呢？因为我们把握住了道的品格与规律，既可以以古知今，也可以以今知古。

第十五章

古之善为道者，微妙玄通，深不可识。夫唯不可识，故强为之容：

豫兮，若冬涉川；犹兮，若畏四邻；俨兮，其若客；涣兮，若冰之将释；敦兮，其若朴；旷兮，其若谷；浑兮，其若浊。

孰能浊之以止，静之徐清？孰能安之以久，动之徐生？保此道者，不欲盈。夫唯不盈，故能蔽而新成。

那些修道有成的人思想深邃，处世通达，难以为常人所认识和理解。因此，对他们只好勉强作如下的形容：

他们小心谨慎，就好像是冬天涉水过河似的。

他们不事张扬，就好像是唯恐邻居受到惊扰似的。

他们恭敬庄重，就好像是宾客在面见主人时似的。

他们和蔼可亲，就好像能散发出如春之温暖以使冰块消融似的。

他们敦厚质朴，就好像未经雕琢的玉石似的。

他们胸怀宽广，就好像容量无限的溪谷似的。

他们与民无间，就好像一泓清泉汇入一江浊水没法分清彼此似的。

谁能在污浊的环境中做到洁身自爱，又能在喧嚣的氛围中保持镇定，并做到心静如水呢？谁能在看似了无生气的孤寂环境中长久地守持，并保持旺盛的生命力呢？唯有这些永远进取的修道者。正由于他们永远进取，就算到了年迈之期，也能青春焕发。

第十六章

致虚极，守静笃。万物并作，吾以观其复。夫物芸芸，各复归其根。归根曰静，静曰复命。

复命曰常，知常曰明。不知常，妄作凶。

知常容，容乃公，公乃全，全乃天，天乃道，道乃久，没身不殆。

天下万物，芸芸众生，都是从虚静中来。虚至极点，静至极点之时，万物便竞相萌发。我于是以一颗安静、恬淡的心细细体察这万千生命的复归过程：这万物经过一段枝繁叶茂的生命途程之后，又各自回复到它的根柢——万物的初始阶段。万物归根时叫作清静或虚静，清静到了极点的时候因为有了新的能量，于是生命便复苏，恢复其勃勃生机。

归根后又复苏生命，是万物运动与变化的不变规律。主动去认识和掌握客观规律，并自觉予以遵循，那是明智的表现。相反，无视规律盲目行动，必会招致灾难和凶险。

善于认识和掌握规律的治国者，遇事就能从容面对并能无偏无执，无偏无执就能公正无私，公正无私就能合理周全，合理周全就能合符自然，合符自然就能与道合真，与道合真就能长治久安，这样终其一生也不会有什么凶险了。

第十七章

太上，不知有之。其次，亲而誉之。其次，畏之。其次，侮之。

信不足焉，有不信焉。

悠兮！其贵言也。

功成事遂，百姓皆谓我自然。

以道治国，这是最好的治国方略。君主完全以自然无为的原则施政，与人民相安无事，百姓仿佛感觉不到他们的存在似的。以仁义治国，这是次一等的治国方略。君主不是奉道为至上，而是施百姓以仁义，百姓因感其恩而表示拥戴以至歌功颂德。以礼法治国，这是再次一等的治国方略。礼法维护的是严格森严的等级制度，实行的是严酷的刑罚，百姓自然会对君主产生一种畏惧之情。以伪诈之术治国，这是再再次一等的治国方略。君主把道德、仁义、礼法置于脑后，视百姓为草芥，滥用刑罚，横征暴敛，百姓自然会对君主产生一种憎恨以致反抗之心。

君主不能取信于百姓，百姓自然不会信任和拥护他们。

如果以平静的恬淡之心去比较君主的成败，历史的得失，自然能认识到：奉道而行，无为而治，实在是治国的至高无上之道理。

当百姓有了这一认识之后，一旦国家取得进步和发展时，他们会说，这是以道治国的自然结果。

第十八章

大道废，有仁义；六亲不和，有孝慈；国家昏乱，有忠臣。

在一个大道流行的自然状态下，仁义是以一种和谐的方式自然融合在大道之中，正如孝慈蕴涵在六亲的和睦中，忠臣蕴涵在国家安泰的情境之中一样，因此无须将这些道德观念和伦理关系特别地加以彰显。但如果大道遭到了废弃，社会的理想状态失衡，以致六亲不和，国家昏乱时，仁义、孝慈和忠臣就显得特别的重要和难能可贵，也就有提倡和彰显的必要了。

第十九章

绝智弃辩，民利百倍；

绝伪弃诈，民复孝慈；

绝巧弃利，盗贼无有。

此三者，以为文不足。故令有所属：见素抱朴，少私寡欲，绝学无忧。

治国者如能抛弃机巧、奸猾的治国之术，百姓就能得到百倍的好处。

治国者如能拒用奸伪狡诈的不正心术，为民树立榜样，民众孝敬慈爱的天性就能得到恢复和发扬。

治国者如能除却巧取之心、豪夺之行，上行下效，盗贼也会失去滋生的土壤。

治国者如只以上述三者作为治国理政的法度、准则，是远远不够的。因此，还要引导百姓修道建德，使他们心有所属：追求纯洁，抱持真朴；减损私心，收敛欲望。使他们能抵制一切罪恶的、极端自私自利的有害学问和知识，以摆脱忧患的困扰。

第二十章

唯之与阿，相去几何？美之与恶，相去何若？人之所畏，不可不畏。

荒兮，其未央哉！

众人熙熙，如享太牢，若春登台。我独泊兮，其未兆。若婴儿之未孩，儽儽兮！若无所归。

众人皆有余，我独若遗。我愚人之心也哉！沌沌兮！

俗人昭昭，我独昏昏；俗人察察，我独闷闷。

众人皆有以，我独顽且鄙。

澹兮！其若海；飂兮！其若无所止。

我独异于人，而贵食母。孔德之容，唯道是从。

受人尊崇与遭人呵斥，两者之间究竟有多大的差距？受人赞美与讨人厌恶，两者之间的差距又究竟有多大？无疑，前者是人们乐意得到的，后者是人们所畏惧的。而我呢，自然也不能例外的了。

喜欢得到尊崇和赞美，害怕受到呵斥与厌恶这种社会文化观念，自古以来就是这样，而且还要延续下去。

众人来到这世界之上，好像是为了纵情狂欢，好像是为了享用丰盛的宴席，也好像是为了在春和景明的日子里登上楼台欣赏美景似的。而我呢？对此却是那样的淡泊，那样的无动于衷。我仿佛还是一个未经哺育长成的婴儿，那样疲倦闲散，简直无法融入到众人中去似的。

众人衣食无忧而且还有剩余，我却是如此的匮乏。我怀抱的是一颗愚笨人的心啊，是那样的混混沌沌。

世俗人显得那样精明，我却显得那样愚昧无知；世俗人对世事好像明察秋毫，我却是那样懵懵懂懂。

众人显得那样有作为，我却是那样的如笨如拙。

世界就像大海一样无边无际，世事就像高空吹拂的风一样无止无休。

我与众人之所以不同，是因为我守护着大道，信仰它、遵从它、奉行它。其实，一个大德之人的思想和行为是受他的道行所支配的。

第二十一章

道之为物，唯恍唯惚。惚兮恍兮，其中有象；恍兮惚兮，其中有物；窈兮冥兮，其中有精；窈兮冥兮，其中有信。

自今及古，其名不去，以阅众甫。吾何以知众甫之状哉？以此。

道是一种物质。它隐隐约约，似有似无，视之不见，摸之不着。然而，专心研究道的人在进入恍恍惚惚的境界时，可以认知到其中有象、有物、有精、有信。这个“象”是未形成具体的自然物时之象；这个“物”是生成万物的基质；这个“精”是生育万物的纯真精气，是万物内在的生命力；这个“信”是一种生命信息。象、物、精、信四者，是道的有机组成部分，是生化万物的原动力。

从现今上溯到古代，大道从来没有消失过。我一直靠它来观察万物的起源。我凭什么知道万物初始的状况呢？凭的就是这个道。

第二十二章

曲则全，枉则直；洼则盈，敝则新；少则得，多则惑。是以圣人抱一为天下式。

不自见，故明；不自是，故彰；不自伐，故有功；不自矜，故能长。夫唯不争，故天下莫能与之争。

古之所谓“曲则全”者，岂虚言哉？诚全而归之。

能承受委屈的反而可能得到保全，愿意屈就的反而可能得到施展；低洼之处反而可能首先得到充满，越是敝旧的反而可能最快得到更新；不想多取的反而可能会多得，贪多的反而可能什么也得不到。圣人坚守这些辩证法则，并把它作为天下人所应遵循的思维和行动准则。

不固执己见，方能明判是非；不自以为是，方能有真知灼见；有功而不炫耀，方是真正的功臣；有能而不骄恃，方能立于不败之地。具有不自见、不自是、不自伐、不自矜品德的圣人，尽管不去争当领袖，众人也必然会选择他们。

古今所说的“曲则全”，难道是一句空话吗？其实，在现实生活中我们是完全可以体会得到的。

第二十三章

希言自然。

飘风不终朝，骤雨不终日。孰为此者？天地。天地尚不能久，而况于人乎？

故从事于道者，同于道；德者，同于德；失者，同于失。同于德者，道亦德之；同于失者，道亦失之。

信不足焉，有不信焉。

真理出于自然，合乎自然。

刮风不会终日，骤雨也不会整天。这刮风下雨之事是谁施行的呢？天地。天地所为之事尚且不能持久，何况人为之事呢？

循道行事的人，必能与道化合为一。以德修身的人，亦必能修炼出高尚的德行。相反，不修道建德的人，必定会沦为失道失德之徒。积德能够进道，道随着德的积聚而变得丰盈。所以，德行越高的人，其道行也越高；不修道建德的人，道也自然离他而去。

如果统治者不能奉道修德，不能取信于天下人，天下人自然不会信任他们。他们离失败就不远了。

第二十四章

企者不立，跨者不行。

自见者不明，自是者不彰；自伐者无功，自矜者不长。

其在道也，曰：余食赘形。物或恶之，故有道者不处。

踮起脚后跟站立，是不能持久的；以跳跃的方式行进，是无法长时间坚持的。

固执己见的人，往往会是非不明；自以为是的人，必定难以获得真知灼见；自夸己功的人，大众越不乐意把功劳授给他；自尊自大，恃才傲物的人，只会加速自己的失败。

在有道者看来，自见、自是、自伐、自矜，就像人吞下的过量食物，又如人体上的疥疮、肿瘤那样多余。对这有害而无益的东西，普通人都尚且厌恶，心中有道的人就更应以之为戒了。

第二十五章

有物混成，先天地生。

寂兮寥兮，独立而不改，周行而不殆，可以为天下母。

吾不知其名，强字之曰道。强为之名曰大，大曰逝，逝曰远，远曰反。

故道大，天大，地大，人亦大。域中有四大，而人居其一焉。

人法地，地法天，天法道，道法自然。

由象、物、精、信四者浑然而成的道，先于天地而存在。

它无声无形，不依附任何东西而独立存在，而依故有的规律周而复始、永不停歇地运行。它不停不息地化生万物，因此是宇宙万物的母亲。

我不知道它叫什么名字，于是勉强地称它为“道”。对道的特征，也只好作这样的形容，就是大、逝、远、反。大者，是说它弥漫于整个宇宙，眷顾于万物，无处不在，无时不有。逝者，是说它在宇宙中不断地流动，永不停息。远者，是说它的运行是无际无涯，无所不至的。反者，是说它的运行是有往有返，周而复始的。

宇宙之内有四大，这就是道大、天大、地大和人大。而这四大之中，人也位居其一。

在这四者关系中，人以地的法则为法则，地以天的法则为法则，天以道的法则为法则，道则以自然的法则为法则。

第二十六章

重为轻根，静为躁君。

是以君子终日行，不离辎重。

虽有荣观，燕处超然。奈何万乘之主，而以身轻天下？

轻则失根，躁则失君。

厚重的下部是轻浮的上部之根基，清静则是躁动的主宰者。

因此，善为道者，就是在劳累的长途旅行中，也不会轻易抛弃令人感到累赘的食物和行李。

有这样的君主，虽然有着华丽的宫殿，过着安乐舒适的生活，却以身犯道，轻举妄动于天下。他们或者加重对民众的盘剥，或者施行严苛的刑法，或者发动战争。

君主这样的轻浮举动，严重损伤了其赖以生存的根基，即百姓的根本利益。在他们的反抗之下，难免会丢权丧命。

第二十七章

善行者无辙迹，善言者无瑕谪，善数者无筹策，善闭者无关楗而不可启，善结者无绳约而不可解。

是以圣人常善救人，而无弃人；常善救物，而无弃物；是谓袭明。

故善人者，善人之师；不善人者，善人之资。

不贵其师，不爱其资，虽智大迷，是谓要妙。

善于行动的人，其行动无迹可寻；善于言辞的人，其言辞无懈可击；善于计算的人，其计算不用计算工具的帮助；善于关闭的人，其关闭就是不用门栓别人也难以把门打开；善于捆绑的人，其绳索不用打结也牢不可解。

圣人既有博大的爱心，又有以上的“五善”之能。在他们看来，既无不可救药之人，也无没用之物。他们以救人护物为自己的行为准则。他们不会唾弃任何人，也不会糟蹋任何物。大道就如万古之明灯，圣人的以上所为，体现的正是大道的光华和智慧。

修道有成的人足以作为后学者的老师；拒绝奉道修德的不善者，则可作学道人的反面教员。

如果不善于以善为道者为师，又不懂得从不善为道者身上吸取教训，虽然自以为聪明，实际上却是个大糊涂。所以说，“贵其师”、“爱其资”是学道人悟道的诀窍。

第二十八章

知其雄，守其雌。为天下溪，为天下溪。常德不离，复归于婴儿。

知其白，守其黑。为天下式，为天下式。常德不忒，复归于无极。

知其荣，守其辱。为天下谷，为天下谷。常德乃足，复归于朴。

朴散则为器，圣人用之，则为官长。故大制无割。

世俗之人都羡慕雄强，圣人却能甘为雌弱。这样的圣人有如众水所择的蹊径，使天下人欣然追随。他们如果能使自己的真善之德不丢失，就能复归于婴儿般的质朴境界。

世俗之人都喜欢明亮，圣人却能安于暗昧。这样的圣人宛如天下人的楷模，受到天下人的仿效。他们如能使自己的真善之德保持不变，就能复归于如天同高的大道境界。

世俗之人都追求荣耀，圣人却能承受屈辱。这样的圣人如同江流所归的大海，为天下人所归心。他们如能使自己的真善之德日益深厚，就能使自己回复到道的淳朴境界。

道从无名状态演变为有名状态时，便化生出宇宙万物。圣人如能抱持这威力无穷的道，就能成为有益于社会的人，成为领袖人物。总之，奉行大道绝对是有益无害的。

第二十九章

将欲取天下而为之，吾见其不得已。

天下，神器也。不可为也，不可执也；为者败之，执者失之。

故物或行或随，或嘘或吹，或强或羸，或培或堕。

是以圣人去甚、去奢、去泰。

没有德行的人为得到天下而胆大妄为，我认为他们是不会得逞的。

天下、国家，是至神至圣的大器物，不是谁想得到就能得到的，也不是谁想主宰就能主宰得了的。为得到它而痴心妄为，不择手段，必定会招致失败；就是侥幸得到了它，如随之倒行逆施，放纵贪欲，祸国殃民，最后也会把它失掉。

宇宙中的万物，无论是先发的，还是后生的；无论是轻吹的暖风，还是骤起的寒流；无论是强壮的，还是瘦弱的；无论是在成长中的，还是在衰败中的，都在遵循一定的规律而运行，不是可任意改变的。

因此，圣人应该戒除那些极端的、奢侈的、过分的思想和行为。

第三十章

以道作人主者，不以兵强于天下。其事好还：师之所处，荆棘生焉；大军之后，必有凶年。

善者，有果而已，勿以取强焉。果而勿骄，果而勿矜，果而勿伐。果而勿得已，果而勿强。

物壮则老，是谓不道。不道早已。

奉道而行的治国者，是不会迷信武力、热衷发动战争来对内施威、对外争霸的。人类会从战争中得到报应和惩罚：因为大军所至，必然会造成荆棘满田园、尸骨遍荒野的悲惨景象。战争结束之后，还必然会引发连绵不断的瘟疫和灾荒之年。

品德高尚的用兵之人，只要一旦取得战争的胜利，达到用兵目的，就会迅速把战事停下，而不会把事态扩大。他们能做到，打了胜仗，不自以为傲，不自恃己能，不自我炫耀。他们还知道，为反侵略而用兵那是不得已的事，取得战争胜利之后是不应该反过来去侵略他国、实施武力称霸的。

万物万事处于最强旺的状态时，就会开始走向衰败。如果我们取得战争的胜利后不及时收手，而是反过来去侵略他国，实施称霸，这是违反道的精神和法则的。违道而行，失败也就是不可避免的事了。

第三十一章

夫兵者，不祥之器。物或恶之，故有道者不处。

君子居则贵左，用兵则贵右。

兵者，不祥之器，非君子之器。不得已而用之，恬淡为上，勿美也。若美之，是乐杀人也。夫乐杀人者，不可以得志于天下矣。

吉事尚左，凶事尚右。偏将军居左，上将军居右。

杀人之众，以悲哀泣之；战胜，以丧礼处之。

战争是残物伤生的不祥之事，天下众生无不厌恶它。因此，有道的治国者是不会轻易地使用它的。

有道的治国者对自己的起居衣食之事看得很轻，对战争之事则看得很重，因此，处置起来格外审慎。

战争是残物伤生的不祥之事，而不是有道的治国者安邦定国的法宝。战争只有在不得已的情况之下方可使用，因此，须时时对它保持一种冷漠的态度，绝不能因一时之气而滥用，更不能把它看成是一件美事。如果把战争看作是美事，这样的人便是以杀人为乐的屠夫了。崇尚武力、迷信杀戮的政府和个人，最终是要失败的；其称霸他国的图谋是一定不能得逞的。

无道的将军把战争看作是喜庆之事，心中有道的将军则把战争看作是凶残之事。

所以，面对惨死在战争中的士兵，有人性、有同情心的参与者应为之悲伤和哭泣；就是取得胜利的一方，也应对他们表示哀悼。

第三十二章

道常无名，朴。

虽小，天下莫能臣。

侯王若能守之，万物将自宾。

天地相合，以降甘露。民莫之令而自均。

始制有名，名亦既有，夫亦将知止；知止可以不殆。

譬道之在天下，犹川谷之与江海。

道在很长的时期里是没有属于自己的名字的，且处于一种质朴的状态之中。

道虽然那样幽深细微，而普天之下，没有什么力量能操控它，使它臣服于脚下。

有道的君主诸侯，如能以一颗虔诚之心循道而行，万物、万民将会如宾客似的对他恭敬有加。

天地守道，阴阳之气相合，则不求而甘露自降。君主奉道而行，就是不对百姓施以权力影响，他们也自能和谐地、均平富足地生活。

道从原始的静态经过躁动而化生了万物，也就从“无名”的状态而变成“有名”的阶段了。人们对道有所认识之后就应依道所允许的范围内行动，绝不可越过雷池一步。如果把握住大道之度，既无不达也无太过，自然就不会有什么凶险了。

川谷之水归之江海，不是江海对它们进行召唤，而是主动来归的。大道与天下万物的关系犹如川谷与江海的关系一样，万物就是没有主动求助于大道，大道都会主动施恩泽于它们。

第三十三章

知人者，智也；自知者，明也；胜人者，有力也；自胜者，强也；知足者，富也；强行者，有志也。

不失其所者，久。

死而不亡者，寿。

能够准确辨识他人之善与非善，能与非能的人，是有智慧的人；能够正确认识自己的优点和缺点的人，是聪明的人；能够努力提升自己的能力和道德境界，以不甘落后于他人的人，是有力量的人；能够自觉克服自身弱点的人，是坚强的人；能够知道满足的人，是最富有的人；能够为真理、为众人的利益而矢志不渝地奋斗的人，是意志坚毅的人。

依天地之道行事、以高尚的道德标准修身的人，是永久立于不败之地的人。

为了正义事业牺牲了生命的人虽死犹生，因为他们的精神是不朽的。

第三十四章

大道泛兮，其可左右。

万物恃之以生而不辞，功成事遂而不名有。

常无欲也，万物归焉而不知为主，可名于小；衣养万物而不为主，可名于大。

是以圣人之能成其大也，以其终不为大，故能成其大。

天地之道涵盖的范围是那样的广阔，对宇宙万物的作用和影响是那样的强大无比。

万物因道才得以化生，为化育万物它做到了不辞辛劳。它虽使万物得以化生，得以育成，却不声称是自己之所为。

由于道没有占有欲，宇宙万物虽皆由它所出，却不知道它就是生养自己的母亲，从而使人觉得它是那样的微不足道；而它生养了万物却不去拥有它、主宰它，又使人觉得它是那样的伟大。

圣人之所以成为圣人，是因为他们自守于小、自守于低，为济世救民终其一生。他们虽不求以伟大而留名于世，却偏偏成了万民敬仰的伟人。

第三十五章

执大象，天下往，往而不害，安平泰。

乐与饵，过客止。道之出口，淡乎其无味。视之不足见，听之不足闻，用之不可既。

以道莅天下，必定诸事顺利，国泰民安。

音乐有妙韵，它会使行人止步，欣赏其韵；食物有美味，它会使行人止步，品味其香。说起这天地之道，你无法嗅出它的味道，无法看见它的形状，也无法听到它的声音，然而它对宇宙万物的影响和作用却是无边无际、无穷无尽的。

第三十六章

将欲翕之，必固张之；将欲弱之，必固强之；将欲废之，必固兴之；将欲取之，必固予之。是谓微明。

柔弱胜刚强。鱼不可脱于渊，国之利器，不可以示人？

先有张开，然后才会有收合；先有强大，然后才会有削弱；先有兴举，然后才会有废弃；先有给予，然后才会有获取。这个道理好像十分深奥，实际上却是很浅显明白的。

道显得那样的虚无柔弱，但它的力量却强大到足以支配世间的一切。天下万物与道，好比鱼与水的关系一样，鱼尚且不可须臾离开水，人类又岂可须臾违背天地之道呢？能否以道治国，这是国家兴衰的根本所在，这个道理，我们为什么不能清楚地告诉国人呢？

第三十七章

道常无为，而无不为。

侯王若能守之，万物将自化。化而欲作，吾将镇之无名之朴。

无名之朴，夫亦将无欲。不欲以静，天下将自正。

天地之道从来就没有刻意要做些什么，而其作用却无所不在。万民万物有赖于它才得以化生，也有赖于它才得以存在和发展。

侯王如能信守它，遵循它，万民万物将能正常化育、自然发展。如果侯王不能善始善终，以致私欲复萌，胡作非为，我们就应引导他，以至强制他向着道的真朴本性回归。

信守道的品格与精神，侯王就能去除私欲与妄念。侯王只有在没有私欲与妄念，或者少私寡欲的道德境界之下，才有资格、才有可能更好地践行清静无为。清静无为的施行，也就必能使天下走上安平富足之路。

第三十八章

上德不德，是以有德；下德不失德，是以无德。

上德无为，而无以为；下德为之，而有以为。上仁为之，而无以为；上义为之，而有以为。上礼为之，而莫之应，则攘臂而扔之。

故失道而后德，失德而后仁，失仁而后义，失义而后礼。

夫礼者，忠信之薄，而乱之首。

前识者，道之华，而愚之始。

是以大丈夫处其厚，不居其薄；处其实，不居其华。故去彼取此。

上德的人，虽有很高的德行，却不以有德自恃，这才是真正的有德。下德的人，尽管德行并不高，却以有德者自居，这是无德的表现。

品德高尚的治国者施行无为政治，不为私利，而只为施益于社会和人民。无德的统治者在施政上强作妄为，只为满足个人的欲望。仁爱之士博施仁爱，但不求受施者报之以恩。侠义者做侠义之事，是为了获得侠义者的美名。崇尚礼的人，认为礼是人们应遵循的社会法典，因此不惜运用各种强力手段去强制人们服从。

由于社会偏离了道，才有提倡德的必要。当人类的自然天性进一步丧失时，仁、义、礼就会相继出现、登台上场了。

由于这时的礼，已失去了仁义忠信的精神实质，礼的施行也就潜藏着祸乱的种子了。

那些自以为有先见之明的人极力倡导义和礼，甚至认为自己这样做是掌握了道的精髓。其实，他们真算得上是愚昧者的始祖。

所以，以慈心济世为己任的大丈夫坚定奉行的是根基深厚的道与德，而不是底子浅薄的义与礼；乐于守持淳厚素朴而不是追逐浅薄奢华。总之，得道之人是一定会奉行、守持前者而鄙弃后者的。

第三十九章

昔之得一者：天得一以清，地得一以宁，神得一以灵，万物得一以生，侯王得一以为天下正。

其致之，天无以清，将恐裂；地无以宁，将恐废；神无以灵，将恐歇；万物无以生，将恐灭；侯王无以正，将恐蹶。

故贵以贱为本，高必以下为基。是以侯王自谓孤寡不谷。此非以贱为本耶？非乎？

故至誉无誉。是故不欲琭琭如玉，而珞珞如石。

因为守道，天因此得以清明，地因此得以安宁；神因此得以灵验，众生因此得以生存和繁衍；侯王因此得以使天下太平。

推而论之，如果失道，天因之失去清明，恐怕会发生崩裂。地因之失去安宁，恐怕会发生塌陷；神因之而失去灵验，恐怕从此无事可做；万民万物因之失去繁衍的能力，恐怕会从此走向灭绝；侯王因之背弃清静无为，恐怕会使其权位受到颠覆。

卑微的大众，是侯王这些尊贵者的生存之本，也是他们安身立命的根基。侯王之所以把自己视为无力自养的如孤如寡的凡人，正是因为他们懂得卑微的大众才是他们的衣食父母，这样说难道会错吗？

一个人如果要追逐至高无上的名誉和地位，往往只会适得其反。因此有道的侯王不会把自己看作是美玉般的华贵者，而只会自视为质朴坚实的石头那样平凡。

第四十章

天下万物生于有，生于无。

反者，道之动。弱者，道之用。

处于虚空状态时的道演变成混沌状态时的道之后，便创生了宇宙和宇宙万物。

宇宙万物向它的相反方面转化，这是道的运动本性和法则。任何事物都不可能逃避消亡的最终结局，但人类可以把它调整到柔弱、初生、向上的状态之上，以延续其衰败的进程。因此说，守持柔弱，是对道的这一客观法则的妙用。

第四十一章

上士闻道，勤而行之。中士闻道，若存若亡。下士闻道，大笑之；不笑，不足以为道。

故建言有之曰：

明道若昧，进道若退，夷道若类。

上德若谷，广德若不足，建德若偷，大白若辱，质真若渝。

大方无隅，大器免成，大音希声，大象无形。

道隐无名。夫唯道，善贷且成。

忘名利的人对于道，不仅努力去学习和探索，而且忠实地加以奉行。求名利的人对于道，采取半信半疑的态度，虽有时奉行，却往往半途而废。好名利的人对于道，不学习也不奉行，甚至把它视为谬误而予以抨击和嘲笑；不过，若他们不予嘲笑，倒不足以显示道的崇高与伟大了。

所以古之圣人曾有这样的说法：

悟道越深的人，越会仿似愚笨；修道越有所成的人，越会谦让不争；对道越能驾驭的人，在为人处世上越会格外谨慎。

越是品德崇高的人，越虚怀若谷；越是广施功德的人，越感到自己做得还不够多；越是努力修善建德的人，越不事张扬；越是清白的人，越能承受屈辱；越是质朴纯真的人，越能为众人蒙受污垢。

大道弥漫于整个宇宙，无处不在；大道就像一个大到无边无际的大器具，但它不是神也不是人之所造，而是自然天成的。大道的声音是最洪亮的，但只有得道者才能“听得着”；大道的形象是最宏大的，但只有得道者才能“看得到”。

道施惠于万民万物之时，是不声不响，不留痕迹的。正是大道的这种默默施予，才使宇宙万物得以正常化生和长成。

第四十二章

道生一，一生二，二生三，三生万物。

万物负阴而抱阳，冲气以为和。

道化生了处于阴阳未分状态的太极，太极化生了阴阳两仪，阴阳相合而成和谐的精气，在此种和谐统一的气化状态中，宇宙万物得以化生。

由于阴阳两气相互激荡、融合而生成一种和气，使万物得以化生，这样万物也就都蕴涵有阴阳二气了。

第四十三章

人之所恶，唯孤寡不谷，而侯王以此为自称也。物或损之而益，或益之而损。

故人之所教，亦议而教人："强梁者不得其死！"吾将以为教父。

天下之至柔，驰骋天下之至坚。出于无有，入于无间，吾是以知无为之有益也。

不言之教，无为之益，天下希能及之矣。

最令世人厌恶的是无力自养的孤寡者，然而心中有道的侯王却以此来称呼自己。他们还懂得，愿作自我付出的，反而可能获得更多；总想多获取的，反而可能失去越多。

前人用这样的道理教导我，我也这样去教人："不从道教化的恃强凌弱者必定不得好死。"我要把它奉为信条，并以此作为教育人的准则。

道显得那样的柔弱，但它的力量却强大到足以支配世间的一切。道那样虚无，却无处不在。道虽然没有它的目的性，却无时无刻不在施益于万民万物。

道不会用语言教化世人，却以实际行动对人类奉献一切。可惜的是，不是很多人都能了解道的这种作为，更不知以它为榜样了。

第四十四章

名与身孰亲？货与身孰多？得与亡孰病？

甚爱必大费，多藏必厚亡。

知足不辱，知止不殆，可以长久。

对一个人来说，名气与生命相比，哪一方面更值得珍惜；钱财与生命相比，哪一方面更为重要呢？为了得到名气与钱财而搭上性命，不是很可怜，很愚蠢吗？

过分追求自己所喜爱的东西，必然要为此付出沉重的代价，聚敛得越多，下场可能会越悲惨。

因此，乐于知足，就不会自取其辱，自取其伤。凡事做到适可而止，就不容易招致凶险与危难，这才是长久的平安之道啊！

第四十五章

大成若缺，其用不弊。大盈若冲，其用不穷。大直若屈，大巧若拙，大赢若绌，大辩若讷。躁胜寒，静胜热，清静为天下正。

有大成就的人仍会存有缺点，如能有此认识并对它保持警惕，必能无往而不胜。德行很深厚的人仍会有不足之处，如能有此认识并继续保持谦虚的情怀，必能受益无穷。

真正的刚直之士，更有承受委屈的能力；非常精明的人也会有笨拙的举措；非常富有的人也会表现出朴素、节俭的一面；雄辩的人，也会给人一种仿佛不善言辞的感觉。

阳之躁能胜阴之寒；阴之静能胜阳之热。治国济民如同治病的道理一样，清静无为乃是治理天下的正道。

第四十六章

天下有道，却走马以粪。

天下无道，戎马生于郊。

罪莫大于多欲，祸莫大于不知足，咎莫大于欲得。

故知足之足，常足矣。

治国者如能少私寡欲，实施清静无为政治，必会令社会安定，人民乐业，战马也得以退役为农民拉粪耕田。

治国者如果骄奢淫逸，贪得无厌，不顾百姓死活，百姓在走投无路的情况下，必然会揭竿而起。战争一旦爆发，就连那怀胎的母马也要征调战场，以致把马驹生在郊野的战场之上。

贪欲，是罪恶之源；不知自足，是祸患的发端；一旦把贪欲变成行动，灾祸就会随之而降。

知足才能满足，而且要永久地知足，这才是世人尤其是治国者免除祸患的根本办法。

第四十七章

不出户，可知天下；不窥牖，可见天道。

其出弥远，其知弥少。

是以圣人不行而知，不见而明，不为而成。

圣人虽足不出户，但能知天下事。他们虽眼不望窗外，却能了解自然、社会的运行情况。

世俗之人实践的是非理性的“直觉主义”的认识观，虽注重亲见亲行，却不能分清事物的现象与本质，进而掌握其发展规律和趋势。所以他们走的路越远，看到和听到的事越多，所获得的真知反而越少。

圣人实践的是理性的认识观，注重分清事物的现象与本质，进而掌握其变化发展规律。所以他们能够做到不行而见，不见而知，虽不刻意去求得对事物的真知灼见，却在不经意之中做到了。

第四十八章

为学日益，为道日损。损之又损，以至于无为。无为而无不为。

取于天下，常以无事。及其有事，不足以取天下。

从事一般性的学习，是为了不断地增长知识和技能，而从事学道和修道，则要进行去除私心杂念的自我改造。这种纯洁和美化心灵的改造不是一次完成的，只有不断地扶正祛邪，才能使自己达到无私欲、无妄念的无为境界。有了这样的境界，才有资格去践行清静无为政治，并使国家走上安平富足之路。

有的治国者，之所以得到天下人的信任和爱戴，是因为他们只做有利于百姓而不做损害百姓的事情。如果他们反其道而行之，则必然会失去天下人的敬重和信任，并为之所唾弃。

第四十九章

圣人常无心，以百姓之心为心。

善者，吾善之；不善者，吾亦善之。德善也。

信者，吾信之；不信者，吾亦信之。德信也。

圣人之在天下也，歙歙焉为天下浑其心。

百姓皆注其耳目焉，圣人皆孩之。

有道的治国者不应以自己的意志、自己的欲望作为施政的出发点，而应以百姓的意志、百姓的利益作为施政的最高准则。

对于善良的人，圣人应该善待他们；对于那些不够善良的人，圣人也应善待他们；引导他们向善为善，使他们同归于善。

对于诚实且讲信用的人，圣人以诚信对待他们；对于不诚实不守信用的人，圣人也以诚信对待他们；引导他们奉行诚信，成为一个诚信的人。

治理天下的圣人，应努力收敛自己的欲望，做到为天下百姓而保持一颗清纯洁净的心。

对治国者，老百姓应注意听其言观其行，对他们实行监督；对于百姓，治国者则应像抚育婴儿那样小心地予以呵护。

第五十章

出生，入死。

生之徒，十有三；死之徒，十有三；而人之生生，动之于死地，亦十有三。

夫何故也？以其生生之厚也。

盖闻善摄生者，陵行不避兕虎，入军不被甲兵；兕无所投其角，虎无所措其爪，兵无所容其刃。

夫何故也？以其无死地焉。

一个人从母体中生出来，他的生命便开始了；一个人在自然界中消失，他的生命也便终结了。

有的人，不求精美之食，不涉不法之行，这种以自然的养生之道对待生命的“生之徒”，在十个人之中约占三个。有的人，对诱人的名位孜孜以求，对丰厚之衣食汲汲以逐，这种以奉养过度的方针对待生命的“死之徒”，在十个人之中也约占三个。有的人，为求长生不老，背离正常的养生途径，热衷旁门左道，热衷炼丹服丹，这种由于过分珍惜生命反而加速其死亡的，在十个人之中亦约占三个。

渴望长生反而短命的原因何在？这是他们违背了自然法则，对生命过分珍惜、过度奉养所致。

但凡善于把握自己生命，能够将生命的信息调节到与犀牛、老虎等野兽同步的人，行走于山岭之间不用回避雌性犀牛和凶猛的老虎，进入军阵而不用披带坚甲和利器。因为犀牛不会用角攻击他，老虎不会用爪去伤害他，敌军士卒在惊惶失措之中也不会举起利刃杀死他。

为什么会这样的呢？这是由于他们有一种不惧死的精神和本领。正是这种精神和本领，把野兽和敌军震慑住了。

第五十一章

道生之，德畜之；物形之，势成之。是以万物莫不尊道而贵德。

道之尊，德之贵，夫莫之命而常自然。

故道生之，德畜之。长之育之，亭之毒之，养之覆之。

生而不有，为而不恃，长而不宰，是谓玄德。

见小曰明，守柔曰强。

道是宇宙万物得以化生的原动力，道之德是使天下万物呈现丰富多彩的种属和个性的施为者；当万物有了各自的形态之后，它的长成、衰亡的发展趋势便形成了。所以万物莫不尊崇道和崇敬德的。

道所以受万物尊崇，道之德所以被万物崇敬，是因为道和道之德从来不对它们发号施令，而是永远以一种自然而然的态度对待它们。

道与道之德化生了万物，使它们发育长大，使它们成形成熟，并给其整个生长过程以抚养和庇护。

道化生了万物而不据为己有，施作用于万物而不恃为己功，成就了万物而不自为其主宰，这正是道的深沉而悠远的美德。

所以说，能把自己看作是弱小卑微的人，是真正的聪明人；能以柔弱的姿态示于人前的人，则是真正的强者。

第五十二章

天下有始，以为天下母。既得其母，以知其子；既知其子，复守其母，没身不殆。

塞其兑，闭其门，终身不勤。开其兑，济其事，终身不救。

用其光，复归其明，无遗身殃，是谓袭常。

道是天地的始祖，万物的母亲。既然知道万物的母亲是道，自然也就知道天下万物是道的孩子了；既然知道天地万物都是道的孩子，只要回过头来守护住他们的母亲，坚定地循道而行，那就可保这些孩子们（万物）终身平安了。

塞住其身上嗜欲的孔窍，关闭住其身上嗜欲的门户，使私欲妄念不得进入。如此，其终身也就不应有什么烦恼凶险的事了。若是反其道而行之，开放身上嗜欲的孔窍，任其为达求名争利的目的而不择手段、不遗余力，其死期很快就会到了。

如果借助道的光芒，回头去观察、审视已走过的人生之路，就算过去做错了事、走错了路，只要能回归到道所指引的康庄之路上，并坚定地走下去，就不会再有什么灾难和祸殃的了。这样做，遵循的正是道的法则、道的精神。

第五十三章

使我介然有知，行于大道，唯施是畏。

大道甚夷，而人好径。

朝甚除，田甚芜，仓甚虚，服文彩，带利剑，厌饮食，财货有余，是谓盗夸。

盗夸，非道哉！

假使我对道已有所了解，就一定会坚定地在这条大道上走下去，而不会有丝毫偏离。

大道十分平直而坦荡，小路则崎岖凶险。有的侯王却总是不走正道而热衷于走邪路。

他们为了自己的享乐，把宫殿修建得富丽堂皇，由于民力财力耗费过大，以致天下田园荒芜，粮仓空虚，百姓更是难以度日。而侯王、公卿们仍过着豪奢的生活。他们身穿华美的衣服，以炫耀其富有与高贵；他们佩带利剑，以示其尊贵与威严；他们拥有用之不尽的财物；说到吃的，要不是精美之食，他们根本不屑一顾。他们是名副其实的强盗头子。

他们这种剥夺人民的强盗行径，是完全违背大道精神的啊！

第五十四章

善建者不拔，善抱者不脱，子孙以祭祀不辍。

修之于身，其德乃真。修之于家，其德乃余。修之于乡，其德乃长 。修之于邦，其德乃丰。修之于天下，其德乃普。

故以身观身，以家观家，以乡观乡，以邦观邦，以天下观天下。吾何以知天下之然哉？以此。

诚心建德的人是不会受外力的干扰而中途动摇的，一心修道的人也是不会因世俗观念的影响而半途而废的。“得道者昌，失道者亡”，修道建德之家必定喜庆相随，子孙延绵，以至香火不绝。

去私欲除妄念，从我做起，这是修道建德的真谛。修道者把它扩展到全家，必能德化家人，使之形成道德传家的良好家风。再把它扩展到全乡，必能德化乡人，使之培育起淳朴的乡风民情。又把它扩展到全邦，必能德化邦人，使之形成良好的社会风尚。进而把它扩展到天下，必能德化天下之人，使之出现升平祥和的社会气象。

这样，我们就可以从一个人的德行看到其他人的德行，从一个家的家风看到其他家的家风，从一个乡的风情看到其他乡的风情，从一个邦的风尚看到其他邦的风尚，从一个国家的气象看到全天下的气象。我身居于一个地方又如何能知天下风尚的情势呢？原因就如我前面所说的。

第五十五章

含德之厚，比于赤子。毒虫不螫，猛兽不据，攫鸟不搏。骨弱筋柔而握固，未知牝牡之合而朘作，终日号而不哑，精之至也，和之至也。

知和曰常，知常曰明。益生曰祥，心使气曰强。物壮则老，谓之不道，不道早已。

品德淳厚的得道之人，就像无私无欲的初生婴儿。这些婴儿因为有母亲的庇护，所以，毒虫不能螫伤他，猛兽不能伤害他，凶鸟也不能扑击他。他们虽然柔弱，却能把拳头握得紧紧的；他们虽不懂得男女的交合之事，那小小的生殖器却常常有力地勃起；他们虽经常地号哭不停，其声音却不会沙哑。因为他们是阴阳两种精气高度融合的初生体，具有强旺的生命力。

中和、和谐，是自然、社会，也是生命的真谛。只有真正认识到这“和”的精髓，才能以一种正确的顺乎自然的态度看待生命。为求强壮、长生而过度奉养，这是自找祸咎。任性使气者往往会变成恃强凌弱之徒。事物过于强旺，就会走向衰老和衰败。不遵循“和气”之道，自然是背离大道之为。背离大道法则的物与事，只能是未老先衰，未成先败了。

第五十六章

知者不言，言者不知。

塞其兑，闭其门；挫其锐，解其纷；和其光，同其尘。是谓玄同。

故不可得而亲，亦不可得而疏；不可得而利，亦不可得而害；不可得而贵，亦不可得而贱。故为天下贵。

大道的真知真传者重修行而不重言说；喜欢对大道妄发议论的，则多是一知半解之人。

塞住他身上嗜欲的孔窍，关闭住他身上嗜欲的门户，使其心志不外驰，外在诱惑不能入；挫其争强好胜的心性，解脱其因欲望引发的俗世纷争，使之超凡脱俗、一心向善；让他混入尘俗并融和其光芒，使之涉俗流而不污，在世而超世，入世而济世。做到以上者，就能进入与天同高的大道境界。

面对亲人，他们不会给予特别的亲近与关照；面对非亲非故的人，他们不会待之疏远与冷漠。面对利禄，他们不会孜孜以求；面对凶险，他们不会避而远之。面对高贵的人，他们不会奉承与献媚；面对卑贱的人，他们不会予以轻蔑与作践。有了如此境界的人，便是天下人所推崇的至尊至贵的人了。

第五十七章

以正治国，以奇用兵，以无事取天下。吾何以知其然哉？以此。

天下多忌讳，而民弥贫；民多利器，而国滋昏；民多伎巧，而邪事滋起；法令滋彰，而盗贼多有。

故圣人云：我无为而民自化，我好静而民自正，我无事而民自富，我无欲而民自朴。

以清静无为的方略治国，以出奇制胜的计策指挥军队守疆护土，以不扰民、不伤民的施政取得天下人的信任，天下一定太平，百姓一定富足。我何以知道世情是这样的呢？依据的正是道化天下这个道理。

相反，统治者的政令过多过苛，就会妨碍百姓的生产积极性，使他们越发贫穷；民众的权谋智术越多，国家就越混乱；民众的奸邪伪诈之术越高超，邪恶之事就会频繁发生；统治者为了个人的享受，使用一道道的法令对民众进行剥夺，百姓无法生存就必然会沦为盗贼。

所以有道的治国者都懂得，只要奉行清静无为政治，做到对民不施搅扰之政，不举严酷之法，不播重苛之税，而让百姓自我作主，自我发展，自我完善，这样百姓自能安平富足，民风自能淳厚素朴，社会自能和谐稳定。

第五十八章

其政闷闷，其民醇醇。其政察察，其民缺缺。

祸兮，福之所倚；福兮，祸之所伏。孰知其极？其无正也。正复为奇，善复为妖。人之迷，其日固久。

是以圣人方而不割，廉而不刿，直而不肆，光而不耀。

圣人治国，厚道宽容，不出苛政以治民，唯知修道以自省，如此一来，纯真、质朴、敦厚的民风自然会得到培育和发扬。暴君治国，苛政频出，横征暴敛，则必然会导致狡诈刁恶、不仁不义的恶劣民风的滋长和蔓延。

祸患的事件中倚伏着幸福的种子；幸福的事件中潜伏着祸患的根苗。那么，祸与福是怎样转化的呢？它们之间存在着一个界限，一旦超过这个界限祸就会转化为福，福就会转化为祸。这叫作物极必反。因此，世间事是不会一成不变的，正常的会幻变为怪异的，美善的会转化为丑恶的。这是一个很普通的道理，长久以来，却有许多人对它感到迷惑不解。

为了防止为民之政演变为害民之政，有道的治国者应努力做到：秉持公平公正，而不去伤人害事；自守清廉，而不去侵害百姓的利益；保持率真，而不放肆妄为；心中虽充满光芒，而不炫耀于人。

第五十九章

治人事天，莫若啬。

夫唯啬，是谓早服。早服谓之重积德。重积德则无不克，无不克则莫知其极。莫知其极，可以有国。有国之母，可以长久。

是谓深根固柢，长生久视之道。

治国者修身建德，管理国事，就好像农夫耕种过日子的道理一样。

怎样才算得上是个好农夫呢？一个好农夫必定注重及早备耕、及时播种和耕耘，及时收获并做好收藏。对于一个有志于治理国家的人来说，那就应立志尽早潜心修道。只有尽早修道，才能使道行日益深厚。道行日益深厚了，就能无往而不克。从这无往而不克之中，你就能认识到道的功用之无穷。当你知道道的功用是那样广大无边、那样深不可测，于是就能明白道在国家在，道亡国家亡的道理。道是国家的母亲，有道守护着，天下就可长治久安了。

所以说，信奉大道、以道治国，是使国家根深蒂固、长生长存的根本道理。

第六十章

治大国，若烹小鲜。

以道莅天下，其鬼不神。非其鬼不神，其神不伤人。非其神不伤人，圣人亦不伤人。

夫两不相伤，故德交归焉。

煎煮小鱼时，如果火候过了会把它煎煳，如果翻动过多会令它烂在锅里。治理国家的道理如同烹小鱼一样，既不能给老百姓过多的干扰，更不能给他们以伤害，所以必须小心谨慎。

那么，治国有什么好法宝吗？这个法宝就是道。实行以道治国，以道莅天下，施无为之政，必能使天下太平，物阜民丰，世风日上。在这样的情形下，祸患也就无从降临人间。假使世间有鬼神存在，它们也会失去害人的功力，就是想为害世人，也无法施展其技。至于有道的统治者，在以道治国之中，只会给百姓带来好处，带来福祉，而不会带来伤害。

鬼神对世人、治国者对百姓之所以不相加害，这是道之德，圣人之德共同发挥作用的结果。

第六十一章

大国者，下流也。天下之牝，天下之交也。牝常以静胜牡，以静为下。

大国以下小国，则取小国；小国以下大国，则取于大国。故或下以取，或下而取。

故大国者，不过欲兼畜人；小国者，不过欲入事人。

夫两者各得其欲，故大者宜为下。

大国与小国犹如江海与百川的关系一样，江海所以得百川来归，是因为它甘居下处；大国所以得到小国的尊崇，是因为它能以谦逊卑下自处。天下因为有雌性和雄性，所以才有阴阳交合之事。雌性好静，雄性好动，所以交合时雌性常处于下方。

大国以谦逊的姿态对待小国，自然会得到小国的信赖；小国以谦逊的姿态对待大国，也必能得到大国的包容。因此，或因谦逊而取得信赖，或因谦逊而被包容。

大国不要老是想着去兼并小国，小国也不应过分地顺从和依赖大国，而应互相尊重、平等相待、互相扶持、和谐共处。

这样，大国与小国便能各得其所，由于大国处于主导地位，因此更应以谦下、礼让的姿态对待小国。

第六十二章

道者，万物之奥。善人之宝，不善人之所保。

美言可以市尊，美行可以加人。人之不善，何弃之有?

故立天子，置三公，虽有拱璧以先驷马，不如坐进此道。

古之所以贵此道者何也?不曰：求以得，有罪以免耶?故为天下贵。

道是宇宙万物的庇护者。它是良善者的无上珍宝；不够良善的人虽不会把它视为珍宝，却也在不知不觉中得到它的护佑与施益。

能体现道精神的美好言词，能得到人们的珍惜与接纳，并受到它的教化；善为道者的美行对人们则会起到不言而教的感化作用。因此，对于那些德行不好的人，我们不应该唾弃，而应该用道的精神去教化影响他们，使他们改过迁善，同化于道。

天子登基，三公就任时，与其去参加接受玉器和马匹的献赠之礼，不如让他们安坐家中，诚心诚意地修道建德。

古人为什么把学道修道看作头等大事呢？这不正如人们所常说的：修道能使善良的人德行日进，也能使有过失的人通过悔过自新消除罪咎吗？所以，道是天下最珍贵的。

第六十三章

为无为，事无事，味无味。

大小、多少，报怨以德。

图难于其易，为大于其细。天下难事，必作于易；天下大事，必作于细。是以圣人终不为大，故能成其大。

夫轻诺必寡信，多易必多难。是以圣人犹难之，故终无难。

圣人只会秉持无私、为民的宗旨，并依自然法则而为，而不会私心妄为。圣人只会做有利于百姓，而不会做损害百姓的事。圣人只求衣能蔽体、食能饱腹的平淡生活，而不会追求奢侈的物质享受。

矛盾、怨恨是由小而大、由少而多地发展积累起来的。因此，人们应当努力地把它扑灭于萌芽的状态之中。一旦怨恨不幸形成，也应以德相报，用德去化解。

从事艰难的事业，首先应着眼于它的容易处；成就伟大的事业，首先应着眼于它的细微处。也就是说，天下间的难事，必须从最容易处着手；天下间的大事，必须从细微处做起。虽然圣人从不认为自己做的是大事，却因而成就了大业。

轻易作出许诺的人，往往因无法兑现而失信于人；把事情看得过于容易的人做起事来往往力不从心，困难重重。至于圣人，则格外地重视困难，所以就没有什么困难不可克服的了。

第六十四章

其安易持，其未兆易谋。其脆易判，其微易散。为之于其未有，治之于其未乱。

合抱之木，生于毫末；九层之台，起于累土；千里之行，始于足下。

为者败之，执者失之。是以圣人无为故无败，无执故无失。

民之从事，常于几成而败之。故慎终如始，则无败事矣。

是以圣人欲不欲，不贵难得之货；学不学，复众人之所过。以辅万物之自然，而不敢为也。

事物处于相对稳定的状态时最能持久，其乱象初发时最容易找出原因和发展趋势。其征象初发之时最容易找到消除的办法，其乱象处于细微之时最容易清除。因此，我们应当做到见微知著，在其未酿成祸乱时及早予以化解。

合抱的大树是由毫末般的芽苗逐渐长大而成的；九层的高

台是由一块块的土石堆积起来的；千里的行程是从脚下的第一步开始的。

强作妄为和固执己见的人行事必然会招致失败。圣人由于不强作妄为，又不固执己见，也就不易发生失败的事了。

世俗之人做事由于不能善始善终，往往会在事情接近成功的时候遭到失败。所以我们做事必须做到慎始慎终，这样就会少有失败的事了。

所以圣人不会把世俗人的欲望当作自己的欲望，不会像世俗人那样去贪求那贵重难得的钱物；不会去沾染世俗人身上的不良习气，重犯世俗人犯过的过错。他们只会按合乎自然的原则行事，而不会去强作妄为。

第六十五章

古之善为道者，非以明民，将以愚之也。

民之难治，以其智多也。故以智治国，国之贼也；不以智治国，国之福也。

知此两者，亦稽式也。常知稽式，是谓玄德。玄德深矣，远矣，与物反矣，然后乃至大顺。

古代那些修道有成的人，不是教导百姓去学习和掌握机巧伪诈之术，而是引导他们返璞归真，变得更加敦厚淳朴。

老百姓之所以难于治理，是因为他们沾染了机巧伪诈的恶习。如果统治者以机巧伪诈之术治国，只会刺激和助长老百姓身上的这种恶习，这样的统治者无疑是祸害国家的贼子。如果统治者能不采用机巧伪诈之术治国，实在是国之幸、民之福。

如果治国者常能记住上述两个方面的道理，也就把握住了修身治国的要旨；如常能记住这一要旨，并忠实地付诸行动，也就算得上具有与天同高的美德了。玄德是远古先人留传下来的美德，要修成这种美德就必须进行返璞归真的修炼。治国者具备了这种美德，民情民风必能好转，国家必能康泰祥和。

第六十六章

江海所以能为百谷王者，以其善下之，故能为百谷王。

是以圣人欲上民，必以言下之；欲先民，必以身后之。是以圣人处上而民不重，处前而民不害。是以天下乐推而不厌。

以其不争，故天下莫能与之争。

江海能为百水所归，是因为它甘居低处，所以能成为百谷之王。

圣人要想成为百姓的领袖，其心应愈加谦虚，其言应愈加谦逊。圣人要想成为百姓的领头人，就应把自己的利益置于百姓的利益之后。这样，圣人虽身居高位，而百姓不会感到受压迫；圣人虽在前头发号施令，而百姓不会感到受伤害。对这样的圣人，天下人只有拥戴之心，而无厌恶之情。

这样的圣人尽管不去争当领袖，而百姓偏偏选择他们，这样普天之下就没有人能与之相争了。

第六十七章

天下皆谓我大，大而不肖。夫唯大，故不肖。若肖，久矣，其细也夫！

我恒有三宝，持而宝之：一曰慈；二曰俭；三曰不敢为天下先。

夫慈，故能勇；俭，故能广；不敢为天下先，故能成器长。

今舍其慈且勇；舍其俭且广；舍其后且先；则必死矣。

夫慈，以战则胜，以守则固。

天将建之，若以慈垣之。

天下人都说我大，大到没有形物可以比拟。因为我大到无边无际，所以没有任何形物可以与我相比。如果可以相比，我从开始时便应是个可量可度的具体形物而不是道了。

我之所以伟大，是因为我永久地拥有三件法宝，并无限地珍爱它、尊崇它。第一件叫慈；第二件叫俭；第三件叫不敢为天下先。

所谓“慈”，就是慈爱、慈悲、慈善，对万民万物有一种慈爱、慈悲、慈善之心。它可激发出庇护万民万物的惊人勇敢和力量。所谓“俭”，就是勤俭、节俭、俭朴，爱惜天下之物，使奢侈之风不长，从而使天下万物得以自然繁衍。所谓“不敢为天下先”，就是在权位名利面前，永不与人相争。拥有三宝的人，品德高尚受人爱戴，所以能成为领袖人物。

相反，如果抛弃了慈爱，而热衷于好勇斗狠；如果拒行俭约，而纵欲挥霍；如果在权位名利面前放弃不与人相争的原则，而是争先恐后去争夺，这样就只有死路一条了。

慈爱，是三宝之首，把爱激发出的勇敢和力量用于对付暴虐之敌，必然万众一心，其战必胜；把它用于守土为民，必然众志成城，其守必固。

上天要造就某个人，就应该让他首先培育出一颗慈爱之心、一腔慈悲之情。

第六十八章

善为士者，不武；善战者，不怒；善胜敌者，不与；善用人者，为之下。是谓不争之德，是谓用人之力。是谓配天之极。

善于统兵的主帅，不崇尚武勇；善于指挥作战的将军，不容易被敌方的激将法所激怒；善于克敌制胜的领兵者，不轻易以所率之兵与敌军短兵相接；善于用人的领导者，也总能礼贤下士。这就算得上是一种不争之德，它体现的是善于依靠众人的力量去成就众人事业的思想。这就是与道合真的最高行为准则。

第六十九章

用兵者有言：“吾不敢为主而为客，不敢进寸而退尺。”

是谓行无行，攘无臂，执无兵，乃无敌矣。

祸莫大于无敌，无敌几丧吾室矣。

故抗兵相若，则哀者胜矣。

有统兵者曾这样说：“我不会主动挑起战争，只会在不得已的情况下对敌进行还击。我不会主动攻占敌方的土地，甚至可实行一定程度的后撤。”

当敌方进犯时，我们就把自己的军队隐蔽起来，使敌方看不到我方的战阵，看不到我方的士兵，也看不到我方的兵器，如此以逸待劳，以静制动，时机成熟时就给敌方突然的反击，这样，一定能取得战争的胜利。

骄兵必败，因此，祸患莫大于自以为天下无敌。如果自以为天下无敌，以强凌弱，到头来必定会招致失道、丧身、害家、亡国的结局。

所以，当兵力相当的两军相对抗，一定是正义的哀兵一方取得最后的胜利。

第七十章

吾言甚易知，甚易行。天下莫能知，莫能行。言有宗，事有君。夫唯无知，是以不我知。知我者希，则我者贵。是以圣人被褐而怀玉。

我的言论容易理解，也容易践行。可天下人却觉得不易理解，也难于践行。

其实我的言论出自上古以来流行的大道传统，是有根有源的。世人对道不去探索，对它自然一无所知了。对道无知，就必定无法理解我等修道建德的行动和努力了。

理解我等的人少，反显能效法我言论的人之难能可贵。修道有成的圣人尽管穿着穷人才穿的褐色粗布衣裳，而它包裹着的却是如宝玉似的美丽心灵。

第七十一章

知不知，尚矣；不知知，病矣。

是以圣人不病，以其病病；夫唯病病，是以不病。

努力去学习和掌握自己尚未懂得的知识，这是正确的态度，高明的表现；明明不懂却不肯虚心学习，反而不懂装懂，这是错误的态度，是一种病态表现。

圣人身上所以没有不懂装懂的毛病，是因为他们厌恶它、鄙弃它。正因为圣人厌恶、鄙弃不懂装懂这种毛病，所以这毛病就不会发生在他们的身上。

第七十二章

民不畏威，则大威至矣。

无狎其所居，无厌其所生。夫唯不厌，是以不厌。

是以圣人自知，不自见；自爱，不自贵。故去彼取此。

当老百姓被逼到不再畏惧统治者的威权时，更大的社会危机就要发生了。

因此，统治者千万别把老百姓逼迫到不得安居的地步，也不要把老百姓压榨到无法生存的境地。只要统治者不欺压、不剥夺老百姓，老百姓自然不会产生不满情绪，也自然不会起来反对他们。

由于圣人懂得百姓才是自己的生存之本，因此绝不会自以为是地恣意妄为。这样的圣人还能做到严于律己，而不会在老百姓面前耀武扬威，以示高贵。所以，在自知、自爱与自见、自贵之间，圣人选择的一定是前者，舍弃的一定是后者。

第七十三章

勇于敢则杀，勇于不敢则活。此两者，或利或害。天之所恶，孰知其故？

天之道，不争而善胜，不言而善应，不召而自来，繟然而善谋。天网恢恢，疏而不失。

一味地好勇斗狠、恃强凌弱的人必定会招来杀身之祸。守持柔弱、不逞强好胜的人则能立于不败之地。前者害人害己，后者利己利人。前者自然为天地所不容，为什么？因为他们违背了天道的慈爱精神。

天道从来不会去争什么高下，天下万物却诚心拥戴它；天道从来不发号施令，天下万物却自动遵循它的规律；天道从来不会号令万物置于自己的麾下，天下万物却自觉接受它的庇护和驱使。天道坦然而善谋，使天地间的一切都井井有条。它宛如一张广大无边、威力无比的天网，网孔虽疏，但没有谁能逃离它，能摆脱它的影响。

第七十四章

民不畏死，奈何以死惧之？

若使民常畏死，而为奇者，吾得执而杀之，夫孰敢矣！

常有司杀者杀。夫代司杀者杀，是谓代大匠斫。夫代大匠斫者，则希有不伤其手矣。

暴政苛政之下，老百姓没有活路，必定会起来作拼死的反抗。老百姓到了连死都不怕的境地，再以死亡相恐吓，难道还会有作用吗？

治国者如能使老百姓安居乐业，他们自然会珍惜自己的生命。在这种情况之下，就算有诡异乱群者胆敢作奸犯科，只要官府及时打击惩处，其余心存妄念的人恐怕也就不敢再为非作歹了！

国家应成立专门的常设机构来行使打击惩处罪犯的权力。如果有人越俎代庖替司法机关去惩处罪犯，就好比一个外行人替代木匠去加工木料一样，是很少有不伤到自己的身体的。

第七十五章

民之饥者，以其上食税之多也，是以饥。

民之难治者，以其上之有为也，是以难治。

民之轻死者，以其上生生之厚也，是以轻死。

夫唯无以生为者，是贤于贵生者也。

百姓所以受饥挨饿，是由于统治者收税过重。所以说民众饥饿，正是税重造成的。

百姓之所以难于治理，是由于统治者违背了清静无为的原则，而胡作非为所致。所以说百姓难治，正是统治者的不当作为造成的。

百姓所以把死看得很轻，敢于以死对抗政府，是由于统治者过分追求物质享受而盘剥民众所致。民众到了生存不下去的时候，自然会铤而走险，起来反抗。所以说百姓敢于以死对抗政府，正是统治者为了自己的享受而过度压榨民众所造成的。

因此，不追求物质享受而又能实施清静无为的统治者，比之那些不顾民众疾苦、一味追求奢侈享受的统治者要贤明千百倍。

第七十六章

人之生也柔弱，其死也坚强。

草木之生也柔脆，其死也枯槁。

故坚强者死之徒，柔弱者生之徒。

是以兵强则灭，木强则折。

故坚强处下，柔弱处上。

人活着的时候，身体是柔软的，死了便变得坚硬僵直了。

草木生长的过程中，身体是柔软脆嫩的，死之后便变得枯朽了。

所以说，事物到了最旺盛的时候，因为生机将竭，死亡之期便不远了；而当事物处于柔软脆弱之时，因为是初生，便有着强旺的生命力。

兵器过于坚硬，使用时很容易被折断。树木过于坚硬，由于失去柔韧性，也容易被风摧折。

事物到了最旺盛的时候，就必然要走下坡路，走向死亡；而当其处于初生而柔弱之时，则必定天天向上，日益旺盛，这可是自然界和人类社会永恒不变的规律。

第七十七章

天之道，其犹张弓欤？高者抑之，下者举之；有余者损之，不足者补之。

天之道，损有余而补不足。人之道，则不然，损不足以奉有余。

孰能损有余以奉天下？唯有道者。

是以圣人为而不恃，功成而不居。其不欲见贤也。

天之道，不就像张开了准备射击时的弓的情形一样吗？偏高了把它调低，偏低了需把它调高。换句话说，就是有余时就减损它，不足时就增益它。

天之道，是减损有余而增益不足，使大与小相匀，使有余与不足持衡。世俗人之道则与天道相反，他们通过对贫弱者的剥夺去奉养那些富贵者，从而使贫者越贫，富者越富。

谁能做到以己的富余去救助那些贫弱的人呢？只有那些得道的人。

得道的圣人虽然对贫弱者施予了救助，但不会自恃其能，更不会自居其功，因为他们不愿意把自己的贤德展示在世人的面前。

第七十八章

天下莫柔弱于水，而攻坚强者莫之能胜，以其无以易之也。

柔之胜刚，弱之胜强，天下莫不知，而莫之能行也。

故圣人云："受国之垢，是谓社稷主；受国之不祥，是谓天下王。"正言若反。

天下没有什么东西比水更为柔弱的了，而攻强摧固的能力没有谁能胜过它的，因此，没有谁能替代它。

柔弱的可以胜过刚强的，弱小的可以战胜强大的，这个道理天下无人不懂，但没有多少人能用它来指导自己的行动。

守柔、处下、受垢是水的品格，也是圣人的品格。所以古之圣人曾说：勇于为国家忍辱负重的，才配做国家的领导人。勇于为国家承担凶险灾难的，才配做民众的领袖。这些话听起来显得那样负面，可它却是符合大道的至理之言。

第七十九章

和大怨，必有余怨；报怨以德，安可以为善？

是以圣人执左契，而不责于人。有德司契，无德司彻。

天道无亲，常与善人。

结了怨就应努力去化解，不过，怨恨不是轻易可以彻底消除的，大恨大怨化解之后还可能会留下一些小恨小怨。如果任由与人结恨结怨，然后再用以德相报的方法去化解，这显然不是智者、善者之所为。冤家宜解不宜结，因此，我们应尽量避免与人结怨。

圣人像手执借据而不向举债人索还那样宽容，有德的治国者就像这样的圣人一样善待和爱护百姓，从而得到他们的拥护；无德的统治者则像强征巧取的收税人那样不顾百姓的死活，从而引发他们的怨恨。

天道对人类、对万物没有亲疏厚薄之分，但总是乐意去爱护和帮助那些信道行道的人。如果治国者都能循道而行，人世间的怨恨就会大大减少。

第八十章

小国寡民。使有什佰之器而不用。使民重死而不远徙。虽有舟舆，无所乘之。虽有甲兵，无所陈之。

使民复结绳而用之。

甘其食，美其服，安其居，乐其俗。

邻国相望，鸡犬之声相闻，民至老死不相往来。

领土规模不大，人口数量不多，这是一种理想的民族区域自治的国家模式。这时的国家，视战争武器为无用之物，因为它不以拥有广阔的领土、众多的人口为目标，而以追求永久的和平为宗旨。这时，各国的人民十分珍惜自己的生命，也十分热爱自己的家园。以生命为代价去发动战争，并通过远程迁徙的方式去占领他国领土，他们是不会干的。在这样的国家里，战船战车、盔甲武器是派不上用场的。

在那时的国家里，结绳记事时代那种敦厚善良、诚信友爱、和谐无间的古朴民风得到了重建。

在这样的国家里，人人有充足味美的食品，有华丽暖身的衣着，有漂亮舒适的居室，还有令人身心愉快的娱乐。

毗邻的国家虽互相望得见，鸡犬之声也能听得到，但彼此间，世世代代都不会发生互相骚扰、互相侵害的事。

第八十一章

信言不美，美言不信。善者不辩，辩者不善。知者不博，博者不知。

圣人无积，既以为人己愈有，既以与人己愈多。

天之道，利而不害。圣人之道，为而不争。

真话，往往容易使人感到不中听，使人听得舒服的则往往是大话或假话。善良的人不逞口舌之辩，热衷于伪辩、巧辩的多非良善之辈。知识渊博的人不会去卖弄学问，喜欢卖弄学问的则多无真才实学。

怀抱济世为民情怀的圣人，会毫无保留把自己的所有所能奉献社会、服务民众，他们越是把自己拥有的付给别人、付给社会，越是感到自己富有，因为他们从中收获了快乐，收获了尊重。

天道只会施益于万民万物，而不会加害于他们。圣人只会竭尽所能为民众、为社会服务，而不会去做那争名图利的事情。

反响与评说

我所认识的南国奇人麦小舟

宿富连

看了中华老子研究会执行会长萧鸣为《老子的再生》撰写的出版前言，我为麦小舟在传播老子文化这一神圣事业所表现出的崇高使命感而深受感动，也为他在“立德、立功、立言”方面的突出成就而深受鼓舞。我认为麦小舟的为官操守，他学术上的非凡成就，对当今的从政者和做学问的人来说，都是有启迪作用的；加上得悉《再生的老子》将要修订和改版，我于是情不自禁地拿起了笔，我要为麦小舟其人其书再写点文字。

麦小舟之所以有“南国奇人”之誉，是因为他把 2 000 多年来从未有人能够破解的“天书”《道德经》给破解了。其实，凡是对麦小舟的人生有所了解的人都会说他是一位奇人，因为他的人生充满传奇。

奇人有奇历。他人生经历之丰富，绝非我等同辈所能比拟。求学读书、驱牛耕田、挥锤做工、下连当兵，以及从政为官、作贾经商、从文著书，他样样践行，行行经历。这种工、农、兵、学、商、官、文的经历，使他得尝人生五味，得阅世间百态。这种社会角色的不断转换，不仅能劳其筋骨、健其体魄，而更重要的是能广其见闻、增其才干。

奇人有奇才。1988 年的一天，时任中共广东省委常委的方苞对中山大学的领导说：“我在珠海市工作时发现了一个人才，他是个帅才，难得的为官之才。他是你们中山大学的学生，叫麦小舟。”而方苞想不到的是，麦小舟更有著书立说之才。麦小舟大学时修的不是文学而是哲学，他写成的《诗词三部曲》，却令凡看过它的诗词专家没有不为之折服和由衷赞许的。这部传世之作也使他成了货真价实的诗词作家、诗词理论家和诗词鉴赏家。这集“三家”于一身的诗人在我国的诗坛史上并不多见。而麦小舟对《道德经》的研究成果，更使他的文才得到了登峰造极的展现。老子的《道德经》，仿如天书，有若密码，难倒了古今中外无数对它的研读者。我国南宋学问家朱熹说：“庄老二书，注解者甚多，竟无一人说得它本意出，只据臆说而已。”德国学者龙利期·噶尔于1910年指出：“老子那个时代没有人能理解老子，也许，真正认识老子的时代至今还没有到来。”全国老子学会会长胡孚琛于2008年说：“《道德经》诞生以来，古今中外还没有人能真正读懂它。”麦小舟的论著《再生的老子》刚一面世，便令学界为之震撼。胡孚琛发出了“麦小舟先生，南国之奇人也”的感慨。全国优秀科技工作者、2011年度中国工程院院士候选人林茂光将军和《南方都市报》誉他为“古今中外读懂《道德经》的第一人”。中华老子研究会原会长邸振兴说：“读懂《道德经》，是历史赋予麦小舟的使命。”我想，如果麦小舟没有超凡之智慧，如果他不是个旷世之奇才，是断然难以肩负起这一重大历史使命的。

奇人有奇举。麦小舟在他的人生中往往会有出乎人们意料的惊人之举。而这惊人之举正好充分体现出他的独立之人格、自由之思想和改革之思维。

1981年1月，麦小舟从斗门县委宣传部调到该县坭湾公社任党委副书记。他到任后分工主管社办企业。该社的社办经济十分薄弱，上一年全社16个企业中有14个亏损。管好这批企业，使之扭亏为盈，这是他在短期内必须交出的答卷。办法只能从调查研究中寻找。他每天上班就到企业去，但无论到哪一个单位，他只是一看、二问、三听，从不作什么指示。这样一来，公社机关便议论开了：麦小舟是搞宣传的，到企业作个指示都不会，能指望他管好全社的企业吗？麦小舟对此置若罔闻，因为他已成竹在胸。他信奉“三年不鸣，一鸣惊人”的处事风格。那么，这位没有企业管理经验的新任副书记是否找到了让该社社办企业起死回生的办法呢？很快，麦小舟就提出了对社办企业进行全面整顿和改革的成套方案。其中，实行企业管理人员能上能下的制度、在分配上砸烂“铁饭碗”的做法，在当时是很超前的，也是有风险的。事实上，那些从厂长、经理变成了保管员、守门员的人就对他很不满，并多次到县里告他的状。整顿改革措施的推行，使企业的面貌焕然一新，这一年，全社16个企业有14个实现了盈利。企业的发展，个人收益的增加，也使那些告状者和公社机关干部把对麦小舟的怨恨和轻视化为钦佩和尊崇。

1984年10月15日，斗门县举行了一次有县四套班子全体成员以及该县坭湾公社党委书记麦小舟参加的会议。这次仅开了几分钟的会议，却改变了麦小舟与其他所有与会者彼此间的隶属关系。会前，麦小舟是他们的下属；会后，麦小舟成了他们的上级。广东省委和珠海市委让麦小舟担任斗门县委书记的这项任命无疑是一着险棋，因为县里的干部能心悦诚服认可这项任命的实在没有多少人。多数人很担心。他们说，麦小舟能驾驭曾全是他上司的同僚吗？麦小舟有能力收拾斗门县目前这种混乱的政局吗（此前，该县领导集团发生了内讧，导致班子瘫痪，机关半瘫痪）？他们还说，现在离县委换届只有30多天，麦小舟有能耐在那么短的时间内取得大家的认可，获得足够的选票吗？有人公开质疑。他们说，麦小舟只当了两年公社书记，又那么年轻，凭什么越级当县委书记？30多天后，新一届党代会依计划按时举行。市委工作组对麦小舟说，要以代表团为单位成立临时党委或支部，要进行动员……这是历次换届选举的通常做法。你资历浅，更应把工作做到家。在代表团团长会议上，麦小舟却说，这次党代会，不成立临时党委和临时党支部，也不需作以党性保证选举顺利进行的动员，我们要尊重每位代表的个人意愿。工作组真为这位“意气用事”的年轻书记捏上一把汗。他们没有想到的是，麦小舟竟以高票（离满票只差6票）当选新一届的县委委员，随之以全票当选为常委和书记。那么，在这30多天里，麦小舟都做了些什么呢？他除作了两场报告之外，只做了两件事：一是解决了县城居民饮水用水难的问题；二是给被赋闲的科局级干部安排了相应职务，使他们心情舒畅地投入到新的工作中去。

奇人有奇志。孙中山先生有名言云：要立志做大事，不要立志做大官。麦小舟是中山先生遗言的忠实践行者，是一位"要立志做大事"的奇人。麦小舟在县委书记的任上干得有声有色，本可更上一层楼，不料他却辞政经商，后又弃商从文，立志精研国学，弘扬国粹。麦小舟那时已届耳顺之年，本可乐享天伦，安度晚年，然而他却勤上书山，苦渡学海，在国学研究中呕心沥血，含辛茹苦。大学时，我们实在看不出，也想不到麦小舟日后在文坛上能取得如此重大的成就，更何况从政经商已耗去了他20多年的生命时光。那么，他半路出家却能纵横驰骋文坛的能力是从哪里来的呢？麦小舟说："一个人无论在体力、才智等方面的天赋，都存在可供大力开发的潜能。生存需要，兴趣爱好，人生目标，社会责任，人生阅历等都可以成为这种潜能激发和喷发的原动力。"也就是说，正是麦小舟远大的志向和强烈的使命感，使他这方面的天赋得到了激活和开发。先贤云："苦心人，天不负"，"有志者，事竟成"。麦小舟用了他13年的心血和智慧，实现了南国奇人的奇志和夙愿。

古人有"三不朽"之说，这就是立德、立功、立言。"三不朽"是一种崇高的生命境界、积极的人生态度，也是我国历史上许多志存高远的知识分子毕生追求的目标。胡孚琛教授在为麦小舟的《再生的老子》所写的序言中曾提到作者立德、立功、立言的话题。我认为正是由于麦小舟有奇历、奇才、奇举和奇志，才使他得以"三立"齐备，德、功、言三者集于一身。

麦小舟是一位有名著嘉言留世的人

麦小舟是我国古典诗词现代化的先行者和奠基人，又是使老子思想获得重生的奇人。

在麦小舟的“三立”之中，“立言”居于主导地位。他所撰写的《诗词三部曲》和《再生的老子》、《老子的再生》，堪称三大奇书、两座不朽的文化丰碑。

古典诗词是我国的国粹。它不仅是一种极为优美的文学体式，更是中华儿女接受爱国主义教育和高尚道德情操熏陶的重要精神园地。要让古典诗词与时代同行，继续哺育中华子孙，就必须把它从繁难、深奥和神秘中解放出来，使之走上通俗化、大众化和现代化的道路。麦小舟以一种舍我其谁的气概迎难而上，十年磨一剑，终于写成一部集诗词创作——《古诗今写》、诗词理论——《诗法今说》和诗词鉴赏——《名篇今读》于一身的《诗词三部曲》，它是一部自成完整体系而又紧跟时代、贴近现实、深受读者欢迎和喜爱的古典诗词专著。

《古诗今写》，是麦小舟的诗词作品集。他以现代人的情感、审美取向和现代语言，以诗词的体式反映了新中国成立头50年的历史。《古诗今写》被学界誉为“古典诗词创作现代化的范本”。

《诗法今说》，是麦小舟所写的诗词创作理论书。麦小舟以令人叹服的改革精神，实现了古代诗学理论向现代诗学理论的转变。只要有初中文化，读了它就能对诗词写作无师自通。麦小舟还以其一人之力，在不花国家一分钱的情况下，编制了一套新词谱——我称之为麦氏词谱。麦氏词谱更富韵律美，也更易于为读者所掌握和运用。

《名篇今读》，是麦小舟对我国诗词名篇的鉴赏之作。曾编著出版了《历代好词评析》和《千家诗评析》等书的杨光治教授指出：“《名篇今读》呈现出鲜明的特色，这一真正的精品集和普及本，对有志于学习古典诗词的人是大有裨益的。”

麦小舟之《诗词三部曲》的诞生，为古典诗词在新时代的传承开辟了一条康庄大道。因为它是具有开创性和奠基性的工程，从而使他成为我国古典诗词现代化的先行者和奠基人。

之后，麦小舟便开始了对老子《道德经》的研究。经过三年的辛勤耕耘，写出了两本解读《道德经》的书。一本叫《再生的老子》，一本叫《老子的再生》。前者，主要采用专题解读的方法介绍老子的主体思想。后者，是对《道德经》81 章的字、词、句、章意进行详细的解读。“老子是哲学的巨人、道德的高峰、政治的先知。老子文化具有普世价值”，“老子文化是导人向善的文化，是和平和谐的文化，是民主自由的文化，是世界大同的文化”。这是麦小舟对老子及其《道德经》的研究结论。全国老子学会胡孚琛会长指出：“《再生的老子》是我所见到的国内同类著作中最为确切、最为平实、最为通俗易懂的一部书。有了它，《道德经》走进校园，走进千家万户，走向世界便有了条件与可能。”对于《老子的再生》，中华老子研究会执行会长萧鸣认为：“它是对《道德经》的高水准的阐释和正本清源之作，是老子研究的历史性突破之作，也是吸引当今人类走进老子世界的成功之作。”

麦小舟对老子文化的贡献，主要体现在两个方面：一是他读懂了《道德经》的原文，从而重塑了老子的金身，使老子能以真面目面对当今和未来的人类；二是他系统地揭示了《道德经》的科学体系、丰富的时代内涵及老子文化的普世价值，从而昭示了它在当今和未来世界文化中的崇高地位。因此，中共中央政治局委员、广东省委书记汪洋称赞《再生的老子》时指出：“重新挖掘中华传统经典著作中的时代内涵和普世价值，对于增强中国文化的软实力和世界影响力都有重要意义。麦小舟同志写成《再生的老子》一书，是在这方面作出了自己的一份贡献。”

原广东人大副主任、作家张汉青指出：“时代在呼唤老子，中国从大国走向强国需要老子，和谐世界的构建需要老子。”美国学者蒲克明预言：“《道德经》是未来世界家喻户晓的一本书。”也就是说，老子文化不仅是人类文化史上最优秀的文化，也是人类的共同文化。因此，麦小舟的《再生的老子》和《老子的再生》的诞生，不仅具有重大的现实意义，而且具有深远的历史意义；不仅具有民族意义，而且具有世界意义。

麦小舟虽然不是专职学者，但我敢说他在古典诗词和《道德经》研究方面所表现出的功力、奉献精神，以及所取得的优异成就，在当今学界能与之比拟的，确实鲜有其人。鉴于古典诗词和老子文化在中国乃至世界文化中的重要地位，《诗词三部曲》和《再生的老子》、《老子的再生》这“麦氏三书”的诞生，就如同在天地之间为世人竖起了两座光芒四射的文化丰碑。可以预见，在不远的将来，这“麦氏三书”，必定会成为国人乃至世界人民重点阅读的书籍。

如何增强中国文化的软实力和世界影响力，如何重建我国的官德民风，这是当今我国思想文化战线所面临的两大要务。麦小舟正是以他的三大奇书在这方面作出了重大贡献。所以，皮德义将军赞誉麦小舟为“当今中国思想文化战线上的一面旗帜”。

麦小舟是一位有功于地方、国家和人类的人

在麦小舟的为官字典里，找不到“混官场、保乌纱”的词语，而只有“改革、进取、为国、为民”，八个大字。他决心以彪炳的政绩、百姓的由衷满意，回报党的信任、百姓所赋的权力。

1983 年 8 月，斗门县坭湾公社上报了当年早造的水稻产量，其中亩产为 805 斤。这个数字如同一颗炸弹在县委、县府大院炸开了。机关干部们说，我们年年说要“跨纲要”（年亩产 800 斤），可年年达不到目标，你坭湾公社一造超 800 斤，这怎么可能！有的说，麦小舟虚报产量，为的是捞取政治资本。由县农委牵头组成的核产组最后核定该社当年早稻的亩产是 828 斤。这个在当年几乎不可能达到的产量，不是上天掉下来的，而是麦小舟对该社的水稻栽培技术进行大力度改革的结果。这一年，该社水稻的亩产和总产均比上一年翻了一番多。

麦小舟任坭湾公社党委书记的两年里，该社社办企业的产值和利润也连续以年均50%以上的速度增长。正由于麦小舟以上的不寻常政绩，使他得以由一名公社书记而直接跃升为县委书记，成为当时广东省最年轻的县委书记之一。

斗门县是一个四面为大江大河所环抱的岛县。“出门无船便无路，进出斗门靠摆渡”，这是斗门县当时落后的交通状况的真实写照。为改善该县的投资环境和百姓的生活条件，麦小舟刚上任便提出用五年时间架桥筑路，告别岛县历史的口号，并把1985年定为斗门的交通年。对此，很多人为之欢欣鼓舞，但也有人说这是不能充饥的画饼、白日梦。麦小舟曾找过当时主管交通工作的副省长，请求他对斗门县的建桥筑路给予帮助，这位副省长断然拒绝了。他说，斗门是边陲之地而非交通要道，在那茫茫江面上架桥，在我任内都不可能予以支持。虽遇挫折，但麦小舟并没有气馁。鉴于当时斗门县的财政实在弱小，为筹集交通建设的启动资金，一个集资的构想便在他的脑海形成：“干部一个月的工资、职工半个月的收入”，这是他当时提出的集资规模。麦小舟没想到的是，在那大多数家庭都是寅月吃寅粮的年代，全县竟没有一个干部职工拒绝集资。麦小舟同样没想到的是，斗门人集资办交通的行动，竟然感动了省公路局，也感动了相关银行。在他们的支持下，斗门县用了五年时间建成大中型桥梁17座，从而使该县实现了告别岛县历史的重大目标。

教师担负着培养下一代的使命，人人都说他们责任重大，事业崇高。可是他们与机关干部的经济待遇却不一样，单是工资收入就差了一大截。麦小舟与县政府商量决定，于1986年对该县的教师工资进行改革，让他们与国家干部异工同酬。实践证明他此举是正确的，20多年后，这一政策在全国范围内逐步得到了推广和落实。

1988年，麦小舟冒着很大的政治风险，让该县率先于全国实行公房私有的住房改革，在没有增加财政负担的前提下解决了教师、干部和职工的住房问题，更为五年后国务院在全国全面展开的住房改革提供了实实在在的经验和做法。如果没有这场公房私有的改革，就不会有今日规模宏大的房地产市场。从这个意义上说，麦小舟还是新中国房地产市场之门的开启者之一。

麦小舟主政斗门县的五年间，该县工农业产值以每年平均24%的高速向前增长，全县城乡居民存款则增长了四倍多，社会也一派升平景象。

老子文化哺育出的世界必定是充满大爱大善的世界，必定是和平和谐、没有战争的世界，必定是社会物质财富极大丰富的世界，必定是人人心灵美丽、个个道德高尚的世界。然而，这一美好的世界是等不来的，它需要世界所有有识之士共同去推动老子文化的传播。而老子文化的健康传播，还需要有能帮助读者真正读懂《道德经》的高质量读本。从而使世人得以仰望老子的真容，领略《道德经》的真义。中华老子研究会执行会长萧鸣指出："《再生的老子》和《老子的再生》就是这样的好书。而适合海内外读者阅读的《老子的再生》，不仅要出简体字中文版、繁体字中文版，还要译成英、法、德、意、俄、日、匈、韩以及西班牙、葡萄牙、阿拉伯等文字出版。"我想，当世界各地的读者通过读麦小舟的书，接受老子文化熏陶并受到它的裨益的时候，在缅怀伟大老子的同时，是不会忘记麦小舟在《道德经》的研究方面对人类所建下的不朽功绩的。也就是说麦小舟在老子研究上的成就，不仅功于中华民族，也功于全人类。

麦小舟是一位品德高清的人

年近九十高龄的中华老子研究会原会长邸振兴，读罢《再生的老子》之后，情不自禁地说："麦小舟是一个了不起的人，是一个高德的人，是一个负有历史使命的人，是一个功德无量的人。”从书品可以见人品，邸振兴没有见过麦小舟，对麦小舟的人品，他是从《再生的老子》中读出来的。

麦小舟心中装着百姓。他从公社书记到县委书记，十年如一日，坚持骑自行车上下班，行人有事找他，可让他在路边停下来。他的家和办公室，对老百姓是敞开的，什么人都可以上门找他。他也曾在家里接待过两位精神病患者。对老百姓的事情，他不仅记在心上，而且会以最快的速度予以解决。有一次，县委办公室主任陆永海在理发店听到有人发泄不满：“我们打江山的受苦，他们坐江山的享福。”说话的是一位复原回乡的老兵，是一个受过伤、截了肢的残疾人。麦小舟得知此事后，即与政府商量，随之决定给全县所有属援朝战争前的复员兵按月发给生活费。这样一个在某些区县也许认为难以解决的问题，在斗门则只用了两天就给解决了。

麦小舟以百姓自居。有一次，他到农村调查研究，有位村干部把他叫做县长，随行的县办主任纠正说：“是书记而不是县长。”回城的路上，麦小舟对这位主任说：“无论什么官都有一个基本身份，这就是老百姓。称谓只是个符号，只要没有把我叫‘高’了、叫‘大’了就行，也就用不着纠正。”自此，人们对他的称谓够得上是五花八门。有叫他书记的，有叫他县长、主任、老总、老排长的，有叫他麦公、麦爷的，也有直呼其名的，他都一概笑诺。麦小舟当过县委书记，现在又是个名人，算得上是个有身份的人了，但他仍坚持以百姓自居，处处以普通百姓的面目出现于人前。他现已年近七十，仍以公共汽车作为代步的主要工具，而且还会给小孩、孕妇和看似年纪比他大的人让座。

麦小舟为官清廉。公社书记、县委书记虽然不是什么大官，却位要权重，但他从不贪钱贪物。他拒收钱物的方式也很特别。他任公社书记的头年春节，有一社办企业给他家送来了一个组合柜。节后上班的第一天，他雇人把这柜子运回公社机关大院拍卖，拍卖所得的钱退给企业办入账。他是以这种方式告诫人们别给他送钱送物。麦小舟不仅不贪污、不受贿，就是一些不涉及违犯法纪的钱也不收。1988 年的一天，一位斗门籍的澳门同胞给他送来了一封信，信中装有 5 000 元港币，还有几行字，大意是：看到家乡近年的变化，使他心存感激，特送上小茶资以表敬意。麦小舟让办公室主任把这 5 000 元送往教育局，以这位同胞的名义捐给了教育基金会。麦小舟不搞特殊，事事严格自律。一次他父亲来看望他，在县政府招待所住了两个晚上，事后他亲自去交费。服务员说："所长吩咐了，不收您的钱。"麦小舟问："为什么？"服务员答："因为您是县委书记。"麦小舟说："住店交费，天经地义，县委书记和老百姓是一样的。"麦小舟还经常教育干部："做官，就应两袖清风；想发财，就不应占位为官。"他的言传身教，起到了模范作用。在他主政斗门那几年，全县整个干部、教师队伍没有发生一起经济刑事案件。麦小舟就这样为一方土地撑起了一片洁净的天空。

麦小舟淡泊名利，为往圣继绝学。"为天地立心，为生民立命，为往圣继绝学，为万世开太平"，这是麦小舟的高远理想。为了实现古典诗词的通俗化、大众化和现代化，为了从中华经典中寻找属于中华民族，也是属于人类的具有普世价值的优秀文化，他放弃了行有专车、出有随从的官员生活，放弃了公务员的退休保障，还放弃了可能成为千、亿万级富翁的机会。他十几年如一日，甘守清贫，甘耐寂寞，每天工作十三四个小时。

《左传》中说："太上立德，其次立功，其次立言"。此"三不朽"事业中，首之以德，德不立，功与言便失其据也。麦小舟的高清品德，正是他得以业就、功成、言彰的人格保证和道德支撑。

麦小舟被选入 2010 年度感动斗门 10 位代表人物。同年，他与习仲勋、叶选平、任仲夷、林茂光、钟南山、夏书章、关山月、红线女、麦贤得、丛飞等一道入选《新中国影响广东

100 位贡献人物》，这是对他的人品、政绩以及他对国学研究之成就的认可和肯定。

《诗词三部曲》和《再生的老子》、《老子的再生》的出版，标志着麦小舟为古典诗词和《道德经》所营造的两座文化丰碑已告竣工。愿它为中华民族的复兴，愿它为和平和谐之世界、美好幸福之世界的构建发挥应有的作用。

2011 年 12 月 28 日于桂林

（作者系广西毛泽东哲学思想研究会会长、哲学教授、享受国务院特殊津贴的专家）

感慨与祝贺

张汉青

今天很高兴应邀出席斗门老子学会成立大会。

先讲一件往事。1961 年 1 月 6 日，一个朔风呼号的午夜，我用一支毛笔，从高亨《老子正诂》一书中抄罢《道德经》五千言。这是当时借来读的书，我要在归还之前将《道德经》原文抄下来。抄毕，我写了如下几句话："《老子》八十一章。1961 年 1 月 6 日午夜抄毕于广州市东山湖畔。时朔风呼号，寒气袭人。然'抄读'之中，每有所得，则兴会盎然，不觉冷矣。"

最近，我读到了原中共斗门县委书记麦小舟同志寄给我的《再生的老子》，并从书柜中翻出我那本业已变得发黄的《老子》手抄本，深有感触，又至为高兴。将近半个世纪前，我曾深深地为老子的博大深邃思想所震撼，但那时的确只是一知半解，心深喜之又没能读懂。几年前，我得到麦小舟继出版《诗词三部曲》之后，又写了研究老子书稿的消息，心里很高兴，并充满着期待。而今麦小舟的新著终于问世了，它达到了如此之深的认知成就，具有很高的学术价值，并且做到了深入浅出、通俗易懂。"时代在呼唤老子，中国从大国走向强国需要老子，和谐世界的构建需要老子。"麦小舟为一种崇高使命感所驱使而写出《再生的老子》，为弘扬中华文化和古代东方文明，做了一件实实在在的大好事。

现在，由于麦著《再生的老子》引发的阅读《道德经》的热潮，正陆续在南海之滨的斗门、珠海兴起，也因为老子文化在这里所彰显的智慧之光和巨大吸引力，一个以弘扬老子文化，为社会主义道德建设服务，为公务员的修身理政服务，为中华民族的伟大复兴服务的学术性团体——斗门老子学会在珠海市斗门区诞生了。我今天到斗门，一来对麦小舟同志的辛勤劳动、敬业精神、学术勇气和突出贡献，表示由衷的祝贺；二来希望新成立的斗门老子学会勇往直前，扎实办会，为推动老子文化走进千家万户、走向世界创造优异的业绩，让具有普世价值的老子文化在当今之世更加发扬光大。

2009 年 12 月 26 日在斗门老子学会成立大会上的致词

（本文作者是原广东省人大副主任）

奇人奇书

林茂光

得张启隆同志的推荐，我有幸拜读了麦小舟先生的《再生的老子》。趁该书再版的机会，我郑重地向广大读者推荐——《再生的老子》这部奇书。

《再生的老子》所以是一部奇书，因为它是一位奇人写成的。他是古今中外读懂《道德经》的第一人。他只读了一年半大学，不是专职学者。他研读“老学”，并写出《再生的老子》一书，只用了1年8个月的时间，这一速度令学界震惊。他叫麦小舟，曾任中共广东省斗门县县委书记。1988年，时任国务院副秘书长的何春霖称他为才子；2008年，全国老子学会胡孚琛会长誉他为南国之奇人。

《再生的老子》所以是一部奇书，因为它面世不到半年已“惊了天，动了地”。“‘惊天’，是说已有上百位包括中共中央政治局委员、国务委员、军委委员在内的我国党政军高层人士拜读了它。‘动地’，是指这部书的诞生地珠海市斗门区已有逾万百姓被吸引走进了老子的世界。从这‘惊天动地’，我们不难体会到此书的重大社会价值和作用。”(萧鸣语)

《再生的老子》所以是一部奇书，因为它一诞生便得到了方方面面的好评与肯定。

老子的故里、河南省鹿邑县人民政府出钱出力为它在鹿邑举行了隆重的首发仪式。该县县长刘政致辞时指出：“《再生的老子》让老子思想获得了重生。”他又说：“《再生的老子》的诞生，无论对鹿邑，还是老子文化都具有里程碑意义。”

全国老子学会胡孚琛会长，在他所写的序言中指出：“《再生的老子》是我所见到的国内同类著作中最为确切、最为平实、最为通俗易懂的一本书。”他又说：“有了它，《道德经》走进校园，走进千家万户，走向世界便有了条件与可能。”

中华老子研究会萧鸣会长指出：“麦小舟的《再生的老子》由浅入深，可读性非常强，对于普及《道德经》的本源思想进入千家万户，将会发挥举足轻重的非凡作用。”

原广东省人大副主任张汉青半个世纪以前已开始研读《道德经》。他指出：“麦小舟为一种崇高使命感所驱使而写出《再生的老子》，为弘扬中华文化和古代东方文明，做了一件实实在在的大好事。”

中共中央政治局委员、广东省委书记汪洋嘱广东省委办公厅写信，对麦小舟写成《再生的老子》表示感谢。信中说：“重新挖掘中华传统经典著作中的时代内涵和普世价值，对于增强中国文化的软实力和世界影响力都有重要意义。麦小舟同志写成《再生的老子》一书，是在这方面作出了自己的一份贡献。”

《再生的老子》所以是一部奇书，因为它同时具有爱国主义教育、道德教育、修身治国教育的功能。《再生的老子》不是一部鸿篇巨制，全书只有 20 多万字，但由于它深刻揭示了《道德经》的丰富时代内涵及老子文化的普世价值，因此是一部爱国主义教育的好教材，是一部道德教育的好教材，更是一部修身治国教育的好教材；从而成为教师、学生、工人、农民、商人、军人和公务员的必读之书、必修之课。

《再生的老子》所以是一部奇书，因为它真正做到了深入浅出、通俗易懂。深入浅出、通俗易懂，表面上看只是个表现方式的问题，实际上是一种非凡的认知能力和高超的表达能力的体现。解读传统经典著作的书，大都比较晦涩难懂、枯燥无味，读者往往要强制自己才能把它读下去。《再生的老子》同样是一部解读经典著作的书，却能吸引你追着读下去，甚至通宵达旦也不觉得累。《再生的老子》这部书，不仅官员、学者、教师、学生喜欢读，我们部队的家属也喜欢读。能有这样的好书面世，实在是读者之福。

美国学者蒲克明预言："《道德经》是未来世界家喻户晓的一部书。"《道德经》是救人类、救世界的宝典。《再生的老子》是一部满载"老学"最新研究成果的传真之作，是一部具有鲜明的时代意义和深远的历史意义的创新之作，是一部传承中华优秀传统文化的成功之作。正如老子故里、河南省鹿邑县刘政县长指出的，《再生的老子》的诞生，对老子文化是具有里程碑意义的事件。时代在呼唤老子，但愿《再生的老子》早日走进校园，走进千家万户，走向世界，更好地造福人类。

2010 年 3 月于广州

（本文作者是中国人民解放军空军少将、空军优秀工程人员标兵、全国优秀科技工作者、享受国务院特殊津贴的专家）

重新激活老子生命力的书

乐志强

我一口气读完了麦小舟先生的《再生的老子》。它在我的心灵深处引发起巨大的震撼。我仿佛感到，2 500 多年前的老子，又重新活起来，重新走进我们今天的现实生活中来了。

（一）

2 500 多年来，作为中华传统文化的魂，老子哲学一直影响着华夏大地，乃至世界诸邦。但由于我国明、清两朝的帝王为维护其封建独裁统治而不惜对它打压和贬损，帮闲文人也自觉或不自觉地给它施予曲解和涂污，让它蒙上了层层尘垢。从而使世人误以为它是一本不好的书，也因此使它失去应有的生命活力。就拿我们哲学界来说，无论是讲课还是编书，对老子的辩证法还是津津乐道的。但对其本体论，对其“道生一，一生二，二生三，三生万物”的论说，则认为它既有朴素唯物主义的一面，又有唯心主义、神秘主义的一面。这是对老子哲学的一种片面性、缺失性的认知。《再生的老子》雄辩地论证了：老子的道不是理念性、神秘性的东西，而是先于天地之前就已隐隐约约地存在的未有定型的物象，是可以内生变化的基质，是能孕育万物的精气，是蕴涵着无限生命力的信息。概括地说，“道”就是一种客观存在的物质。这种物质，由于蕴涵着无限的生命力而产生太极，太极化生阴阳两仪，阴阳相作用，才化生出天地万物。这个“道”不仅不是神秘主义的东西，而且是挑战鬼神迷信的科学精神和有力武器，是无私奉献、大爱博爱的道德境界，是人、地、天都必须效法、必须遵循的客观规律。这就清洗了蒙在老子哲学上的污垢，还了它的本来面目。随着对老子的道本原、辩证法、大爱道德、治国之道、大国情怀、和平和谐、民本主义以及民主自由等思想理念的深入探察和厘清，并使它和时代的脉搏相连接，这样就重新提振了老子哲学和道文化的生命活力。

（二）

过去，许多人把老子的“无为”、“无为而治”，当作一种消极颓废、无所作为的理念来批判。《再生的老子》多角度地诠释、论证并揭示了“无为”、“无为而治”的真正含义。它指出，无为不是不作为，不是不干事；“清静无为”也不是贪懒图逸、无所事事，而是一种“内圣外王者的善政之为”。“内圣”，就是要求治国者不断自我审视、自我反省、自我改造，通过自觉清除私欲妄念，把自己修炼成一个清廉自律、无私奉献、一心为民的圣人。“善政”就是要求治国者以民为本，体察民情、尊重民意；并从人民的利益出发施政，做到不施扰民之政，不举严酷之法，不课重苛之税；让人民自我作主、自我发展、自我完善，并享有公平和正义。这样，人民就能安居乐业，安平富足，和谐相处。“清静无为”就是“善政之为”，就是黄老学说中的“爱民治国”理念。用今天的话来说，“清静无为”、“善政之为”就是按科学发展观办事。《再生的老子》重新挖掘和弘扬老子的科学治国理论，对我们今天反腐倡廉打造廉能政府，促进社会公平正义，保障人民幸福、安康与尊严，建设自由、民主、和谐的社会，具有十分重要的现实指导意义。

（三）

过去，学者们大都忽视了老子关于国际交往和民主、自由、博爱的理论。《再生的老子》通过对《道德经》的第三十章、第三十一章、第六十一章等的诠释，阐明了老子以人道原则、慈爱心肠，反对尚武恃强、反对战争杀戮、反对武力称霸的思想；赞扬了老子“首倡和谐，邻国交好”、善待小国、无私援助、和谐共处的大国情怀；进而论述了黄老以来形成的、经久不衰的中华民族崇尚和平、反对战争的优良传统。《再生的老子》还指出，黄老的道文化能导人向善，能给人类带来和平与安宁，能确保人类享有真正的民主、自由和尊严，并为人类揭示一个光明、美好的未来；老子是中国传统民主思想的首倡者，也是世界民主思想的鼻祖。因此，《再生的老子》认定，黄老的道文化"具有颠扑不破的普世价值"，"是中华文化的一面旗帜"。而《道德经》则"最有资格作为中华文化的品牌"。中国崛起是和平的崛起，中国优秀传统文化的复兴，则能有力地增强中国崛起所需的软实力。在超级大国霸权主义横行，动辄发动对别国的战争，并把它们的所谓人权、民主价值观任意强加于人、干涉别国内政的今天，重新弘扬黄老学说，高举老子这面中华文化的旗帜，使之走向世界、惠及世人，尤有急迫而深远的意义。

（四）

鲁迅先生说过："不读《道德经》就等于不懂中国文化。"老子的《道德经》虽然只有短短的 5 000 字，内涵却十分丰厚，一词一字都蕴涵着极深邃的意蕴，加上它像天书那样玄奥难懂，要真正领悟它，确实不是一件容易的事。实际上，我们的大学生、研究生，甚至哲学教授们也未必都能真正读懂它。今天，我们要高举老子这面中华文化的旗帜，使之在全国走进机关，走进学校，走进千家万户，走进每个人的心灵深处，进而使它走向世界，就必须要有一部能帮助读者读懂《道德经》的导读著作，《再生的老子》就是这样的一部书。对于《再生的老子》，有人说，全国中小学需要这样的教材，各级党校需要这样的教材。我认为，我们的大学，甚至哲学专业讲坛，也一样需要这样的教材。诚然，自古以来，《道德经》的注疏本、解说本、研究专著、辅导材料，可谓林林总总、汗牛充栋，但像麦小舟的《再生的老子》那样精准全面、深入浅出、通俗平实，那样以时代性、前瞻性、启迪性的思维和方法去解读《道德经》的论著，却是前所未见、独无仅有的。因此《再生的老子》很值得我们大力地推崇。

2010 年 3 月 16 日于广州

（本文作者是中山大学哲学系教授）

高山仰止　心向往之

张　塬

温家宝总理指出："国家发展、民族振兴，不仅需要强大的经济力量，更需要强大的文化力量。文化是一个民族的精神和灵魂，是一个民族真正有力量的决定性因素，可以深刻影响一个国家发展的进程，改变一个民族的命运。没有先进文化的发展，没有全民族文明素质的提高，就不可能真正实现现代化。"

文化在未来的国家发展中占有重要地位，是一个国家综合国力的重要构成要素。我国要在加速发展的经济全球化进程中占据优势，必须要有适应经济全球化和中国现实国情的政治、经济、文化战略。

最近，有幸拜读了麦小舟先生所著的《再生的老子》。同书拜读了全国老子道学文化研究会会长胡孚琛先生为《再生的老子》所作的序。有顿悟，更有震撼。

我以为，麦小舟先生著作《再生的老子》，其意义不仅在以其研究的新成果功于老子思想文化的传承，还在于其所倡导及胜人一筹的正确、科学、通俗的传承传统经典的新方法和新模式，更在于其对当今"国学热"纲举目张的主见与高见——道学文化是中华民族传统文化之根，中华民族传统文化之脉，中华民族传统文化之巅！

英国历史学家汤因比指出：将来在文化上统一世界的，是中国。麦小舟先生站在21世纪文化战略的高度，为中华民族传统文化治用于现代中国人、中国家庭、中国企业、中国文化、中国军政、中国外交，进而治用于世界文化、世界经济与世界和平，擎起了一面旗帜，迈出了意义深远的一步。

近些年，国内大兴“国学热”。各路“国学大师”与各类“国学讲坛”、“国学论著”争相登场，一派国学治人、国学治家、国学治企、国学治政、国学治军、国学治党、国学治国的架式与气势。结果，国人很迷惑，很困惑。迷惑于国学的博大，困惑于国学的精深。

国学要传承，要发展，首先应当解决易学习、易普及，即通俗化的问题。诚然，这一通俗化的工作必须在准确解读的前提下进行。麦小舟先生在准确理解老子思想的基础上，创见性地以编写普通中小学教材的思维模式著作《再生的老子》，使以《道德经》为代表的道学文化等中华民族传统文化的传承，有了一种全新的、切实可行的方法与模式。这将有效解除国人面对国学之精深的困惑。

国学要传承，要发展，还有一个把握主流文化的“脉向”的问题。国学体系十分庞大，仅儒、释、道三教已汇成高山大海，没有谁可能通学，亦无必要通学。因此，国学的传承与发展必须解决主流文化的“脉向”问题，即如何把握其主要脉络与主导方向的问题。这就要求提炼和归纳出国学中各教各系共识、共通之精髓，尤其是主流文化中最具普世价值的思想内核。“老子的道是中华民族传统文化的核心，天下事有道则昌，无道则亡。老子是中国的哲学之父，也是世界的哲学之父，是人类辩证思维的鼻祖，是世界自由、民主、社会主义和共产主义政治哲学之权舆。”（胡孚琛《再生的老子》之序言）“不读《道德经》就等于不懂中国文化。”（鲁迅语）麦小舟先生以具有普世价值的老子道文化为国学传承与发展的重点，旗帜鲜明、纲举目张地把握住了中华民族传统文化传承与发展的“脉向”。这将有效解除国人面对国学之博大的迷惑。

只有切实解除国人对国学之迷惑与困惑（乃至曲解），才谈得上中华民族传统文化传承与发展的现实意义与深远意义，才可能构建一个科学、完善与强有力的民族文化战略体系，才能全面实践老子思想的普世价值，造福人类。

老子文化是人类文化史上最优秀的文化，是人类未来的共同文化。《再生的老子》则准确、深刻、科学地揭示了老子文化的时代内涵和普世价值，从而是《道德经》的传真之作。这样，《再生的老子》便为我们找到了能为今天的中国所奉行和服务的属于中华民族自己的强大文化——老子文化；可以期待，它将会起到影响时代、影响未来、影响世界的作用。

读《再生的老子》，如仰广袤苍穹之星斗，如望无垠大海之灯塔。麦小舟先生《再生的老子》虽是国学海洋中一叶小舟，却可拔山扛鼎，载动世人遨游中华民族传统文化的海洋。历史将证明这是不朽的功德。

2010年3月于成都

（本文作者是四川灵芝集团董事长助理）

新成果 新突破

宿富连

读了麦小舟先生的新作《长寿老子》（后改名为《再生的老子》），我感到既高兴又振奋。因为它使我们看到了老子研究的新成果、新突破。

说起《道德经》，我自然会想起，一些读者，包括高学历的读者曾在我面前发出的感叹。他们说："《道德经》实在太难懂了，像'天书'一样可望而不可即！"如今，随着《再生的老子》的面世，《道德经》也就不再是"天书"了，一般读者对《道德经》再也不会望而生畏、望而兴叹了！

第一，作为译解《道德经》的辅导读物，始终坚持译释、解读的准确性、深刻性和通俗性，进而力图为读者提供一部在新的历史条件下运用新思维、新视角、新方法去阐析老子五千言的通俗读本，使读者从浅显的语译和深刻的阐述中迅速领悟和把握老子思想的真谛和精髓，这是《再生的老子》一书的一个首要的、显著的特点，也是本书作者多年研究老子思想所取得的一个重大突破。

"大小、多少，报怨以德。"这是《道德经》第六十三章的话。有位学者是这样翻译的："小的，看作大的；少的看作多的；回报怨恨的，以德。"我不知道这位学者是否真正读懂了老子这句话，但这样的译文起码是不通俗的，因为读者读了这样的译文，仍然是一头雾水，不通不懂，不解其意。

对老子这句话，《再生的老子》是这样译解的："矛盾、怨恨，是由小而大、由少而多地发展积累起来的。因此，世人应当努力地把它扑灭于萌芽的状态之中。一旦怨恨不幸形成，也应以德相报，用德去化解。”这样的译文多么通俗、多么浅显、多么好懂！《再生的老子》的作者解读《道德经》时，使用的都是人们日常使用的话语，通俗浅白，凡有初中文化的读者，都能读得进去，读懂弄通，读有所获。

《道德经》言简意赅，只有五千字，但我国近几年出版的众多导读性、辅读性的专著、读物，其文字分量却很大，少则二三十万字，多则四五十万字。在今天这个知识爆炸的年代，一般的读者哪能抽出这许多时间去读它。而《再生的老子》一书只有20多万字，其中的《〈道德经〉今译》则只有4万字。可谓言简意赅，便于广大读者阅读、领悟。

为了使读者更好地理解和掌握老子的思想，《再生的老子》把老子的主要思想分成12个专题进行论述。在论述中，作者运用许多有趣的故事，去阐释、解读深刻的道理，做到就事论理，事理结合，从而增强了译解老子的趣味性和可读性，也进一步激发和调动了广大读者阅读该书的兴趣和积极性。

由于古今语言的差异，今人面对作于2 000多年前的《道德经》，的确会感到难读、难懂。该书思想渊深，内涵丰富，但文字晦涩、难懂，一般读者往往望而却步。即使是学富五车的学者，要真正把该书读懂弄通、浅解深释，也绝非易事。于是就有人提出要运用“读书百遍，其义自见”的学习方法。他们主张让读者通过对该书反复阅读、背诵，去领悟理解。我以为，这种方法用于读唐诗宋词可能是有效的，而用于读《道德经》则难以奏效。这是因为，对于初学者而言，如果根本读不懂，自然就会生厌、生畏，进而就会舍弃，哪里还会有反复阅读、背诵的兴味和后续过程呢？对于研究者而言，如果不能透彻地理解《道德经》中的字意、句意和章意，就必然会妨碍他们进入老子学术的瑰玮殿堂，进而探寻和获取其中的真经、瑰宝。《道德经》第四十九章有这样的话：“圣人皆孩之。”它的真实意思是：“对于百姓，治国者则应像抚育婴儿那样小心地予以呵护。”有一本书却把这句话译成：“圣人都像小孩那样幼稚可爱。”这简直是南辕北辙！试想，一个连《道德经》的字句都没弄懂的学者，他又怎能拿得出具有真知灼见而又感人益智的学术成果呢？

由上可见，如果有一部能准确地对《道德经》进行通俗解读的书，无论是对读者，还是对研究者来说都是有用的、重要的。为此，《再生的老子》的作者在编写《〈道德经〉今译》时是着实下了真功夫和苦功夫的。他运用现代通俗易懂的语言对《道德经》逐字、逐句、逐章地比较研究，进而译文析义、钩玄提要，使具有初中文化程度的一般读者都能读得懂、弄得通、记得住，从而从浅显易懂的文字中去把握老子思想的深刻道理。下面，且举数例略加分析。

“小国寡民。使有什佰之器而不用。”这是《道德经》第八十章开头的一句话。2 000 多年来，它不知难倒了多少老子的研究者。到了近代，有学者读到了马克思这句话：“在共产主义社会里，人们视劳动为生活的第一需要。”于是眼前一亮，便对老子这句话作了这样的译释：“在规模不大的国家里，居住着数量不多的民众。这里的人们把体力劳动视为生活的第一需要，而不让工作效率强于人力十百倍的机器剥夺自身劳动的乐趣。”这是多么牵强的解读！更有甚者，有的学者竟抓住这一译文，指责老子是反文化的。说老子不但反对一切科学发明，而且拒绝利用一切科技成果，使老子受到无端的轻薄和贬损。

翻开《〈道德经〉今译》第八十章，作者对这句话作了以下准确而又晓畅的翻译：“领土规模不大，人口数量不多，这是一种理想的民族区域自治的国家模式。这样的国家，视战争武器为无用之物，因为它不以拥有广阔的领土、众多的人口为目标，而以追求永久的和平为宗旨。”作者认为：“‘什佰’，指的是十人为一伍、百人为一队的古时我国军队的基层建制，相当于今天军队的班和连。‘什佰之器’，指的是军人使用的武器，即战争武器。”这样的理解和译释，不仅切合本章的主题，而且也与《道德经》的整体思想相一致。

“取于天下，常以无事。及其有事，不足以取天下。”这是《道德经》第四十八章的两句话。有的学者是这样翻译的：“将要取治天下啊，常常由于无心从事；到了有心从事啊，又不足以取治天下呀！”这样的解读究竟能告诉读者些什么呢？它反倒把读者给弄糊涂了！而《〈道德经〉今译》对这两句话是这样翻译的：“有的治国者，之所以得到天下人的信任和爱戴，是因为他们只做有利于百姓而不做损害百姓的事情。如果他们反其道而行之，则必然会失去天下人的敬重和信任，并为之所唾弃。”显然，这两句话所表达的，正是老子要求治国者一辈子为人民做好事的思想，而不是别的什么意思。通过上举数例的分析、对比，我们对该书译文析义的准确性、深刻性和通俗性，必将有更为深刻、理性的认识。

第二，作为译解《道德经》的辅导读物，始终坚持译释、解读的科学性、完整性和系统性，进而力图完整、系统地揭示出老子思想的科学体系及其学术价值，这是《再生的老子》一书的另一个显著特点，也是该书作者多年研究老子思想所取得的一个可喜成果。

德国哲学家尼采指出：《道德经》满载宝藏。那么，《道德经》中究竟蕴藏着哪些弥足珍贵的思想瑰宝、精神宝藏呢？《再生的老子》一书娓娓道来，如数家珍。它对这个精神宝库进行了认真的发掘、梳理和清点，最后把一份厚重的清单呈现于世人面前。

作者指出，老子通过他的《道德经》创立了他的哲学学说、伦理学说和政治学说。

首先，老子创立了相当完整的哲学思想体系。

老子为中华民族、也为全人类创立了相当完整的哲学思想体系。老子哲学，既有对宇宙起源和宇宙本体的探讨，又有对社会、对人生的探索；既有系统的认识论原理，又有丰富的辩证法思想。老子哲学，不仅在中国哲学史上居于主导地位，而且是古代世界哲学群山中的巅峰。更为难能可贵的是，直到今天，老子哲学中的基本原理和精神，仍被证明是科学的、正确的。

其次，老子铸造了中华民族的道德精神。

老子从善、爱、和几个方面构建起他的伦理精神体系。

善，是老子的伦理学说中的核心内容。它包括无私奉献、舍生取义、知足寡欲、淡泊名利、节俭素朴、公平公正、诚实守信、谦虚卑下、礼让不争等道德理念。

爱，是老子的伦理学说中的重要思想。老子主张真爱、博爱，主张无私、无欲、无己之爱。他认为，爱是道所抱持的第一法宝。他主张，对人的培养应把培养他们的爱心放在第一位。

和，是老子的伦理学说中的基本理念。老子崇尚和生万物、和兴万事的精神。他希望世间没有纷争，人人友爱相处。他反对以强凌弱。他提倡以德报怨的大德境界。

老子的伦理学说，植根于无私与慈爱的大德境界之上，被托尔斯泰誉为“不同寻常的道德高峰”。

再次，老子创建了以民本思想为核心的先进政治观。

在民本思想的课题方面：老子提出了爱民、为民的民本思想，提出了孤家寡人的公仆意识，提出了自由、民主、平等、博爱、人权、人道的朴素政治理念。

在世袭与民选的课题方面：老子主张民选官，而反对世袭的家天下。他主张贤者为王而反对胜者为王。为了让人民行使好选举权，他提出了系统的知人方法。

在国际关系的课题方面：老子提出互相尊重、平等相待、互相扶持、和谐共处等处理国际关系的基本准则。

在战争与和平的课题方面：老子高举反战的大旗，提出了“不以兵强于天下”和不打第一枪的反战名言。他还作出了侵略者、称霸者最后必定失败的预言。

在人与自然关系的课题方面：老子提出了友爱大自然的环保思想等等。

如此系统、如此深刻而又多视角、多层次、多领域地揭示出老子思想的科学体系、丰富内涵及其学术价值，这在中外老子思想研究史上是不多见的。因此，坚持译解的完整、系统、深刻，进而将老子思想体系和盘托出，呈献于世人面前，这无疑是《再生的老子》一书的又一个显著特点，是作者在老子思想研究方面取得的一个可喜成果。

第三，作为译解《道德经》的辅导读物，始终坚持译释、解读的现代性、适用性和启迪性，进而力图对老子作出客观中肯、实事求是的评价，肯定老子思想在中国和世界哲学史、思想史中的重要地位，这是《再生的老子》一书的又一个显著特点，也是该书作者多年研究老子思想取得的另一个重要成果。

美国《纽约时报》把老子列为世界古今的十大作家之首。苏联学者里谢维奇认为："老子是属于全世界的。"德国哲学家尼采说："《道德经》的能量是取之不竭，用之不尽的。它就像一口永不枯竭的井泉，满载宝藏，放下汲桶，唾手可得。"美国学者蒲克明预言："《道德经》是未来世界家喻户晓的一部书。"

那么，《再生的老子》的作者又是怎样评价老子的呢？

作者指出："老子是哲学的巨人、道德的高峰、政治的先知。老子文化具有普世价值。"

这是中国学者第一次如此高度、如此全面地评价老子。不过，作者对老子的这个评价并不是随意作出的。

它是作者在充分揭示老子思想的丰富内涵，认识它的科学性、系统性、先进性及其高度的社会、文化价值的基础上作出的。

它是作者在总结老子思想曾发挥出巨大的社会效用的基础上作出的。老子思想不仅对古代中国的振兴、强大起到了重大的哺育作用，也对近代欧洲各国的复兴起到了一定的促进作用。

它是作者在对今天和未来人类对老子思想的呼唤与需求重新进行审视和评估之后作出的。

它是作者认真研究西方学者对老子的高度评价之后作出的。

这样，就使东方与西方在对老子的评价上实现了无缝衔接、融为一体。

恰如其分地对老子思想给予正确评价，有利于提高国人对传统文化的自信心和认同感，有利于提高国人学习和践行老子思想的自觉性和积极性，有利于充分发挥老子思想对民族复兴大业的哺育、激励作用，有利于提高和增强我国的文化软实力和综合国力，有利于老子思想在世界上的传播并使它更好地造福人类。

总之，《再生的老子》一书的作者在对老子思想的阐释、评价和普及等方面所做的卓有成效的工作，是一项利在当代、功在千秋，因而影响深远、功德无量的工作。

文化是经济发展的前导和动力。中华民族的复兴，首先是中华文化的复兴。只有中华传统文化得到传承和弘扬，民族才能复兴，中国才能强大，才能走在世界强国的前列。

作者指出，易文化、道文化、儒文化，共同构建起中华民族的文化根基。《周易》、《道德经》、《论语》，也就成了中华传统文化的代表。《道德经》则是中华传统文化的品牌。这是由它的丰富内涵和普世价值所决定的。有鉴于此，我们在对外推介孔子思想的同时，更应加大对老子思想的推介力度。

当今世界，《道德经》的外文译本已有近五百种，但很少是从中国翻译出去的，这与中国作为老子的故乡的身份是很不相称的。我认为这种状况应该改变。选择我国学者编写的，准确、深刻而又通俗、易懂地解读《道德经》的著作作为脚本，然后由我国的翻译家完成对它的外文翻译，这是我国对外文化工作当前所面临的一项重要任务。如果我们这样做了，这对外国读者全面、准确理解老子思想和中华传统文化是很有帮助的。因此，这项工作是值得去做、也应该去做的。

面对中华民族的复兴，中国的崛起，西方为何忧心恐惧？一个重要原因是他们不了解中华文化，不了解老子文化。老子的大爱精神、和的理念，老子反对战争、反对称霸、反对以强凌弱的思想，老子的礼让不争、以德报怨的道德境界，等等，如果能为西方所认识、所理解、所接受，我想他们一定会举起双手欢迎中国的崛起的。

麦小舟先生不是专职学者，而是一位业余文化人。十多年来，他以一种知难而进、不屈不挠的精神，从事古典诗词和老子思想的研究，且都取得了骄人的成绩。他的文化情怀、敬业精神、奉献精神和治学态度，是令人钦佩的。如同《诗词三部曲》备受读者青睐一样，他的《再生的老子》一书，又是一部值得读者阅读、珍藏，具有传世价值的好书，该书的面世，也一定会受到广大读者的欢迎和喜爱的。

出于欣喜、钦佩之情，乃作上述评价之语、恭贺之辞。

2008 年 5 月 28 日于桂林象鼻山下求真阁

（本文作者是广西毛泽东哲学思想研究会会长、哲学教授、享受国务院特殊津贴的专家）

不争之作　成功之作

陈福雄

原中共斗门县委书记麦小舟，“辞政从文”多年，继出版《诗词三部曲》（获首届龙文化金奖一等奖）之后，今又有《长寿老子》（后改名为《再生的老子》）一书问世，可喜可贺。艳阳花开的时日，我怀着喜悦的心情细读《再生的老子》，如呼吸氧气香风，益神增智，深受启迪和教益。我的体会是，《再生的老子》是不争之作，成功之作。

《再生的老子》以全新的视角探究《道德经》及老子思想，并取得了突破性的成果，从而为弘扬中华传统文化、构建和谐社会作出了特殊贡献。

《再生的老子》摆脱了那种消极、武断地贬损《道德经》及老子思想的旧习惯的约束，勇敢地以积极、求真、探实的立场观点，探究、阐述《道德经》及老子思想，给读者耳目一新的感受和启迪。

在一个相当长的时期里，权威人士断定《道德经》及老子思想是客观唯心主义，其朴素辩证法思想因素被这个客观唯心主义体系闷杀了。尽管也有学者承认老子是中国古代杰出的无与伦比的伟大哲学家、具有极大智慧的哲学家，但认为其政治思想是反历史的、反动的。因此，不少人在研读、解释《道德经》及老子思想时，或多或少、或轻或重地受到上述论断的束缚。俗话说，时势造英雄。中国改革开放30年造就了县委书记麦小舟，也造就了《再生的老子》麦小舟。《再生的老子》通篇闪耀着当今的时代精神。《再生的老子》再也看不到贴在《道德经》及老子思想体系上的标签和封条了，难道这不就是解放思想、实事求是、与时俱进的作品吗？《再生的老子》作者把《道德经》及老子思想放到世界与中国的历史发展中去考察，得出了积极的、进步的结论——《道德经》及老子思想有益于人类、有益于社会进步。作者认为，“老子在 2 500 年前，已经正确揭示了辩证法的核心法则即相反相成的对立依存关系”，这个辩证法思想与欧洲哲学有着内在联系；欧洲哲学家视《道德经》为一座思想大宝藏，其能量取之不竭、用之不尽。老子思想“具有普世价值，带给人类的只会是福祉，而不是伤害。老子文化不仅造福炎黄子孙，对欧洲的复兴也产生了深刻的影响”。既然如此，“反历史”、“反动”的判断不成立了，该平反了。

《再生的老子》摆脱了那种孤立、片面地诠释《道德经》及老子思想的形而上学的影响，弘扬整体、系统、科学地探究和阐述《道德经》及老子思想体系的本质内容的态度和风格，给读者推陈出新的感受和启迪。

学术界曾有一种观点，认为《道德经》及老子思想宣传的只是政治哲学或兵书而已；其思想代表没落奴隶主贵族的政治立场观点，后又被人改造成为地主阶级政治思想体系。《再生的老子》没有上述偏见之言辞。在作者笔下，《道德经》及老子思想是人类科学智慧、文明精神的宝库，不仅有社会科学方面的智慧，而且有自然科学方面的智慧；不仅蕴涵哲学、伦理学知识，而且蕴涵政治学、军事学知识；不仅有涉及空间理论观点，而且有涉及环保的理论观点；等等，内容丰富、知识面广，如星光灿烂，如大海宽阔。“老子通过他的《道德经》创立了他的哲学学说、伦理学说和政治学说。老子也因此而成为哲学的巨人、道德的高峰、政治的先知。”老子“以一种天道精神去探索宇宙、探索人生、探索合理的治国之道，从而形成了完整的老子思想体系”。“老子的哲学，既有对宇宙起源和宇宙本体的探讨，又有对社会、对人生的探索；既有系统的认识论原理，又有丰富的辩证法思想。老子的哲学，不仅在中国哲学史上居于主导地位，而且是古代世界哲学群山中的巅峰。更为难能可贵的是，直到今天，老子的哲学中的基本原理和精神，仍被证明是科学的、正确的。”总之，作者立足现实，放眼世界，纵观历史，从体系上、整体上多方面探究、阐述和评价《道德经》及老子思想的本质内容、真实含义、历史定位和实践意义，使读者对《道德经》及老子思想有一个全新的、全方位的了解和把握。

《再生的老子》摆脱了那种狭隘、自卑的国民性影响，下足功夫焕发自尊、自信、自豪地构建和谐社会的民族精神和大国情怀，给读者锐意创新的感受和启迪。

《道德经》及老子思想并非如有些学者所认为的是复古主义、倒退主义，相反，老子思想体系诸多方面与世界观的演进、科学技术的发展、社会文明的进步息息相通。从哲学世界观来说，作者分析、透视了老子的道论，认为老子的道论也就是古代中国人的物质观理论，“道是物质，是宇宙的本原”；“道是科学精神”；“道是道德境界”；“道是客观规律”；“道是天人合一观”。总之，“道是世界的本质，是创造宇宙万物的源泉，也是万物存在的根据”。换言之，道，是中国古代哲学的物质观范畴，是物质客观实在性的最古老的认知，也许较为朦胧，也许不尽如人意。尽管如此，只要我们沿着《再生的老子》的思路指向去探识世界，老子哲学世界观的历史意义和现实意义便显而易见。从政治思想上考察，作者认为老子提倡民主政治。老子倡导以民为本——“圣人无常心，以百姓之心为心”。“我无为，而民自化；我好静，而民自正；我无事，而民自富”。老子提倡公仆意识——对于百姓，“圣人皆孩之”。老子倡导民主监督——“百姓皆注其耳目焉”。老子主张博爱思想——“圣人常善救人，而无弃人；常善救物，而无弃物”。老子提倡人道精神——“兵者，不祥之器，若美之，是乐杀人也。杀人之众，以悲哀泣之；战胜，以丧礼处之”。作者认为，中华民族由于有老子，从而先于其他民族拥有民主政治的根本观点和原则；民主政治并非西方国家的专利品，没有理由把中国社会生活中的民主看作舶来品。作者认为，在人类历史上，老子是提出民本思想、公仆意识、民主文化的第一人，是高举反战大旗的第一人，是提出和谐共处国际关系准则的第一人，是提出环保生态观的第一人，是提出空间理论的第一人。老子是哲学的巨人、道德的高峰、政治的先知。老子文化具有普世价值。作者是这样说明老子的创造性智慧、远见卓识和历史功勋的。老子反对战争、反对霸权、热爱和谐、注重和谐的思想观点，值得称赞和发扬光大，有助于当代人构建和谐中国与世界。

老子《道德经》5 000 字分列 81 章。《再生的老子》准确地、系统地把握住了贯串于《道德经》及老子思想体系始终的主题和基本思想。《道德经》开篇主讲道，而《再生的老子》在准确探视道的本义、真义的基础上，全书紧扣道观主题，辅以生动的解说，展述老子思想体系方方面面，旗帜鲜明、主题突出、引人入胜。作者在介绍老子其人生经历、老子思想体系形成的历史背景时，在对老子的辩证学说，清静无为的施政理念、治国方略，善德观，知足是福观，为爱之道，兴邦强国之道，知人、执政为民、固守洁廉、诚信为本等的阐述时，均展示出作者诸多独到见解。《道德经》的末章即第八十一章，是总结篇。《再生的老子》不仅简明透视了老子在总结篇中提到的真、善、美的实质含义，而且正确地透视总结篇的后两句总结语的真义即道与不争的实质及根本要求。这里的透析、译解，文句精辟，有画龙点睛之功效。

《再生的老子》的深刻启发不限于给读者阐明了《道德经》及老子思想的丰富内容，而在方法论上也有教益。《再生的老子》回答了用什么态度对待传统文化以及如何评价传统文化精品及其创造者、发明者的问题。

小舟书记“辞政从文”的实践过程，似乎体现了《道德经》的不争精神与风格。斗门当地干部、群众深知小舟书记执政为民、政绩非凡、一身正气，然而也辞而不争，泰然处之。

小舟从文的业绩喜人，优中胜出，又可谓政界同行者无与争。当然，实行市场经济的现代社会是充满竞争的社会。实践老子的不争思想，不等于无视、忽视、仇视当代社会的公平竞争，不能曲解为嫌人走快一步而把人按倒在地又不许人站起来走路，求生存求发展，更不能贬损13亿人民为中国崛起的谋略和行动。

最后，期望《再生的老子》传透千秋，誉满全球。

2008年6月21日于中山大学南校区

（本文作者是中山大学马克思主义理论部哲学教授、原中国历史唯物主义学会常务理事）

《再生的老子》诞生记

陈福雄　刘佑祥

《再生的老子》，是一部爱国主义教育的好教材，是一部道德教育的好教材，更是一部修身治国教育的好教材。

老子的《道德经》，约诞生在2 500年前，2 500年后的今天，一部名为《再生的老子》的书面世了。

从政坛才子到文坛奇人，这是《再生的老子》作者麦小舟的传奇人生。

麦小舟，广东高明县人，1968年毕业于中山大学哲学系。曾任斗门县县委书记，后辞政经商从文。

1995年至2004年，麦小舟10年磨一剑，写成并出版了一部叫《诗词三部曲》的书。这是一部集诗词鉴赏、诗词理论和诗词创作于一体，且自成完整体系的古典诗词专著。这部著作，从理论与实践的结合上系统地解决了古典诗词通俗化、大众化和现代化的课题，真正把它从繁难、深奥和神秘中解放出来，为它走进新时代开辟了一条新路。此书曾一度轰动文坛，被学界誉为功在当代、利在千秋的传世之作；并获“首届国际龙文化金奖”一等奖。

《再生的老子》在2009年3月面世之后，从学界到官方，再到社会读者对它的反响都相当热烈。

第一，老子故里的反响。

老子故里河南省鹿邑县刘政县长指出：“《再生的老子》让老子思想获得了重生。”他又说：“《再生的老子》的诞生，无论对鹿邑，还是老子文化都具有里程碑意义。”

第二，学界的反响。

全国老子学会胡孚琛会长，是中国社会科学院哲学研究所研究员、博士生和博士后导师。他给《再生的老子》写了序。“麦小舟先生，南国之奇人也。”这是胡教授所写的序言的第一句话。他在序言中还说：“《再生的老子》是我所见到的国内同类著作中最为确切、最为平实、也是最为通俗易懂的一本书。……今天，我们特别需要一本能不离老子原意，向全国民众和海外道学文化爱好者通俗讲解老子《道德经》的书，麦小舟的《再生的老子》被我认可，希望这本书成为我国各级党校的教材，成为全国干部群众学习老子道学文化的普及读物。”他又说：“《再生的老子》这本书的诞生，使《道德经》走进校园，走进千家万户，走向世界成为可能。”

中华老子研究会萧鸣会长指出：“麦小舟的《再生的老子》一书，由浅入深，可读性非常强，对于普及《道德经》的本源思想进入千家万户，促立和谐社区、稳定工作环境、活跃文化生活，都会发挥举足轻重的非凡作用。”

原中华老子研究会会长邸振兴说：“读了《再生的老子》，我兴奋不已、赞叹不已，也对作者敬佩不已。麦小舟先生写成《再生的老子》，成就了一桩无量的功业。”

2009 年 6 月，国防大学一位姓刘的中将教授看了《再生的老子》这本书。他说，他原先根本不相信此书像作者介绍所说的那么好。他还说：“我就不相信一个小县委书记能读懂《道德经》。”可当他读开之后就停不下来，当晚一直读到下半夜 4 点钟；第二个晚上又看到深夜，两个晚上把它看完了。他感慨地说：“这本书写得确实好，令你不能不佩服。”

澳门日报社集团董事长李成俊，已年逾八十。他读了《再生的老子》后，写信给麦小舟说：“《再生的老子》是一部难得的好书。阁下弃官从文，对祖国文化贡献很大。”他还特地在澳门宴请了麦小舟。

广东罗浮山道观的道长、作家、教授苏华仁于2009年9月读了这本书。他说："《再生的老子》是一颗精神原子弹、文化原子弹。"

2009年8月9日，全国老子学会给麦小舟写了一封感谢信，信中说："我们感谢您的《再生的老子》一书予我们学会的学术支持。"

第三，官方的反响。

2009年8月27日，珠海市委书记甘霖在市委常委、宣传部长黄晓东关于《再生的老子》的呈文上写了这样的批语："好学深思，心知其意。老而弥坚，我辈楷模。"热情赞扬此书作者麦小舟。

2009年12月26日，原广东省人大副主任张汉青在珠海市斗门老子学会成立大会致词中说："麦小舟的新著《再生的老子》，达到了如此之深的认知成就，具有很高的学术价值，并且做到了深入浅出、通俗易懂。'时代在呼唤老子，中国从大国走向强国需要老子，和谐世界的构建需要老子。'麦小舟为一种崇高使命感所驱使而写出《再生的老子》，为弘扬中华文化和古代东方文明，做了一件实实在在的大好事。""对麦小舟同志的辛勤劳动、敬业精神、学术勇气和突出贡献，表示由衷的祝贺。"

原中共广东省委常委方苞曾对多位珠海市的前领导说："想不到麦小舟竟然能写出一部这样好的书。"

2009年7月30日，中共中央政治局委员、广东省委书记汪洋同志委托省委办公厅写信，感谢麦小舟写成《再生的老子》。信中说："当今时代，文化越来越成为一个民族凝聚力和创造力的源泉、越来越成为一个国家综合国力的重要组成部分。中华民族有着深厚的文化根基和悠久的文化传统，在日益全球化的世界里，重新挖掘中华传统经典著作中的时代内涵和普世价值，对于增强中国文化的软实力和世界影响力都有重要意义。麦小舟同志写成《再生的老子》一书，是在这方面作出了自己的一份贡献。”

2009 年 6 月，全国老子学会胡孚琛会长把 40 本《再生的老子》送给了中央政治局委员、国务委员。7 月 14 日，胡会长打电话给麦小舟。他说，《再生的老子》很受中央高层欢迎。希望麦小舟再提供一些书。麦小舟于是再寄了 100 多本书。也就是说，中央党政军高层起码有上百人读了《再生的老子》。

第四，民间的反响。

2009 年 10 月，深圳市有位姓黄的经理对麦小舟说，他读了《再生的老子》，最深刻的一点感受是：“我们终于找到了能为今天的中国所奉行和服务的中国文化。”

2009 年 10 月，阳江市一位 80 多岁的退休校长给麦小舟发来短信。他说：“不读《道德经》，枉为人也。”他从书店一次就买下 9 本书，分发给他的儿孙和亲戚。

原斗门县委宣传部部长梁友权细读了《再生的老子》一书后，感慨地说：“如果我国的官员都能按老子的思想去做，社会一定和谐，国家一定强大，天下一定太平。”原斗门县计委主任陈巧莲读了《再生的老子》之后叮嘱儿子说：“你要好好地读这本书。老子能保你一生平安。”

有些读者则把《再生的老子》当作礼物送人。佛山市高明区一位政协副主席于退休前夕，自己掏钱到广州买了 100 本书，把它作为退休礼物送给区几套班子成员以及政协的同事。佛山市一家公司的董事长、澳门商人欧先生，到广州买了 150 本书送给亲友。中共福州市委宣传部一位姓萨的原副部长、深圳市一家集团公司的董事长蓝海先生分别向出版社订购了 100 本和 1 000 本书，作为礼物送人。

在珠海，《道德经》已开始走进机关、学校、企业和农村。中共珠海市委给市委中心学习组的成员都发了一本《再生的老子》，珠海市公安局香洲分局购了 1 000 本，使每个干警人手一册。珠海市斗门区的区、镇共购了 1 000 多本，使绝大部分的区管公务员都拥有这本书。斗门区教育系统则购了近 5 000 本，使每个教师人手一册。迄今为止，33 万人口的斗门区已拥有 10 000 多《再生的老子》的读者。斗门已成为当今中国县、区中老子读者最多的地方。

2009 年的 11 月 5 日至 6 日，“首届国际老子文化高层论坛”在北京举行，论坛秘书处要求麦小舟和出版社提供 900 本《再生的老子》，发给与会嘉宾人手一册。其中有 130 多名外国学者拿到了书。

2010 年 3 月上旬，应福建省老子学会之邀，麦小舟赴福建作了五场关于老子文化的学术报告。到场的听众，有机关干部，有老年大学的学员，有教师，有企业管理人员，还有一些企业家和市民。他们之中，有的夫妻同来，有的兄弟同座，有的母子同听，还有的连听了两三场。他们之中，有现职的厅、局长，有退休的省委领导，原中共福建省委副书记黄瑞霖听了第五场报告。报告结束之后，他还作了热情洋溢的发言。福建的媒体对麦小舟的几场报告也作了全程的跟踪和报道。在此之前，共青团贵州省委书记也曾口头向麦小舟发出了邀请，请他赴黔讲学。

奇人奇缘

2008 年，麦小舟写成了一部研究《道德经》的著作。老子故里河南省鹿邑县县长刘政，首先发现了它并把它推荐给全国老子道学文化研究会胡孚琛会长。胡会长给它命名为《再生的老子》，并为它写了序。

2009 年 3 月 11 日，是老子诞辰 2 580 周年的纪念日。这天下午，《再生的老子》在鹿邑县举行了隆重的首发式。该县县长刘政出席并致辞。这是一场非常特殊的新书首发式。说它特殊，是因为首发式的主角不是鹿邑人，也不是河南人，而是广东人；说它特殊，还因为为一个外省作者的作品举办首发式，在鹿邑并无先例。

麦小舟说："2008 年 11 月 20 日之前，对于胡孚琛教授，我未识其面、未见其书、也未闻其名。此时之前，我不仅不认识刘政县长，而且未与任何一个鹿邑人接触过。"

那么，他们是怎样认识，怎样走在一起的呢？

2008 年 10 月，河南省选派了数十名领导干部到东南沿海四省市挂职学习。鹿邑县县长刘政被分配到广东，再安排到珠海，最后落脚在斗门。2008 年 11 月 20 日，在斗门区区长梁元东的引见下，他见到了麦小舟，并发现了《再生的老子》这部书稿。次日，刘政便把这书稿推荐给胡孚琛会长。

刘政离开珠海之后，鹿邑的老子研究学者、研究员陈大明，企业家刘贵臣，老子的后人李洪智等，从河南飞往珠海。他们为麦小舟提供老子生平的资料。为了《再生的老子》这部书稿，胡孚琛会长在一个月内三下广东，分别在广州、珠海与麦小舟会面，指导他对书稿进行修改。在他们的帮助下，使《再生的老子》这本书能够以比较完整的面目问世。

胡孚琛、刘政和麦小舟三人，一位是当今中国的道学掌门人，身居北国；一位是老子故里的父母官，身处中原；一位是研究老子道学文化的民间学者，身在南海之滨。是谁让他们走在一起，相识相知，为老子文化而同心协力的呢？是老子，这是他们三人的共同心声。

奇人奇法

胡孚琛会长为什么赞誉麦小舟为"南国之奇人"呢？

胡孚琛会长于 2008 年 12 月 10 日约麦小舟到广州会面时，曾对他说过这样一番话："《道德经》诞生 2 500 多年来，古今中外还没有人能真正读懂它。你不是专职学者，研究《道德经》的时间又那么短，奇怪的是，你怎么就能把它读懂弄通的呢？"

胡会长称誉麦小舟为南国奇人，大概是出于他这一感慨。

《南方都市报》则直截了当地说："麦小舟是古今中外读懂《道德经》的第一人。"

那么,《道德经》真的那么难懂吗?

由于时代语言的差异，老子写于 2 500 年前的《道德经》确实很难读，甚至会令人感到它像天书、像电报密码。

我国南宋时期的学问家朱熹说："庄老二书，注解者甚多，竟无一人说得它本意出，只据臆说而已。"(朱熹本人也没能读懂)

德国学者龙利期·噶尔于 1910 年曾指出："老子那个时代没有人能理解老子。也许真正认识老子的时代至今还没有到来。""江山代有才人出，各领风骚数百年"，龙利期·噶尔说这话之后，历史已往前走了 100 年。在 100 年后的今天，终于有一个人应运而生了。他读懂了《道德经》，读懂了老子。这个人就是麦小舟。

那么，麦小舟为何能把《道德经》读懂的呢？这是许多记者都会问到的问题，它的答案恐怕也是大家都想知道的。

第一，得益于他的丰富的人生经历。

麦小舟有工农兵学商的经历，还当过官、从过文。如此多样的人生经历，是他读懂《道德经》的重要条件，而这样的经历不是每个研究《道德经》的学者都能够具备的。

《道德经》的第六十章的第一句话："治大国，若烹小鲜。"有些学者是这样翻译的："治理国家，好像煎煮小鱼。"这样的翻译显然无法帮助读者理解老子这句话的真正含义。麦小舟的译文则是："煎煮小鱼时，如果火候过了会把它煎煳；如果翻动过多或力气用得不当，会令它烂在锅里。治理国家的道理就如煎煮小鱼一样，既不能给老百姓过多的干扰，更不能让他们负担过重，否则就会使他们受到伤害，所以必须小心谨慎。"

这正是老子要告诉治国者们的治国道理。

作者为何能写出这样的译文呢？是因为他有煎小鱼的体

验，也有为民施政的体会。

《孤家寡人》，是《再生的老子》第一部《老子思想讲坛》的其中一讲，所介绍的是老子所主张的为官之道。全国老子道学文化研究会副秘书长、研究员陈大明读了《再生的老子》书稿后悟出了一个道理。他说："如果不是以一个心中装有百姓的官员的眼光，也许根本就无法发现《道德经》中蕴涵有如此系统、如此完整、如此先进的干部路线。"他又说："也许，一个纯粹的学者是很难读懂弄通《道德经》的；也许，只有像麦小舟这样有着如此丰富人生经历的人才有可能把它读懂弄通。"

第二，得益于西方学者研究《道德经》的丰硕成果。

近代中国，由于老子一直被压制，中国的学者既受弱国国民心态的影响，又受极左思潮的束缚，因此在《道德经》的研究上难以取得突破。麦小舟于是注意搜集、研读、比较西方学者对老子的评价。

德国犹太思想家马丁·布伯说："在中国的儒道释三大传统中，具有世界意义的是道家思想。"英国历史学家汤因比说："将来在文化上统一世界的，大概不是西欧国家，也不是西欧式的国家，而是中国。"也就是说，以老子为品牌的中国文化是世界上最优秀的文化。

德国学者龙利期·噶尔指出："老子，是推动未来的能动力量。他比任何现代的都更加具有现代意义，他比任何生命都更加具有生命的活力。"也就是说，老子学说具有恒久的真理性。

美国学者蒲克明则预言："《道德经》是未来世界家喻户晓的一部书。"也就是说，老子文化，不仅今天的人类需要它，未来的人类同样需要它。

美国《纽约时报》把老子列为世界古今十大作家之首。也就是说，老子不仅是中国第一，还是世界第一。

西方对《道德经》、对老子思想的精湛评说和评价，就如一盏盏路灯，照亮了麦小舟研究老子文化的道路，使他得出如下的研究结论："老子是哲学的巨人、道德的高峰、政治的先知。老子文化具有普世价值。”

第三，得益于他独特的研究方法。

要想真正读懂老子，必先准确地译解《道德经》的原文。从事《道德经》研究的学者，在对《道德经》进行翻译时，多是从我国历代的注解书中寻找依据，然后逐字逐句地进行翻译的。麦小舟采取的则是与此完全不同的方法。《道德经》共有81章，他发现每章都有一个中心思想。他进行翻译时，首先把该章的中心思想琢磨出来，然后围绕这个中心思想进行翻译。这个方法的好处是：（1）可以避免译意上的荒腔走版。（2）能使一些难字、难句得到破译。（3）译出来的文字能构成一篇完整的短文，不仅意思完整，文理也连贯。

阅读参考书是研究《道德经》不可或缺的手段。大多数研究者往往把阅读的重点放在我国历代流传下来的注解书上。这类书有多少？共3 000多种。本书作者根本不看历代的注解书；今人的解读著作，他手头也只有八九本。他看得较多的则是史书，其中有中国社会发展史、中国军事史、世界科学技术发展史等。麦小舟是把老子文化放在中国和世界历史的发展中去考察和研究的。也许有人会说，读历史书与解读《道德经》风马牛不相及。其实不然，麦小舟正是从那大量的史料中发现，老子文化是汉、唐和北宋时中国的主导文化，官方文化。这一发现不仅修正了中国学者高谈了几百年的“佛治心、道治身、儒治国”，以及“半部《论语》治天下”这样的文化史观，也使他看到了道文化的历史作用和未来作用，这对客观准确地评价《道德经》、评价老子都有重要的帮助作用。

奇人奇功

法国第一位汉学家雷慕沙指出，老子的《道德经》不容易理解，如果谁能把它全译并阐明它的内涵，那就是一个大功劳。

胡孚琛会长在《再生的老子》的序言中指出：麦小舟通过

他的《再生的老子》，"将老子的精神再现出来"，"可谓功德无量也"。

那么，麦小舟《再生的老子》的无量之功德表现在哪些方面呢？

第一，它帮助我国找回了属于自己的强大文化，也为世界找回了属于人类的最优秀文化。

作为一个真正的强大国家，必须有属于自己的强大文化，这种文化有在价值观上引领世界潮流的力量。因此，在实现民族复兴的进程中，我们不仅要建设起强大的经济、强大的科技、强大的国防，还要建设起强大的文化。那么，中国有没有自己的强大文化呢？麦小舟通过他的《再生的老子》告诉国人、告诉世界人民，具有普世价值的老子文化，就是我们中华民族强大文化的代表。老子文化能导人向善，能给人类带来和平与安宁，能确保人类享有真正的民主权利和尊严，并为人类揭示了一个光明而美好的未来。中国不仅拥有属于自己的强大文化，也拥有属于人类的最优秀文化，它就是老子文化。

新加坡《联合早报》于2009年10月5日发表了题为《大国的另一种责任》的文章，对新中国60周年庆典作了评述。文章说："已经站上了新台阶的中国，对未来却存在着一定的困惑。除政治和经济制度有待健全之外，它更要面对价值观与信仰空洞化的窘境。""繁荣只是状态而非价值，盛典的繁荣景象与节节攀高的综合国力指标，是可以用来提振社会信心的，但不能成为指引未来的方向。""中国要昂然走过下一个60年，它必须开拓出真正有中国特色与实质内容，能够整合国家意志的优秀价值体系，这是一个崛起中的大国的自身需要，也是对世界的责任。"

那么，我们到哪里去找这套价值体系呢？

其实，我们的老子早在2 500年前已为今天的中国创造了这样一套价值体系。麦小舟的《再生的老子》则是用今人能够理解和接受的语言和方式把它揭示出来，真可谓适逢其时。

第二，它能有力地提升国民的爱国主义精神境界。

《再生的老子》告诉我们，中华民族拥有人类最优秀的文化。它包括以民为本的文化、自由民主的文化、和谐的文化、爱的文化、友好大自然的环保文化等。这种文化曾哺育出了强大的古代中国，也哺育出了经济飞速发展的今天中国。可以期待，它将哺育出更加强大的未来中国。我们的祖国拥有如此优秀的文化，作为中华儿女有什么理由不热爱它，不为它而感到自豪呢？

第三，它能提高我国公务员修身治国的自觉性。

从根本上说，老子的《道德经》是一部修身治国的书，老子的道就是修身治国之道。老子的修身治国思想，虽然是在2 500年前提出来的，但它非常有生命力。正如德国学者龙利期·噶尔指出的："老子，他比任何现代的都更加具有现代意义。"老子的修身治国思想，经过麦小舟科学而系统地阐发之后，显得更为完整和明晰，也更具操作性。因此，《再生的老子》是公务员的必备必读之书。

第四，它有利于国民道德水平的提高和礼仪之邦的重建。

老子是中华道德理念的源头。老子的伦理学说，体系完整、境界高远。托尔斯泰说它是不同寻常的道德高峰。唐代的贞观、开元时期，老子的道学是官方的主导文化。民间诵读《道德经》活动的开展，有力地提高了民众的道德水平，从而形成了路不拾遗、夜不闭户的良好社会风尚。这两个时期的中国也被邻国誉为礼仪之邦。老子的道德学说，经麦小舟深入浅出的阐发之后，更容易被民众所掌握和践行。随着《再生的老子》渐次走进千家万户，就必能促进国民道德水准的提高，促进礼仪之邦的构建。

第五，它有利于老子文化在世界上的传播。

西方人学习《道德经》的积极性很高，不少学者在研究老子方面作出了重大的贡献。但西方那许许多多的《道德经》的西文译本，误读和错解老子的地方可谓比比皆是。这不仅损害了老子的形象，也有碍老子思想的传播。《再生的老子》以其准确的解读、客观的评价，重塑了老子金身，还老子以真面目，这对推动世界性学习老子活动的健康开展，福泽人类是有深远意义的。

可以说，《再生的老子》，是一部爱国主义教育的好教材，是一部道德教育的好教材，更是一部修身治国教育的好教材。

有记者问麦小舟："有人认为，'你一生中的最高成就，不是你在县委书记任上的政绩，也不是你今后在经商方面可能取得的成功，而是《再生的老子》这本书。'你认同这种说法吗?"

麦小舟说："如果这种评估是客观的，我要说，这倒不是因为我在《道德经》的研究上作出了多么了不起的贡献，而是老子道学文化对国人、对人类实在是太重要了。"

奇人奇志

记者问麦小舟："你研究《道德经》的动因是什么?"

"为一种使命感所驱使。"这是麦小舟的回答。

2005 年，麦小舟读到一篇文章，是介绍美国的"新帝国"理论的。"新帝国"主义，就是霸权主义。"（1）美国要保持先发制人的权利；（2）美国的价值观是普适全球的；（3）美国要保持不可挑战的军事力量。"美国所奉行的这三大原则，充分体现了"新帝国"理论的精髓。美国的前任联合国大使博尔顿说得更露骨："美国就如一把铁锤，世界各国好比墙上的钉子，美国想要惩处哪个国家，就如拿起铁锤打击墙上的钉子一般。"很明显，美国这种"新帝国"文化，带给世界、带给人类的只会是伤害，而不会是福祉。

后来麦小舟还看到英国前首相撒切尔夫人的一段话。她说："中国不会成为世界超级大国，因为中国没有那种用来推进自己的力量，从而削弱我们西方国家的具有国际传染病性的学术。中国今天出口的是电视机，而不是思想观念。"

美国的“新帝国”文化、撒切尔夫人的话对麦小舟触动很大，也使他萌生一种想法，从中华文明中寻找出真正具有普世价值的文化、真正属于中华民族自己的强大文化。这时候，麦小舟看到了我国老子研究专家熊春锦先生的一份演讲稿。从这份讲稿他看到许多西方学者对老子、对《道德经》的评价，从而使他看到了老子思想的崇高文化价值。他于是决定去研究《道德经》，把具有普世价值的老子文化，把属于中国自己的强大文化，从《道德经》中挖掘和梳理出来，告诉国人，告诉世界人民。

记者问麦小舟：“胡孚琛会长和刘政县长都说，《再生的老子》使老子思想获得了重生。那么是否可以说，老子思想诞生在河南、在周口、在鹿邑，重生在广东、在珠海、在斗门呢?”

麦小舟说：“我的确是一个土生土长的广东人，而《再生的老子》这本书也的确是在珠海市斗门区井岸镇我的家中写成的。但我觉得，与其说老子思想重生在广东、在珠海、在斗门，不如说老子思想重生在中国。近几百年，西方尤其是欧洲，在《道德经》的研究方面作出了很大的贡献，他们中间的一些学者也许具备破解《道德经》的能力。如果他们走在中国人的前面写出了一本准确解读《道德经》的书，我们是应表示欢迎和祝贺的，这是因为，老子是属于全世界的。但是，这绝不是我们中国人能引以为傲的事。因为老子毕竟是中华民族的先哲，他的光辉思想，就诞生在中国这块古老的土地上。中国人有责任，也应有能力适时地把老子的精神再现出来。”

从以上所述，我们可以了解到，麦小舟研究《道德经》，写作《再生的老子》，完全是出于一种使命感。

麦小舟不是专职学者，而是不领国家工资的业余文化人。实现古典诗词的通俗化、大众化和现代化，从中华文明中寻找我国的强大文化，本来不是他的职责。

麦小舟却以一种舍我其谁的精神和勇气，自觉肩负起这两项重大的文化责任。

为了古典诗词和老子文化，麦小舟耗费了12年的光阴。12年，在历史的长河中只是短暂的一瞬；在一个人的一生中却是一段漫长的岁月。在这段岁月里，他遇到的最大困难是经济。他已多年没有收入，靠着家人的支持、朋友的帮助才得以把他的研究坚持了下来。尽管生活清苦，但为了专心写好这两本书，他曾数度婉拒了某家公司的聘请。

麦小舟为什么能把不属于他的职责当作自己的使命，为什么能把他似乎不可能完成的工作强加给自己，为什么能舍弃富足而甘守清苦?

因为他有宏伟的人生目标，有一种忧国忧民的情怀。

他的人生目标是：留下一点业绩给社会，留下一点文字给人间，留下一点精神给子孙。

北宋政治家范仲淹说：“居庙堂之高则忧其民；处江湖之远则忧其君。”麦小舟说：“范仲淹这句话对他一生的影响是很深远的。”他常常告诫自己要努力做到：居庙堂之高忧国忧民；处江湖之远也忧国忧民。他说：“我不敢说我的这种情怀有多厚、多重，但我无论在官场之中还是在官场之外，也无论在顺境之中还是在逆境之时，都始终放不下它。”

麦小舟这种人生目标、这种家国情怀大概是他能坚持写作《诗词三部曲》和《再生的老子》的动力所在，大概是他十多年来能甘受清苦、甘受寂寞的原因所在。也大概是因为他的这种人生目标和家国情怀，使他能用生命去拥抱自己所选定的事业，从而在老子文化的研究上得以结奇缘，出奇才、得奇法，收奇功。

附录：西方人眼中的老子

据英国科学家李约瑟的考证，老子的《道德经》早在公元17世纪便传入欧洲。第一个对《道德经》进行翻译的是比利时的传教士卫方济。时至今日，《道德经》的外文译本已有近五百种，它是除《圣经》外，被翻译最多的一部书。在中国传统典籍中，被西方名人评价得最多最高的就是《道德经》。欧洲是当今世界老子读者最多的地方，其中德国每四户家庭就拥有一部《道德经》。那么，西方人眼中的老子及其《道德经》是怎样的呢？

（一）

1. 德国哲学家、启蒙运动学家康德认为："斯宾诺莎的泛神论和亲近自然的思想，与中国的老子思想有关。"

2. 德国哲学大师黑格尔，在《历史哲学》一书中指出："中国人承认的基本原则是理性叫做'道'。道是天地之本、万物之源。中国人把认识道的各种形式看作是最高的学术。老子的《道德经》最受世人崇仰。"

3. 德国哲学家谢林，在《神话哲学》一书中说："道不是人们以前翻译的理性，道是门。老子哲学是'真正思辨的'。他完全地和普遍地深入到了存在的最深层。"

4. 德国哲学家尼采说："《道德经》的能量是取之不竭，用之不尽的。它就像一口永不枯竭的井泉，满载宝藏，放下汲桶，唾手可得。"

5. 德国社会学家、古典社会学奠基人马克斯·韦伯说："事实上，在中国历史上，每当道家思想被认可如唐初等时期，经济的发展是较好的，社会是丰衣足食的。道家重生，不仅体现在看重个体生命，也体现在看重社会整体的生计发展。”

6. 德国明斯特大学教授赫伯特·曼组什，在《中国哲学对西方美学的重要性》一书中指出：“中国哲学是我们这个精神世界的不可缺少的要素。公正地说，这个世界的精神孕育者，主要的是柏拉图和老子，亚里士多德和庄子。可惜的是，我们这个时代的许多哲学著作总是习惯于仅提欧洲古代的一些哲学家，都忽视了老子的《道德经》，从而很不明智地拒绝了一种对欧洲文化的极为重要的源泉。”

7. 德国学者克诺斯培说：“解决我们时代的三大问题：发展、裁军和环保，都能从老子那里得到帮助。”

8. 德国学者龙利期·噶尔于 1910 年所写的《老子的书——来自最高生命的至善教诲》一书中指出：“也许，老子那个时代没有人能理解老子；也许，真正认识老子那个时代至今还没有到来。老子是推动未来的能动力量，他比任何现代的，都更加具有现代意义；他比任何生命，都更加具有生命的活力。”

9. 德国诗人柯拉邦德 1919 年写了《听着，德国人》一文。他在文中号召德国人应当按照“神圣的道家精神”来生活，要争做“欧洲的中国人”。

10. 德国犹太思想家马丁·布伯说：“在中国的儒道释三大传统中，具有世界意义的是道家思想。”他希冀：通过老子的无为、贵柔、尚朴的精神，找回西方失落已久的精神家园，重振西方文明。

11. 德国前总理施罗德在他任上时曾通过电视呼吁：每个德国家庭都应买一本中国的《道德经》，以帮助解决人们思想上的困惑。

（二）

12. 英国生物学家、科学史家、两次诺贝尔奖得主李约瑟，在《中国科学技术发展史》中说：“中国人性格中有许多最吸引人的因素都来源于道家思想。中国文化就像一棵参天大树，而这棵参天大树的根在道家。中国如果没有道家思想，就会像一棵某些深根已经烂掉的大树。”他又说：“说道家思想是宗教的和诗人的，诚然不错；但是至少也同样强烈地是科学的、民主的，并且在政治上是革命的。”他还指出：“中国科学是从道学中孕育出来的。”

13. 英国天文学家沙里斯于 1985 年出版的《新科学的诞生》一书中认为：“前进的唯一道路是转过身来重新面向东方，带着对它的兴趣以及对其深远意义的理解离开西方的污秽，朝着神圣的东方前进。”

14. 英国历史学家阿诺德·汤因比在《人类与大地母亲》一书中说：“在人类生存的任何地方，道家都是最早的一种哲学。它推断人类在获得文明的同时，已经打乱了自己与‘终极实在’精神的和谐相处，从而损害了自己在宇宙中的地位。人类应该按照‘终极实在’的精神生活、行为和存在。”汤因比认为，在原子能时代，要把地球上的国家统一起来，传统的武力征服已很难做得到，要避免人类集体屠杀，和平合作是唯一出路。因此，他于 1975 年与日本的池田大作对话时曾预言：“将来在文化上统一世界的，大概不是西欧国家，也不是西欧式的国家，而是中国。”

15. 英国当代哲学家克拉克说：“现代经济自由市场的原理就是源自《老子》的无为而治。”他还认为：“道家在西方的发展可能与佛教、印度教不同，他不会表现为宗教运动，而会体现在：挑战过头的启蒙理性精神，非此即彼的简单化思维原则，提供新话语、新洞识、新范式，影响西方人的思维方式以及个人选择与生活方式，替代唯物主义与彼岸宗教信仰并引导我们树立生态化精神的态度，有助于西方人灵肉二元论的克服和整体精神体系的转变。道家治疗性的哲学对西方人有关真理观、自我、性别认同等的反思有积极作用，对诊治西方虚无主义的顽症有显著疗效，因而一般性地对西方反思启蒙的后现代计划有意义。”

16. 英国学者霍布森在《西方文明的东方来源》中指出："魁奈思想当中有很多概念受惠于中国的政治经济概念，而其中最重要的是把'无为'概念译成法文的 laissez-faire（自由放任）。"

17. 英国学者彭马田说："《道德经》并非我们所理解的一般意义上的书，它是格言及注疏的集合，前后并无明显的逻辑顺序，这 81 章犹如一串圆润的珍珠项链，像珍珠一样，各自独立，集合在一起，其效果则更美奂绝伦。"

18. 英国学者贝扶理在《道与言》一书中指出："道与基督教信仰的关系渊源甚久"，"从历史的观点上说，道的观念在中国发展，似乎对基督徒接受耶稣基督的福音影响非常明显"，"因此，各种不同译本的中文《圣经》都告诉我们：太初有道，道与神在，道就是神。而在《启示录》我们读到：他的名称为神之道"。

（三）

19. 美国物理学家、诺贝尔奖得主卡普拉说："在伟大的诸传统中，据我看，道家提供了最深刻并且最完美的生态智慧。他强调在自然的循环过程中，个人社会的一切现象和潜在两者的基本一致。"

20. 美国著名物理学家约翰·惠勒说："现代物理学大厦就建立在一无所有上，从一无所有导出了现在的所有，没想到的是，近代西方历经数代花费大量物力财力才找到的结论，在中国的远古早已有了思想的先驱。"

21. 美国学者蒲克明预言："《道德经》是未来世界家喻户晓的一部书。"他又说："当人类隔阂泯除，四海为一家时，《道德经》将是一本家传户颂的书。"

22. 美国科学家威尔杜兰在他的《世界文明历史》中说："或许除了《道德经》外，我们要将焚毁所有的书籍，而从《道德经》中寻得智慧的珍珠。"他又说："在人类思想史上，《道德经》的确可以称得上是最迷人的一部奇书。"

23. 美国学者迈克尔·哈特指出："假如老子的确是《道德经》的作者，那么他的影响确实很大。这本书虽然不到六千字，却包含着许多精神食粮。在西方，《道德经》比孔子或任何儒家的作品流行。"

24. 美国明道大学校长，道家基金会主席张诸通指出："整个中国历史上只有两个朝代，即汉代与唐代奉行道的哲学。这是当时全部地球文明中最健康、最幸运、最先进的国度。监狱是空的，遗落在街道上的贵重东西没有人捡，所有国民充满自信。这是因为这两个朝代的政府达到了礼制与正义政府的水准。历史学家把这两个朝代称为中国的黄金时代。"

25. 美国研究中国经济专家、卡托研究所副总裁邓正莱指出："中国的前程，在于通过信奉和拓展老子的天道思想而回到本国的自由传统。《道德经》就是中国的自由宪章。老子关于天道、自由与无为的思想，跟亚当·斯密的一样，既是道德的，也是实用的。说它是道德的，是因为它建立在美德的基础上；说它是实用的，因为它能导向繁荣。"

26. 美国管理学大师艾博契特在《二十二种新管理工具》一书中引用了《老子》的话："善用人者为之下，是谓不争之德，是谓用人之力。"然而，他议论说："讲这几句话至今已有二千年历史，它代表见识不凡的管理者长久以来都在努力，但仍未有人趋近这种道的境界。从某种意义来看，管理者的历史，也就是试图实践这项基本观念的历史。"

27. 美国哈佛大学教授约翰·高认为："《老子》的意义永无穷尽，通常也是不可思议的。它是一本有价值的关于人类作为的教科书。这本书道出了一切。"

28. 美国《纽约时报》把老子列为世界古今十大作者之首。

（四）

29. 法国哲学家德里达认为："道是中华民族精神的最高概念。"

30. 日本物理学家、诺贝尔奖得主汤川秀树于 1968 年指出："老子是在两千多年前就预见并批判今天人类文明缺陷的先知。老子似乎用惊人的洞察力看透个体的人和整体人类的最终命运。"

31. 日本当代学者卢川芳郎说："老子有一种魅力，他给世俗世界压迫下疲惫的人们以一种神奇的力量。"

32. 日本当代自然派学者福冈正信说："自然农法就是在老子'道法自然'这一伟大命题的启发下提出来的。"他又说："如果我们在听老子的话，也不致使科技的发展对人类自然环境造成如此严重的后果。"

33. 前苏联著名汉学家里谢维奇认为："老子是国际的，是属于全人类的。"

34. 俄国大文豪列夫·托尔斯泰当年曾被问到：世界上哪些作家或思想家对他的影响最大？他说："我的良好精神状态归功于阅读《孔子》，而主要是《老子》。"他又说：受中国的孔子和孟子的影响"很大"，而受老子的影响"巨大"。

35. 前苏联列别捷夫物理研究所的林德说："道家关于宇宙创生于无的可能性，是非常有趣的问题，应当进一步加以研究。这个问题似乎是绝对玄学的，但是，我们有关玄学的经验告诉我们，这类玄学问题有时却由物理学给出答案。"

36. 俄国汉学家海澳基也夫斯基说："古代哲学家老子的学说，是中国一切哲学发展的出发点，所有其他中国哲学家的体系，都是在道德哲学体系的各个部分的基础上发展起来的。"

37. 荷兰莱顿大学教授施舟人，在1996年说："道家文化不同于西方文化，它对西方文化来说，是一个不可多得的能使西方文化得以更新的动力和活力的源泉。"

38. 澳大利亚国立大学教授柳存仁，在1996年说："道的根就在中国，尽管道无所不在，但道更在中国。"

39. 比利时学者、诺贝尔奖获得者普利高辛指出："道家的思想在探究宇宙和谐的奥秘，寻找社会的公正和公平、追求心灵的自由和道德完满三个层面上，对我们这个时代都有新启蒙思想的性质。道家在两千多年前发现的问题，随着历史的发展，愈来愈清楚地展现在人类的面前。”

40. 丹麦物理学家玻尔，与爱因斯坦并称为 20 世纪初的“物理学双雄”。1949 年，他在丹麦王室授以他勋章时说：“我不是理论的创立者，我只是个道家得道者。”

（整辑本文时曾参阅河南鹿邑县老子文化研发中心编著、时代文艺出版社出版的《老子故里风土名胜》一书）